宝 船 厂 遗 址

南京明宝船厂六作塘考古报告

南京市博物馆 编

文物出版社

北京 · 2006

封面设计：周小玮
责任编辑：蔡　敏　杨冠华
责任印制：张道奇

图书在版编目（CIP）数据

宝船厂遗址/南京市博物馆编．—北京：文物出版
社，2006.6
ISBN 7－5010－1810－3

Ⅰ．宝…　Ⅱ．南…　Ⅲ．船厂－文化遗址－发掘报
告－南京市－明代　Ⅳ．K878.54

中国版本图书馆 CIP 数据核字（2005）第 118442 号

宝船厂遗址
——南京明宝船厂六作塘考古报告
南京市博物馆　编

*

文 物 出 版 社 出 版 发 行
（北京五四大街 29 号）

http://www.wenwu.com

E-mail：web@wenwu.com

北京美通印刷有限公司印刷
新 华 书 店 经 销
787×1092　16 开　印张：23.5　插页：3
2006 年 6 月第一版　2006 年 6 月第一次印刷
ISBN 7－5010－1810－3/K·960　定价：230 元

Ming Dynasty Baochuanchang Shipyard in Nanjing

by

Nanjing Municipal Museum

Cultral Relics Publishing House

Beijing · 2006

目　录

插 图 目 录

拓 片 目 录

彩版目录

图 版 目 录

附 表 目 录

第一章 概 述

一 遗址的地理位置与自然概况

宝船厂遗址位于南京市区西北部的中保村，西侧紧邻长江之夹江，经纬坐标为：北纬32°03′，东经118°43′。行政关系上隶属于鼓楼区江东街道。

遗址所在地原为长江南岸长期冲击而成的河漫滩，地势低洼且十分平坦。遗址及其周围分布有较多的水道和水塘，遗址北面为秦淮河，东面原有一条下新河（又称清江河），后被填埋，成为今天的漓江路。近年来，由于城市建设的不断推进，遗址所在地现已发展成为南京河西新城区的中心地带，现存遗址的四周高楼林立。

遗址内现存三条长条形的古代船坞遗迹，当地人口耳相传，一直将它们称为"作塘"。现存的三条"作塘"分别编号为四作塘、五作塘和六作塘，皆呈东北—西南走向，由北向南依次平行排列，方向均为62°。目前，保留至今的遗址四至范围为：东抵漓江路，西距长江之夹江段约350米，北距定淮门大街285米，南距草场门大街130米。遗址南北长225、东西长605米，总面积近14万平方米（图一）。发掘前，三条作塘大致保持原状，在作塘的堤岸上，分布有一些农民耕种的菜地和搭建的棚屋，作塘内的水面，被当地农民用作水塘养鱼。

二 历史沿革

该船厂遗址，从开始建造至今，在文献古籍上多有记载，其称谓和说法也各有不同，其大致经过如下。

明代嘉靖《南枢志》卷113《朝贡部》记载："南京城西北有宝船厂焉，创于永乐三年。"这是对宝船厂创立年代最明确的记录。一方面记载了准确的始建年代，同时也第一次提出了"宝船厂"这一特定的称谓。永乐三年正是郑和下西洋的首年，可以说明该船厂应是为满足郑和多次下西洋所需而专门兴建的造船基地。

嘉靖年间，工部主事李昭祥撰写的《龙江船厂志》记载道："宝船厂匠二名。洪

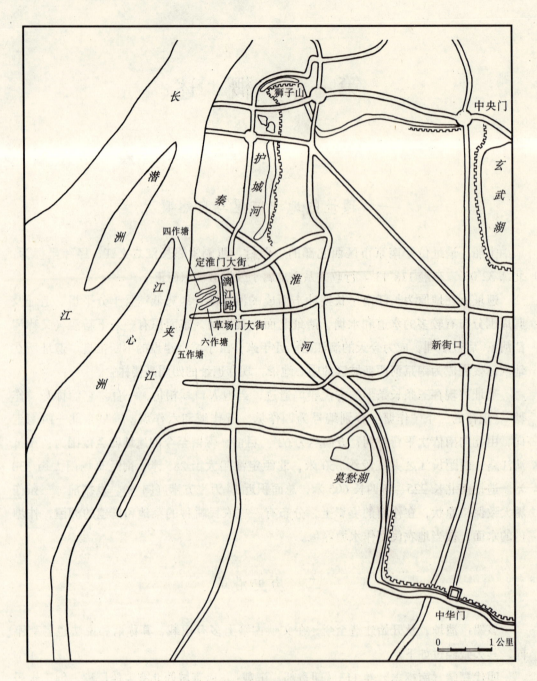

图一　遗址位置图

武、永乐中，造船入海取宝。该厂有宝库，故取拨匠丁赴厂看守。今厂库鞠为茂草，而匠丁之输钱者如故。"① 这段记载说明，至明朝中叶的嘉靖时期，宝船厂已经停产，甚至已经遭到废弃。

宝船厂荒废后，该遗址的规模经历了一个逐步缩减的过程。从民国时期的地图中可以看出，在 20 世纪 40 年代，宝船厂遗址范围是北近秦淮河，向南越过今草场门大街。南北长达 2.1 公里。遗址内至少存有 13 条呈东北—西南走向的水道，其中的绝大部分，甚至全部应为作塘的遗迹（彩版一，1）。至 20 世纪 60 年代后期，宝船厂遗址仍然基本维持以上的范围，水道的总数也未见减少（彩版一，2）。从 20 世纪 70 年代开始，遗址内的多条作塘陆续遭到填埋，遗址的面积大大缩小，其面貌也发生了较大的变化。至改革开放初期，遗址内的水道数已减少为 10 条。

20 世纪 80 年代初，南京市文物保护工作者对宝船厂遗址进行了实地调查，通过走访当地农户，查阅地契、房契等历史文书，从遗址内分布的多条水道中，确定出其中七条水道的作塘编号。以今天定淮门大街为中轴线，一、二、三、七等四条作塘居北，由南向北依次排列；四、五、六等三条作塘居南，由北向南依次排列。这是今天宝船厂遗址作塘编号的来源。由于缺乏证据，当时遗址范围内其他水道的编号失考。

1983 年 2 月，宝船厂遗址被南京市雨花台区政府公布为雨花台区区级文物保护单位。命名为"龙江宝船厂遗址"，并建临时保护碑加以保护。

1985 年 5 月，南京市政府将此处确定为第二批市级文物保护单位之一。

1996 年，南京市进行行政区划调整，宝船厂遗址从原属的雨花台区江东乡调整为隶属鼓楼区江东街道办事处管理。

2001 年，南京市规划局、文物局和市规划设计院共同确定了宝船厂遗址的保护范围。保护范围的面积共 18.8 公顷，除了四、五、六这三条作塘外，还包括了六作塘以南的两条作塘。同时确定了 17.8 公顷的四类控制地带，作为"宝船厂遗址公园"的远期规划用地。对遗址公园进行规划，分期实施建设。

2002 年，南京市政府将宝船厂遗址的保护范围调整为 198 亩，约 13 公顷，减少了六作塘以南的两条作塘。确定保留四、五、六这三条作塘作为宝船厂遗址公园用地（图二）。由鼓楼区政府负责筹建遗址公园，作为郑和下西洋 600 周年纪念活动的重点项目。同年，宝船厂遗址经江苏省人民政府批准，被确定为省级文物保护单位。

2003 年 8 月，宝船厂遗址公园正式动工建设。对遗址内的居民进行拆迁，对长期积存的大量垃圾进行清理，进行环境整治和绿化，并兴建仿古大门、回廊、提举司等。南京市博物馆为配合施工，在得到国家文物局的批准后，对其中的六号作塘进行了抢

---

① 李昭祥：《龙江船厂志》卷三，江苏古籍出版社，1999 年，93 页。

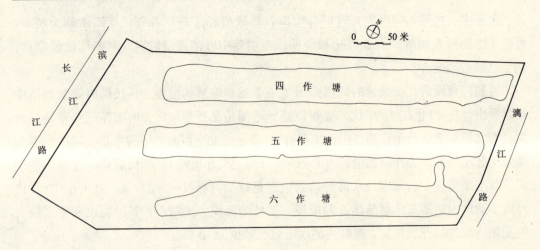

图二　遗址现状图

救性清理、发掘。

2006 年，南京明宝船厂遗址被国务院确定为第六批全国重点文物保护单位。

三　发掘经过

为配合宝船厂遗址公园的建设，经国家文物局批准，南京市博物馆组织人员成立宝船厂遗址考古队，对其中的六作塘进行了正式发掘，其余的四、五两条作塘保持原状。田野发掘工作从 2003 年 8 月持续至 2004 年 9 月。对六作塘进行了全面揭露，对两侧堤岸和作塘进行了布方发掘。

六作塘现长 421、宽 41 米。发掘之前塘内积满水和淤泥，其中的淤泥层覆盖厚度达 3.5 米。针对这一现状，考古队征询多方面的意见和建议，采取了一些切合作塘实际的做法。经过仔细论证和试验，借助专业河塘清淤队伍，考古队采用了水枪冲淤、用吸浆泵抽送泥浆的办法进行抽水和清淤。在此过程中，考古人员随泵跟进，对冲淤的速度和深度随时控制和调整，对冲淤中出土的各类文物按照考古工作的方法，进行定位、清理、局部解剖、绘图、文字记录、照相和录像；在获取丰富考古信息的同时，基本保证了沉埋于塘底的遗迹和文物不受破坏和扰乱。

由于此次考古工作对象的特殊性，国内考古界也无对此类古代遗存发掘的先例和经验，针对该特定对象和发掘方法，考古队对遗址中的遗迹和遗物采取了如下的处理办法：对作塘底部出土的全部遗迹，统一编号，在完成清理和做好各项纪录后实施原地保护；对于作塘底部淤泥中出土的各类可移动的遗物，全部进行了采集；由于数量众多，加上在实际清理过程中很难做到每一件文物都有一个绝对准确的出土位置，因此，我们在综合整理遗物的过程中实行统一编号。

文物统一编号为 BZ6：XXX，其中"B"表示宝船厂遗址；"Z"表示作塘；"6"表示作塘号。

考古队还在作塘中部偏东位置进行了集中布方发掘。共布 10×10 米探方 36 个。探方纵跨两岸，与作塘方向垂直。通过发掘，弄清了作塘与两侧堤岸的地层堆积与构造方法。

本次发掘共清理出各类造船基础设施遗迹 34 个，各类文物 1500 余件（图三；彩版二）。

第二章 遗 迹

一 综述

本次考古发掘出土的遗迹，主要是指在六作塘内底部出土的木结构遗迹，都构筑在作塘底部沙质淤土层之上。这些遗迹和作塘同一方向，密集地东西向排列。相邻两处遗迹之间间距不等，最宽的超过 30 米，最窄的只有 1.5 米。各个单体的遗迹均为南北走向（见彩版二；图版一）。由于遗迹仅剩底部基础，且保存状况不一，在整体平面布局上，尚难确定这些遗迹在布局上的规律，但从现存各遗迹的位置和排列情况仍可看出一些当时遗迹间的相互关系。

由于很多遗迹损坏比较严重，根据遗迹的保存状况，配合遗迹之间的距离远近以及遗迹本身结构的独立性，把塘底的遗迹分为 34 处，由西向东依次编号为一号至三十四号，反映了六作塘底部遗迹的总体情况。这些遗迹均为长条形结构，基本坐落于塘底中心线上，除个别遗迹外，大部分遗迹基本与两侧堤岸垂直。从遗迹总体分布来说，作塘西段的遗迹以大型遗迹为主，长度与所占面积较大，结构也相对复杂；中段及东段的遗迹则较小，所占面积不大，结构也较简单。所有遗迹都以木料为主要材料，搭建成各种形式的结构基础，有的还在遗迹中填充红色或绿色沙土，增加遗迹的坚固耐用度。

各类遗迹的平面形状差别迥然，大部分遗迹都是由竖立的木桩围成一圈，其形状有椭圆形、长方形等。木桩间距不等，疏密有别。木桩圈内多为细沙土层，有些木桩圈内铺垫有红色或绿色的沙土层，形成一个相对坚实、干燥的工作面。这种类型的造船遗迹构造比较简单，但它是其他类型的基础，数量最多，共发现 22 处，占所有 34 处遗迹中的 65%。有部分遗迹是在木桩圈结构的外侧用经过较细致加工的木料建成一个长方形或方形的框架，该框架以榫卯形结构相连。该类型也是遗迹中比较常见的类型，共发现有 7 处。这种类型的结构一般比较复杂。很多遗迹内都发现有比较厚的红土层或绿土层，有的还有密集的底桩。框架结构的作用可以从三十一号遗迹中采用木柱顶住木桩的做法得以体现，其主要在于保护、固定木桩，使木桩圈不容易发生倾斜。

该类遗迹中有部分遗址南北两端各有一个独立的框架结构，如：四号、十一号、二十二号遗迹，中间不直接连接。框架之内有较厚的红土层或绿土层分布，有的还有底桩。也有南北两端均有框架而且中间相连的，如八号、二十四号遗迹。这些遗迹结构都很复杂，南北两端的框架连接在一起，形成一个整体。框架之内更是用较厚的红土或绿土填充，加之有密集的底桩。同时有一种是只有南边带框架结构的，如二十一号、二十三号、三十一号遗迹。这些遗迹只在南边建造了框架结构，而北面则是木桩圈结构。框架内通常填充较厚的绿土，木桩圈内的绿土则比较薄。除上述一些比较常见的平面结构外，还有一类比较特殊，其结构一般由原木、木桩、已废弃的各种船板、构件等排列而成，或南北方向、或东西方向，一根挨着一根密集排列，形成遗迹的主体部分。四周边无明显圈状或长方形的框架结构，仅有零星的木桩。该类型遗迹发现较少，仅有二十号和二十七号遗迹。另外还有两处遗迹：三号和七号遗迹，系在淤土层中密集地打入底桩，然后在其上用圆木或板材纵横累架，层层叠加而成。

34 处遗迹虽然造型各异，结构复杂程度也有所区别，平面的形状和其搭建方式也有不同，但在实际的分类过程中，遗迹之间的很多方面都有着或多或少的交叉，为了更原始、更完整的介绍这批重要的遗迹，我们按排列顺序对每个遗址作逐一的介绍。

二 地 层

此次发掘共布 10×10 米的探方共 36 个，依次编号为 T1～T36。发掘区位于六作塘中部偏东（图版二）。

发掘区南北堤岸的地层堆积基本呈水平，无较大的起伏，南北堤岸堆积一致，比较简单。以 T4、T8、T12、T16、T20、T24、T28、T32、T36 东壁连续剖面为例（见图三），地层堆积为：

第 1 层：现代耕土层。厚 0～28 厘米。土质疏松。

第 2 层：黄土层。深 0～132 厘米，厚 0～92 厘米。土质纯净，较紧密。层内含有少量碎陶片、铁钉、木片等（图版三，1）；有的地方夹杂有石灰粒及红烧土粒。

第 3 层：灰黑色土层。深 0～190 厘米，厚 0～85 厘米。土质细腻、纯净、松软。层内另有少量铁器残片、木片、石灰粒等。在 T13、T14 二方内，该层表面残留有大量木屑（图版三，2）。

第 3 层以下为细沙层，层内带有明显的水相沉积痕迹，土色为黑色淤土和灰色细沙相夹杂，土质松软。

发掘表明：六作塘两侧堤岸的横截面皆呈梯形，上窄下宽。北侧堤岸上宽约 33 米，下底宽约 60 米，两侧以缓坡形式延伸至塘底，坡度为 10°～12°；而六作塘塘体的横截面则呈上大下小的倒梯形，上口宽约 41 米，下底宽 8~14.2 米。

三　遗迹介绍

（一）一号遗迹

平面略呈长方形。木桩主要集中在东面和西面，北面和南面几乎不见（图四）。

东面留存南北向竖立的木桩两排，其间相距不超过 60 厘米。外侧的一排木桩较为密集，残存有 15 根之多，主要集中在中段，很多木桩成组分布，或两根、或三根并排插入。而内侧一排木桩分布较为稀疏，仅残存 5 根。西面木桩一排，较稀疏，仅残存 7 根。

木桩基本上为垂直打入，但南北两端的木桩略微倾向中部。遗迹内未见其他木构件。

遗迹长 9.7、宽 4.3 米。方向为 335°。木桩以三角形木料和方木料较多，圆形的较少。三角形木料是由圆形木料剖开而成，而方木料大部分是由废旧的船板或其他木材加工而成。

（二）二号遗迹

平面略呈长方形。其外圈为椭圆形木桩圈，但中部已缺失，仅南北两端残存一些木桩。遗迹两端稍高，中间较平。南部的木桩较多，排列比较整齐。南北两端的木桩明显向中间倾斜（图五；图版四，1）。

木桩圈内局部有少量的绿色土分布，其平面布局可分为南北两部分。

南部较平整，在其东侧置存有一层成片的木料，木料东西排列，整齐有序，应是人为有意识地堆放。平面呈方形，其面积为 2.8×2.8 平方米。从北至南共 16 排（图版四，2）。木料堆中的材料大部分为加工好的成品或半成品，较重要的木料主要有：带榫圆木，长 270、直径 12 厘米，一头带有长方形榫头，另一端被砍凿成扁形，上有一孔；长条形木板，长 180、宽 16 厘米，制作较好；带孔木板，长条形，长 160、宽 12 厘米，上有长方形孔 5 个，孔距基本相同；长方形木板，长 58、宽 32 厘米，形状规整；雕花木构件，长 232 厘米，由两块木料拼接而成，其间粘有油泥，木板上雕刻有对称的云形纹饰，且刷有黑漆；圆木，长 225、直径 19 厘米，一头略弯，一头被砍成扁状，上有一孔。木料的周围有木桩分布，主要是较规整的圆形木桩，围绕着木料堆略呈圆形。

北部略呈坡形，留存 3 块木板，呈八字形分布。东面的木板为长方形，长 190、宽 20 厘米，其下压一块长 60、宽 12 厘米的两头带榫头的木板，西面的木板一头带有榫头，中部有一圆孔，长 154、宽 22.8 厘米。三块木板下面保存有较清晰的芦席压印纹，

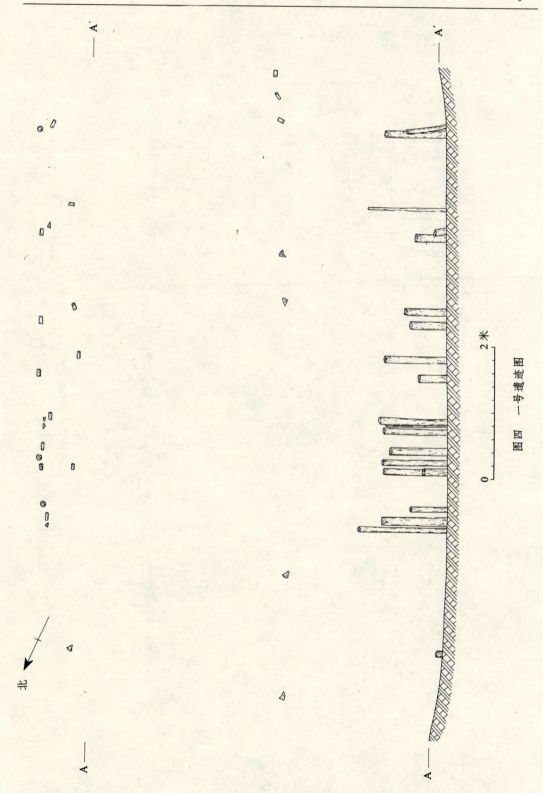

图四 一号遗迹图

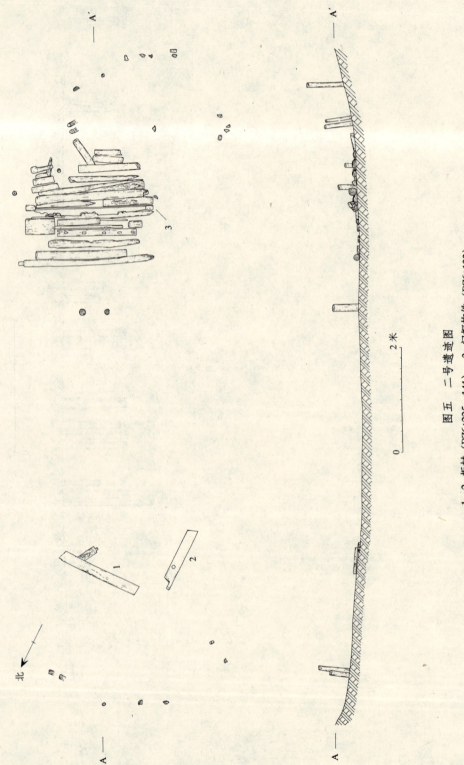

图五　二号遗迹图
1、2. 板材 (BZ6:225、141)　3. 门框构件 (BZ6:122)

推测该部位原来铺有芦席，现已腐烂不存（图版五，1）。

遗迹长 12.6、宽 4.4 米。方向 332°。木桩大部分为三角形或不规则形，少数为圆形或方形。在一些木桩上有长方形凹槽和圆孔，有些桩上则涂有红漆和黑漆。

（三）三号遗迹

遗迹平面呈长方形，遗迹的南北两端稍高，中间略凹。外周为木桩圈，在南北两端分布较为完好。南端的木桩呈两个弧形分布，且明显向中间倾斜；北端的木桩基本上呈弧形分布，构造与南端相似（图六；彩版三，1）。

通过局部解剖表明：木桩圈以内是一组层层叠压、共分 4 层的木结构（彩版三，2）。

遗迹的最底层为密集的底桩，由木桩垂直打入细沙层 1.1 米深处。这些底桩大部分为圆形，出露高度在同一水平面上，木桩直径从 8～20 厘米不等，也有一些半圆形或三角形的。

在底桩之上，东西两侧各平行铺设有两根南北向排列的圆木，为该遗迹的第二层。西侧圆木长 576、直径 16 厘米，一端有一穿孔，东侧圆木长 495、直径 19 厘米，二者的距离为 316 厘米。第二层构件除上述两根大圆木外，还垫有少量其他废旧木头或木构件。如东侧圆木的旁边有一"T"形撑，长 315 厘米，撑柄较弯曲，一端被削尖。木桩之间铺填有厚 40 厘米的绿土，绿土比较坚硬，容易板结，其中还夹杂着少量红色土。

绿土之上平行铺设有 8 根东西向的圆木，为遗迹的第三层。这些圆木半埋在绿土之中，木间距在 25～75 厘米之间，且较均匀。8 根圆木在西面基本上是平齐的，而在南北最外侧两根最长。由北到南，第一根长 445、直径 22 厘米；第二根长 387、直径 16 厘米；第三根长 386、直径 19 厘米；第四根长 390、直径 17 厘米；第五根长 410、直径 16 厘米；第六根长 403、直径 16 厘米；第七根长 424、直径 20 厘米，其西端有一椭圆形穿孔，上有一长 132 厘米长条形木板，用一棕绳与该圆木捆绑在一起；第八根长 484、直径 21 厘米。

在 8 根圆木之上中间略偏东的位置，有一根南北向的圆木，为遗迹的第四层。该木两头略微翘起，南端略粗，有一圆形穿孔。长 644、直径 22 厘米。在遗迹第三层八根圆木的南边，有一堆斜放的木料。这些木料摆放整齐，木料均朝一个方向，依次排列，木料之间几乎没有空隙。最上面的是一块长方形三拼板，长 142、宽 78 厘米，拼板一端为长条形的榫头，靠近另一端有一粗糙的圆孔。值得注意的是：三拼板的一边凿有一半圆形的缺口，正好卡在一根圆形木桩上。三拼板下面，在北侧有一长条形木板，长 144、宽 26 厘米。其旁为一根长 292 厘米的圆木。另有一块较厚的木构件，长 238、宽 20 厘米，一头较圆，带有一圆孔，另一头为方形，带一方孔。最后是数根堆

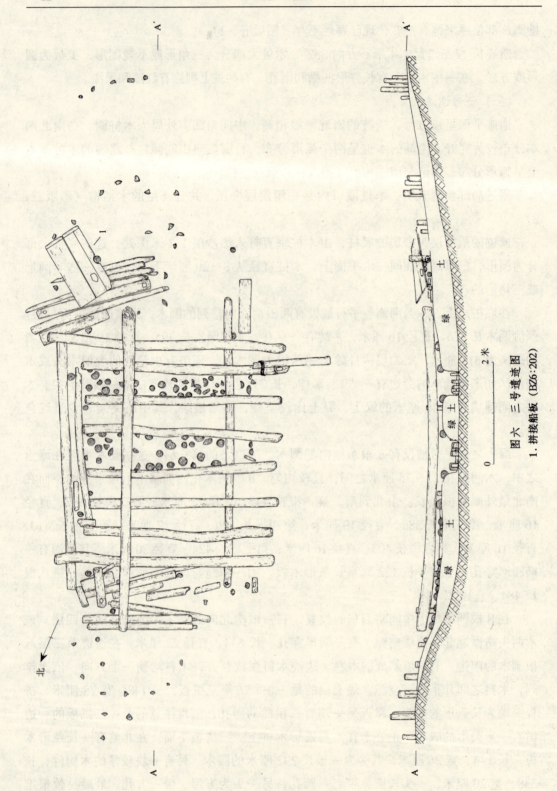

图六　三号遗迹图（B26:202）

1. 拼接船板

0 ────────── 2 米

在一起的木桩。

在遗迹第三层 8 根圆木的北侧，有一堆堆放比较乱的木构件。这些木构件并不在同一平面上，摆放十分随意，高低错落，互相叠压。除了一些边角料外，最主要的就是"T"形撑及带榫头的木构件。其中"T"形撑位于木料的中间，长 204 厘米，撑头长 44 厘米，撑柄直径 14 厘米。带榫头的木构件有 4 件，长度在 188～231 厘米之间。三号遗迹保存相对较完整，加之面积大，构造复杂，在众多遗迹中具有典型性。

该遗迹长 13.2、宽 6.2 米。方向为 338°。该遗迹所用的木桩大部分为三角形、半圆形或不规则形状，并且比较矮、细。

（四）四号遗迹

遗迹平面外围为一个用榫卯结构构成的框架，中间残缺。整个遗迹两端较高，中间略凹，形成南北两个缓坡（图七）。

南边的框架保存较差，框架已经变形散落。该框架由 3 根圆木构成。其中两头带榫圆木长 300、直径 17 厘米，一端还残存一个方形插销。东面的圆木长 206、直径 20 厘米，西面的圆木长 144、直径 16 厘米。框架结构外面以及紧靠框架结构的内部也残存一些木桩。

北边的框架保存较为完整，其结构是一根东西向两头带榫的圆木分别插入两根带孔圆木之中，形成一个"工"字形状。圆木均经过加工，显得光滑，规整。两头带榫圆木长 310、直径 21 厘米，其榫头为长方形，在榫头的末端还有一个方形穿孔，当榫头插入另外的圆木时，再从方形穿孔中插入一个方木插销，以起到固定的作用。东面的圆木长 130、直径 17 厘米，已残，脱离了榫头。西面的圆木长 184、直径 20 厘米，由于方木插销保存完好，仍然牢牢地固定在榫头上。框架结构以内紧靠框架的位置有一圈木桩，这些木桩均为圆木桩，并以框架结构的两个直角为基点，略成等距分布。有的木桩有两个木桩紧挨在一起的现象。

南北两个框架结构相对，从平面上看形成了一个长方形的以木制边框保护木桩的结构。框架之内铺填有厚 50 厘米左右的绿土，其间夹杂了一些红色土壤颗粒。在遗迹北边框架内的斜坡上南北向放置了 4 根圆木，半埋入绿土中。4 根圆木略呈平行，并未经过加工，长短不一，长度在 156～290 厘米之间，直径 15 厘米左右。在 4 根圆木的周围还有一些木桩。

该遗迹长 11.1、宽 3.1 米。方向 338°。

（五）五号遗迹

较散乱。仅存南北两端少量木桩。中部凹陷，无木桩分布，南北两端为木桩集中的地方，地势稍高（图八）。

南部木桩呈不规则分布，除了个别略有倾斜之外，均垂直竖插。北部木桩较多，

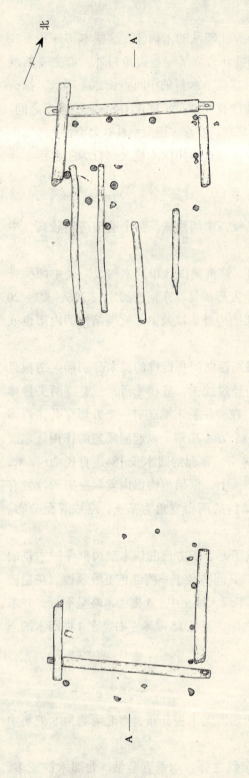

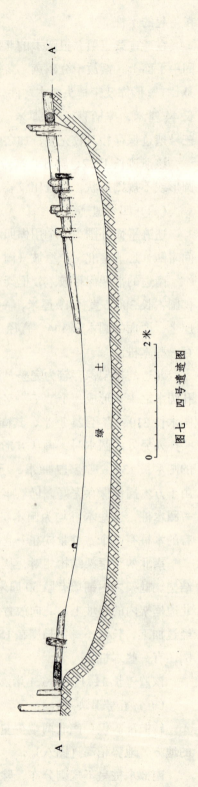

图七　四号遗迹图

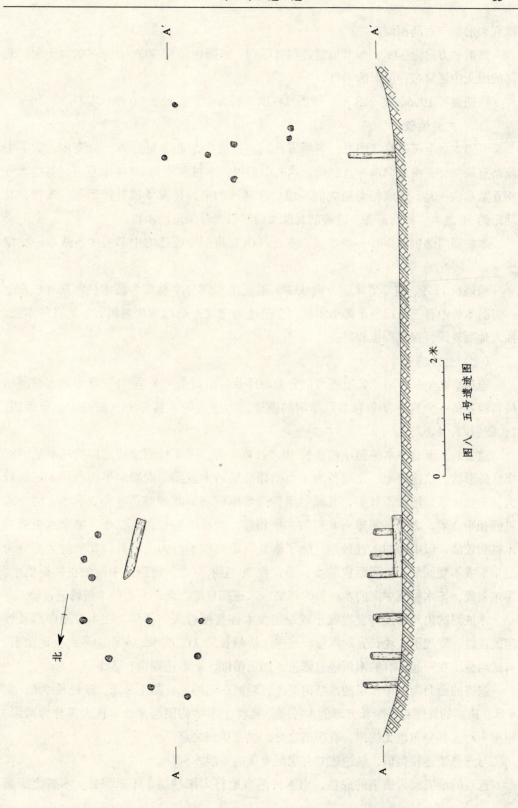

图八 五号遗迹图

排列和形制与南部相似。

该遗迹方向为 349°，与其他遗迹稍有区别。桩圈内垫有 30~40 厘米的绿土层，北部的绿土中还留布存废旧的木桩。

该遗迹长 10.5、宽 2.3 米。所用木桩以圆桩为主，直径在 10 厘米左右。

（六）六号遗迹

平面大致呈椭圆形（图九；图版五，2）。遗迹的东面木桩分布十分密集，除了中段略有缺失外，由北向南一直延续，达二十多根。木桩间距为 50 厘米左右，有些木桩相互紧靠在一起，形成相对独立的一组。在遗迹的南面，有 4 根并排笔直的木桩，其间距约 80 厘米，排列整齐。遗迹的北部及西部仅残存少量的木桩。

木桩圈内部也散插有一些木桩，主要在南北两端。遗迹的中部表面还残存一块绿土。

遗迹长 11.9、宽 2.8 米。方向 333°。遗迹中大部分木桩都为圆木桩，只有在几个一组的木桩中有三角形或半圆形木桩。在遗迹的南北两端均为相对粗大、笔直的木桩，插入地面较深，保存得也较好。

（七）七号遗迹

遗迹平面呈长方形。该遗迹可以分为两部分，东面是一个呈"8"字形的木桩圈结构，西面是一个构造复杂有多层结构的遗迹，为遗迹的主体部分（图一〇；彩版四，1；图版六，1、2）。

遗迹的东面是一木桩圈结构，长 10.6、宽 4 米。平面排列成南北向的基本呈"8"字形的形状。该遗迹南、北端各为一个半椭圆形的木桩圈。南端的半椭圆形木桩圈较大，直径 4 米，形状不规整，北端的半椭圆形木桩圈形状规整，直径 3.5 米。两个木桩圈相距 2 米，之间有两排南北向的木桩相连。两排木桩相距 2.2 米。整个木桩圈的木桩均较细，以中间的木桩最细。除了南北两端有些木桩为圆形外，其余的大部分为三角形或不规则形。桩间距也较小，通常在 30 厘米左右，特别是中间的桩间距更小。不难发现，该木桩圈中间的木桩最为密集，木桩高且细，南北两边的木桩稀疏且矮。

木桩圈的内外均没有发现红土或绿土，木桩直接打入细沙层。在木桩圈中部及偏南的位置，发现了 8 块长方形木板。这些木板最长的 212 厘米，东西向平铺在地面上，有的则叠压在一起。有的木板经过修整，加工精细，上面还残留有蓝漆。

遗迹的西面为一个多层的木结构遗迹，距离东侧的木桩圈 1.8 米。遗迹长 5.6、宽 4 米。遗迹的外围有一个长方形的木桩圈，将整个木结构围起来。木桩大部分为圆形，粗细不均。其分布也无规律，有密集之处，也有稀疏之点。

与三号遗迹相类似，该遗迹共有层层叠压的 4 层木构件。

遗迹的最底层为密集的底桩，由木桩笔直地打入细沙层 1.1 米深处。木桩出露面

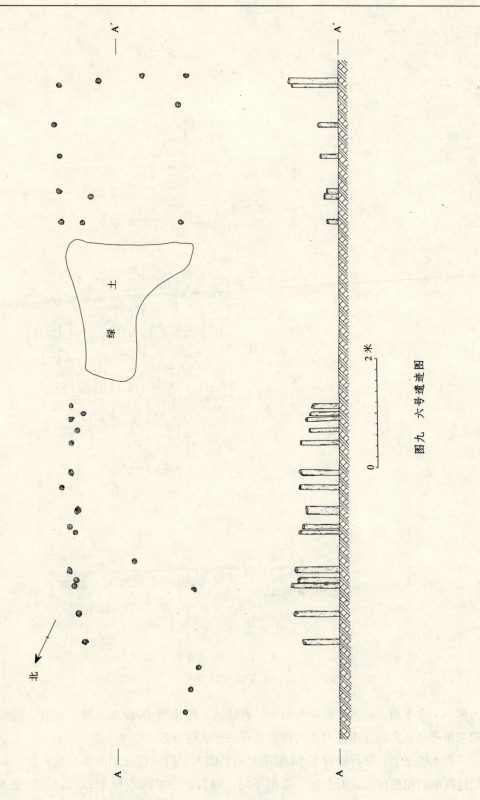

图九 六号遗迹图

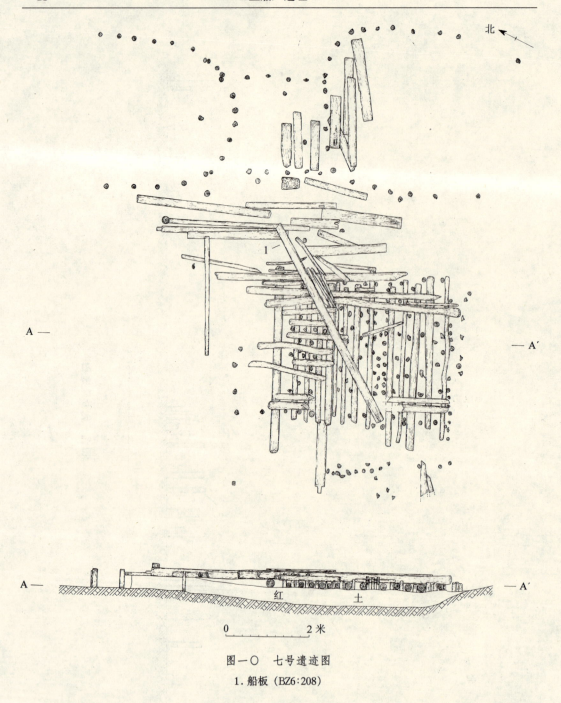

图一〇　七号遗迹图

1. 船板（BZ6∶208）

为同一个水平面，桩体大部分为圆形，直径从 8 厘米到 15 厘米不等，也有一些半圆形和三角形的。另外，遗迹主体的西面也有一些底桩分布。

在木桩之上，平行铺设了 14 根南北向的圆木，构成该遗迹的第二层。这些圆木都经过简单的粗糙加工，但长短、粗细不均。最长的一根圆木长 452、直径 20 厘米，而最短的一根长 324、直径 9 厘米。圆木之间的距离为 10~30 厘米，有的圆木挨在一起。在圆木之间及其下面铺垫有 20~25 厘米的红色沙土，红色沙土中夹杂有绿土。

第二层之上平行铺设有 10 根南北向的圆木，为遗迹的第三层。这一层的圆木损坏严重，除了东面有两根完整的外，其余的都已经残损。其中中间的 6 根仅剩下半截，而西面的两根圆木均已经断为两截，只剩下南北两头。东面的两根圆木分别长 478、483 厘米，直径分别为 16、17 厘米。最细的圆木直径 14 厘米。

第三层的圆木之上，斜放有一块长方形木板，为遗迹的第四层。该木板长 544、宽 22 厘米，木质坚硬，保存较好。木板旁边还有一些三角形木桩，长度在 120 厘米左右，应该是用作底桩用。

木桩圈结构与层累结构之间相距 1.8 米，堆放了一些木料。这些木料除了一些木桩之外，还包括"T"形撑、各种带榫孔的圆木、漆有蓝漆的木板等，均加工精细，制作较好，很多应该是造船用的构件。木料大都南北向摆放，没有一定的顺序，位置杂乱。该处应该是临时堆放造船构件和工具的地方。

木桩圈内部还散插有一些木桩，主要在南北两端。遗迹的中部还残存一处薄薄的绿土层。

七号遗迹是六作塘底部发现的所有遗迹中最大的一个，地势也最高，高出其他遗迹 60 厘米。七号遗迹长 10.6、宽 11.4 米。方向 336°。整个七号遗迹构造独特，加之比其他的遗迹都高，可以看出该处遗迹位置非常重要。

遗迹中大部分木桩都为圆木桩，只有在几个一组的木桩中有三角形或半圆形木桩。在遗迹的南北两端均为较粗大、笔直的木桩，其插入地面的深度也较深，保存得也相对较好。

（八）八号遗迹

八号遗迹平面呈长方形，遗迹周围有些散乱的木桩。现分为东西两部分来分别介绍（图一一；彩版四，2；图版七，1）。

东面是一个完整的框架结构，长 8.9、宽 3.4 米。结构平面呈长方形，分成南北两部分。南北两边稍高，中间略凹。

南边框架只剩下两根圆木，两头带榫头的圆木长 344、直径 18 厘米，其东面连接的圆木已缺失；西面连接的圆木长 442、直径 14 厘米，西面的榫头上插有一长条形插销，用以固定圆木。

北边框架由 3 根圆木构成，两头带榫头的圆木长 344、直径 16 厘米，其东面连接的圆木长 209、直径 24 厘米；其西面连接的圆木略显弯曲，长 508、直径 19 厘米。

南北两个框架通过西面的"巴掌搭"式榫卯结构相连接：两根圆木相连处均被锯掉长 72 厘米的一段半圆柱体，并且位置左右相反，使得两根圆木相互咬和，紧密贴在

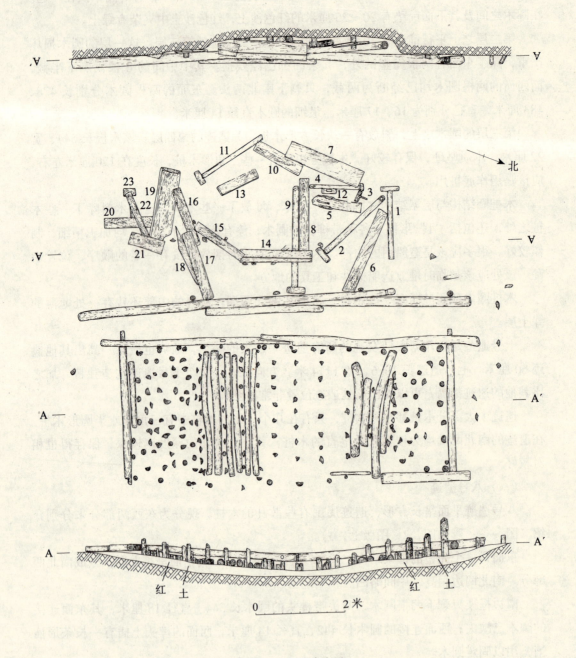

图一一　八号遗迹图

1、2、4、9、11."T"形撑（BZ6：42、35、43、44、45）　3、23.木锤（BZ6：6、1）　5.木夯（BZ6：30）
6、10.粗加工板材（BZ6：206、243）　7、13、21、22.船板（BZ6：205、143、152、474）　8、15~18、20.
细加工板材（BZ6：232、220、255、180、262、221）　12.锤（撑）头（BZ6：689）　14.拼接板材（BZ6：162）
19.板材，残损严重未编号

一起。而且在其咬和处凿了一圆孔，推测可在其中插上木销，牢牢固定住两根圆木（图版七，2）。

在框架内侧，钉有一圈木桩，木桩均为圆形，直径在 10～15 厘米。南面有 7 根，北面有 8 根。东面也残存一些木桩，据此推测原来东面也有框架结构，现在已破坏或损坏。值得注意的是，南面有 3 根木桩并没有挨着框架的圆木，而是在圆木与木桩的中间放置了一根长 148、直径 14 厘米的圆木，用以抵住 3 根木桩。这就很好地说明了框架结构的作用。

框架结构之内铺满了红土，内含较多颗粒物，土质疏松，其中还夹杂有少量的绿土。红土层厚 20 厘米，整个框架结构就铺设在红土之上。另外，木桩圈内有密集的底桩，这些木桩微微露出红土，数量极其之多。

最南边是底桩分布最密集的区域，在长 3、宽 1.5 米的范围内，总共有 60 多根木桩。这些木桩分布并不是很有规律，而是很杂乱，似乎是"见缝插针"，只要有空的地方就插上一根。

往北是 3 组共 6 根横置的圆木，这些圆木长度相当，在 2.8 米左右，粗细相同，直径 15 厘米左右。每两根圆木为一组，同一组的两根圆木紧密相贴，每组圆木之间用一排 8 根底桩隔开，且底桩紧靠圆木。遗迹的中心地区，地势较平坦。这里有 5 排东西向平行分布的底桩，这些底桩排列整齐，桩距与排距都比较均匀。每排底桩一般有 7 个，桩间距为 40 厘米左右。南北最外侧的两排底桩都紧紧靠着旁边的圆木。

遗迹北部有 3 排东西向底桩，排列不是很整齐，数量也不一致。3 排底桩的南面半埋有 4 根东西向横置的圆木，从北往南第一根长 170、直径 15 厘米；第二根弯曲呈"弓"形，长 390、直径 18 厘米，第三根长 154、直径 16 厘米；第四根长 212、直径 20 厘米。4 根圆木依次排列，十分紧密，在第二根和第三根之间有 3 根底桩。

八号遗迹内用作底桩的木桩长度在 90 厘米左右，区别于其外框架内侧的圆形木桩，大多是半圆形、三角形甚至是不规则形的木桩，这些木桩宽度在 10 厘米左右，基本上是由大的圆形木桩剖开而成。底桩之间的圆木称之为"龙骨"，其作用是固定底桩，避免底桩在松软的淤泥里歪曲、移动，从而达到增加整个遗迹负重量的作用。

与八号遗迹东面的结构不同，遗迹的西半部分更像一个仓库。分布有各种木构件，还有多种造船工具。东西两部分相距 50 厘米，西面遗迹长 10.1、宽 4 米。

西面遗迹的东面是 3 根南北向放置的圆木，靠北的长 470、直径 22 厘米，中间的长 280、直径 16 厘米，靠南的长 740、直径 23 厘米。3 根圆木相互叠压，其西侧紧靠圆木有 4 根底桩，桩间距在 2 米左右，似乎用来护住圆木，不让其滚动。

西面遗迹的中间有两块木板，两块木板均为拼接板，长度分别为 166、120 厘米。北面的木板较长且宽，南北向靠在倾斜的 3 根底桩之上；南面的木板较短且窄，方向稍偏，压在较长木板之上，其底下也有 2 根底桩支撑。

此木板西面是一块长条形木板，上面涂有蓝漆。木板旁边斜放一个"T"形撑。

北面有 4 个"T"形撑。最北面的"T"形撑东西向放置，长 170 厘米，中间斜放有一个长 205 厘米的"T"形撑，这两个"T"形撑之间有一长 200 厘米的长条形木板。另一个"T"形撑较小，长 120 厘米。其撑头向北，撑头之下有一个木锤。其东面平行放置有一个木夯，二者之间还有一个撑头。其西面是两块较宽的长方形木板。南面的"T"形撑长 180 厘米，其下有一块加工较细的船板，船板的一侧有排列整齐的钉孔。

南面放有 6 块木板，木板大小不一，位置散乱，互相叠压，木板的最底下还有一个木锤。

八号遗迹的西面部分堆放的木制品，除了有"T"形撑、木锤、木夯等工具外，还有一些经过细加工的船板，这些船板不仅表面光滑平整，制作规范，有的涂有蓝色漆，有的残留有铁钉。

八号遗迹是遗迹中面积较大的一个，由于其位置相对较深，保存的比较完整，从造船的建筑到造船的工具，一应俱全，具有典型性和代表性。

该遗迹方向 339°。

（九）九号遗迹

平面呈长方形。是所有遗迹中所用木桩最多的一个（图一二；彩版五，1）。

该遗迹外围保存的木桩较少。东面几乎没有分布，南面有 5 根木桩，排列整齐，粗细相当，高度大致相同，间距较匀，西面残留有数根圆形木桩，北面木桩的形制和分布情况与南面相似，但没有南面分布整齐。

木桩圈之内是红土层堆积，其间分布有密集的底桩。底桩露出红土 10 厘米左右，南北两侧的底桩分布整齐有序，中间排列得不太规则。

南侧的底桩有 9 排，每排的桩数基本相同，大致有 15 根之多。其间距在 20 厘米左右，而且排与排之间没有散乱的木桩。在其北侧的底桩之间留有 2 根圆木龙骨，长度均为 200、直径 10 厘米。

北侧有 7 排底桩，每排的桩数为 15 根左右，有的桩数超过 20 根，底桩之间几乎没有空隙。排与排之间的距离不均匀，而且之间还散布着少量木桩。最南边 2 排底桩之间也置存有 2 根圆木做为龙骨，长度分别为 192、179 厘米，直径分别为 14、11 厘米。南北 2 组龙骨之间为遗迹的中部地段，底桩比较稀疏，中部东侧处无底桩存在。

遗迹长 9.8、宽 2.7 米。方向 337°。遗迹外围的木桩较粗，均为圆木桩，直径 15 厘米左右。内部的底桩以三角形的居多，宽 10 厘米左右，有的宽度在 5 厘米以下。

根据局部解剖发现，底桩的长度在 100 厘米左右。与其他遗迹不同，遗迹内部的红土层厚 80 厘米左右，几乎与底桩的长度相当。整个九号遗迹的底桩数量将近 300

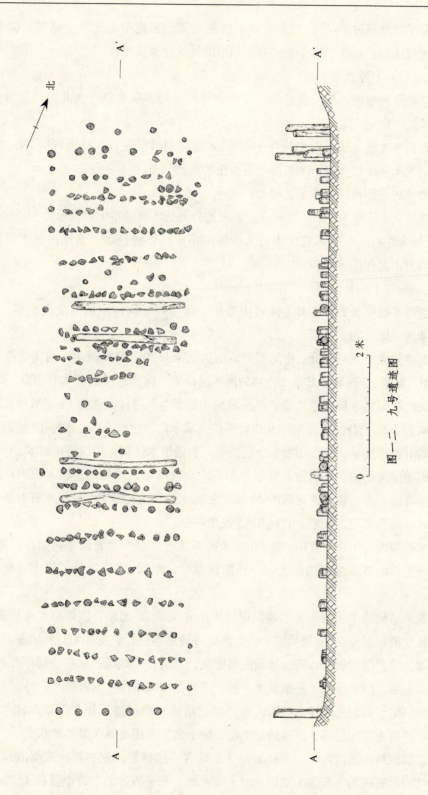

图一二 九号遗迹图

根，每平方米超过 20 个。如此密集的底桩在其他遗迹中是比较少见的，加上其厚 80 厘米的红土层，表明了这个遗迹在造船中的特殊性和重要性。

（一○）十号遗迹

遗迹平面呈椭圆形。遗迹的西面保存比较完整，东面以及南北两面的木桩大部分已经缺失（图一三）。

东面有 2 根木桩。西面残存 19 根。木桩排列得很整齐，桩距均匀，在 40 厘米左右，南北向呈弧形分布。木桩圈内有少量的散桩分布。

遗迹内中部残存有少量的绿土。

遗迹长 9、宽 3.6 米。方向 336°。遗迹外侧的木桩基本上以圆形为主，较直，直径在 15 厘米左右。一些木桩由于打入的深度不够，已经松动。遗迹内的木桩均为三角形，均有不同程度的倾斜。

（一一）十一号遗迹

遗迹平面呈长方形，其主体结构是一个由榫卯结构组成的南北向框架。长 10.1、宽 3.4 米（图一四；彩版五，2）。

遗迹分成南北两部分，中间断开。南边框架只剩下两根圆木，两侧带榫头的圆木长 280、直径 22 厘米，其东面连接的圆木已缺失，西面连接的圆木长 200、直径 23 厘米；北边框架由 3 根圆木构成，两头带榫头的圆木长 311、直径 18 厘米，其东面连接的圆木长 360、直径 22 厘米，其西面连接的圆木略短，长 230、直径 19 厘米。榫头的末端均有方形插孔，东面的榫头上还插有一长条形木插销，用以固定圆木。

框架结构的内侧，紧贴着框架分布有一个椭圆形的木桩圈。该木桩圈在南北两端大致呈等距分布，桩间距在 30～40 厘米之间，而在遗迹的中间位置木桩有缺失。木桩圈的木桩均为圆形，较粗。直径在 15 厘米左右。

木桩圈内有一个长 210、宽 90 厘米的芦席筐。芦席筐表面呈椭圆形，紧贴木桩，筐边较粗，由芦席缠绕编织而成。芦席筐深 26 厘米，其中填满了绿土（彩版六，1、2）。

框架结构的中间略凹，解剖发现低于南北两端 20 厘米。该处分布有较多的底桩，底桩比较细，直径在 10 厘米以下，大部分为圆形木桩，长度在 100 厘米左右。其分布无规律，位置随意散乱。有的地段底桩密集，有的比较疏松。底桩之间填充有厚 10 厘米的红土层，红土层之上还散放着一些废旧的圆木或木构件（图版八，1）。

在框架结构的北端的木桩圈内有芦席的痕迹。据痕迹可知，芦席紧靠木桩，向上翘起。芦席上有一层厚 5 厘米的绿土层，绿土之上又还有厚 5 厘米的红土层。

在框架结构的西南面，距框架约 3 米处有一些底桩。底桩露出底部的高度略低于框架结构，底桩的分布也无规则，但十分密集，每平方米的底桩个数在 15 个左右。底

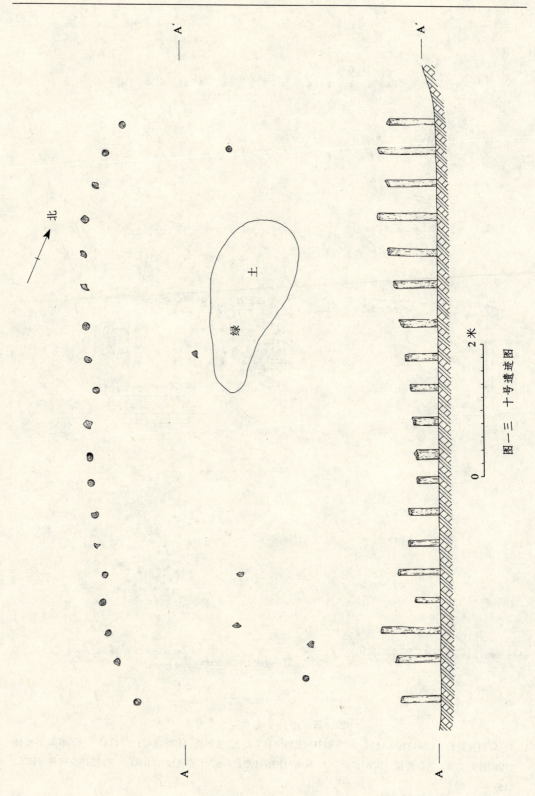

图一三 十号遗迹图

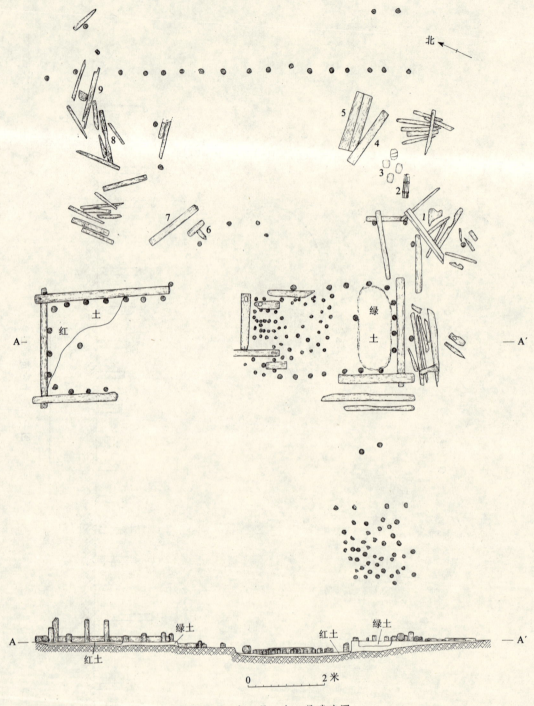

图一四　十一号、十二号遗迹图

1、5.拼接船板（BZ6：179、169）　2.捆钉（BZ6：148）　3.油泥坨（BZ6：1471～1474）　4.细加工板材（BZ6：189）　6."T"形撑（BZ6：37）　7.圆木（BZ6：105）　8.木杵（BZ6：109）　9.带榫头构件（BZ6：115）

桩大部分为圆形，直径在10、长度在110厘米左右。

框架结构的东面及南面也有一些散乱分布的木桩，木桩周围堆放着木构件、木制工具、边角料、原木等，其中以木桩较多。木料的分布并不规整，十分凌乱。

十一号遗迹是所有遗迹中发掘最早的一个，保存状况良好，在其附近还残存许多造船时留下的船板、工具等。该遗迹主体部分为一框架结构，附近堆放较多的木构件、木制工具等，其西南部残留着一块底桩区。遗迹方向336°。

（一二）十二号遗迹

遗迹紧靠着十一号遗迹东面的木料堆，平面略呈椭圆形，由于损坏的木桩较多，仅残留西面的一排木桩，东面和南面的木桩已经缺失（见图一四）。

木桩为南北向，排列整齐，桩数为17根，间距大致相等。木桩在遗迹的北端呈弧形向东延伸，形成椭圆形状。另外，木桩圈的中间也有少量木桩分布。

遗迹长9.8、宽1.7米。方向336°。木桩均为圆形木桩，比较粗壮、笔直，直径在15厘米左右。整个遗迹十分简单，除了木桩圈外没有其他的设施或结构，几乎可以看作是十一号遗迹的附属结构。

（一三）十三号遗迹

遗迹平面为椭圆形。木桩主要分布在遗迹的南北两端（图一五）。

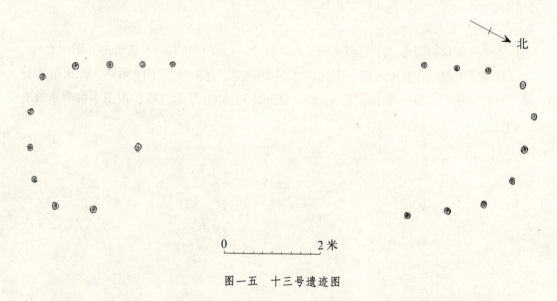

图一五　十三号遗迹图

遗迹南北两端的木桩排列成半椭圆形，南北相对，中间有较长一段没有木桩分布。木桩圈内无填土，桩距均匀，在50~60厘米左右，排列整齐。

遗迹长11、宽3米。方向334°。所有木桩均为圆形木桩，直径15厘米。

（一四）十四号遗迹

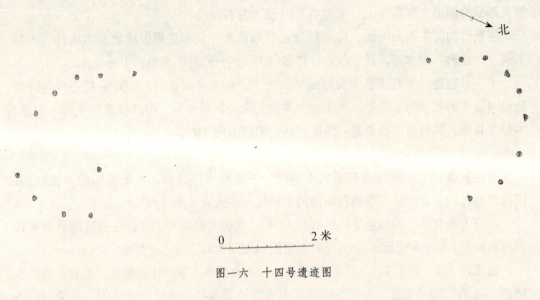

0　　　　　　　　2米

图一六　十四号遗迹图

遗迹与十三号遗迹类似，无论从大小、布局、形状等方面都如出一辙。所不同的是，桩距不甚均匀，远近有别（图一六）。

遗迹长 11.5、宽 3 米。方向 334°。该遗迹木桩比十三号遗迹的木桩略小，圆形木桩也少一些，有一部分为非圆形木桩。

（一五）十五号遗迹

遗迹平面呈椭圆形。东面和南面的木桩较少，西面和北面的木桩较多（图一七）。

遗迹东面只残存数根木桩。南面的木桩也很少，且木桩向中间倾斜。西面的木桩从北延伸到南面，整齐有序，呈一直线，桩间距约为 50 厘米左右，很多木桩似乎被有

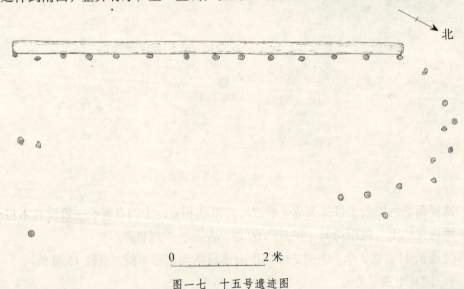

0　　　　　　　　2米

图一七　十五号遗迹图

意折断。另外，在西面木桩排的西侧，有一圆木，长856、直径26厘米。该圆木未经加工，显得比较粗糙。北面的木桩排列成比较规则的半圆形，且向中间倾斜。

木桩圈内铺有一层薄薄的绿土。

十五号遗迹长9.7、宽4.1米。方向333°。所用木桩较细，而且打入地下不深，有的已经倾倒。

（一六）十六号遗迹

遗迹为南北向的椭圆形，东面的木桩较多，西面的木桩较少（图一八）。

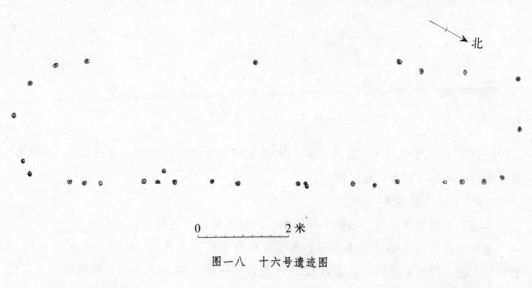

图一八 十六号遗迹图

东面为木桩的集中区，木桩成组排列。其桩距不均匀，每组木桩包括2～3根木桩，间距在15厘米左右，有的甚至挨在一起。组与组之间的距离较大，超过80厘米。这种成组分布的木桩在其他的遗迹中也有发现，通常由比较细的木桩组成，大多由其他废旧料加工而成，圆形木桩很少。遗迹的南、西、北面木桩很少。

木桩圈内铺垫有一层薄薄的绿土。

遗迹长11.5、宽3.1米。方向335°。木桩以圆形居多，也有三角形、半圆形的。该遗迹的木桩较细，而且打入地下不深，显得不很整齐，大多数木桩东倒西歪且有缺失。

（一七）十七号遗迹

遗迹平面为南北向的椭圆形（图一九；图版八，2）。遗迹东面木桩残损较大。现存的木桩分布在南、北、西面，平面大致呈一个瘦长的"C"字形。遗迹的木桩排列整齐、有序，间距均匀，为40厘米左右。

木桩圈内铺有30～40厘米厚的绿土，中间夹杂有红色的土壤颗粒，圈内土层堆积不平，南北两端高，中间下凹。

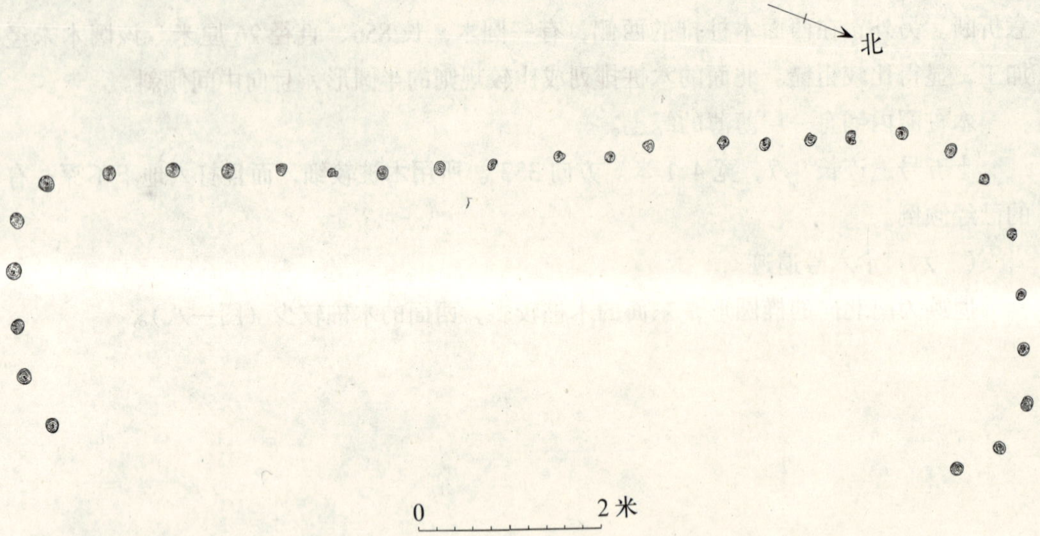

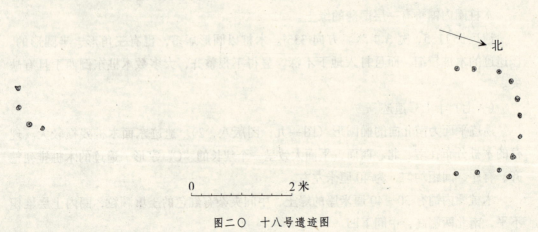

图一九　十七号遗迹图

　　遗迹长 11、宽 3.6 米。方向 339°。木桩大部分为圆形，较粗，直径超过 15 厘米，而且垂直打入地下较深，难以拔动。

　　（一八）十八号遗迹

　　遗迹平面略呈椭圆形。结构十分简单，所存木桩较少（图二〇）。

　　遗迹南北两端较高，中间下凹。木桩主要集中在南北两端，中间几乎没有。南端有 4 根木桩，呈弧形排列，北端有 12 根木桩，桩间距为 30 厘米左右，排列成一个直径 2 米的半圆形。

　　遗迹中局部残留着少量的绿土。

　　遗迹长 10.2、宽 2.2 米。方向 343°。遗迹中的木桩均较细，以圆形和半圆形木桩为主。

图二〇　十八号遗迹图

（一九）十九号遗迹

遗迹南北两端较高，高出中间 20 厘米。木桩主要集中在南北两端，中部无木桩分布（图二一）。

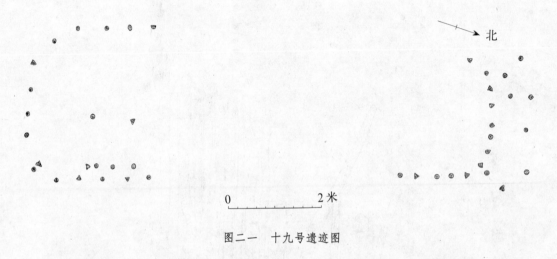

图二一　十九号遗迹图

南边的木桩组成一个较大的半圆形，直径 3.4 米，桩间距为 50 厘米左右。在其东侧有一些散桩分布，排列较直。另外，半圆形木桩圈的中间也有两根木桩。

北面的木桩可以分为两个弧形，内弧形由 13 根木桩组成，排列整齐，桩间距为 25 厘米左右。外弧形由 5 根木桩组成，排列不太整齐，桩间距在 60～80 厘米之间。两排木桩相距 60 厘米，其间另有 3 根木桩。

遗迹南北两端的木桩圈内也残留着少量的绿土。

遗迹长 11.2、宽 3.6 米。方向 342°。遗迹的木桩均比较细，大部分为半圆或三角形的，圆形的比较少。

（二○）二十号遗迹

遗迹平面呈长方形，可以分为东、西两部分，东面是数根并排的木料，西面是木桩构成的木桩圈（图二二；图版九，1）。

遗迹东面以 16 根并排的木料构成该遗迹的主体，木料南北向排列放置。木料中有未加工的原木，也有木构件。木料南端平齐，木料之间无空隙，排列较紧，且互相叠压。从东到西，第 1 根为圆木，略显弯曲，长 500、直径 18 厘米，末端有一穿孔；第 2 根为圆木，长 511、直径 16 厘米；第 3 根圆木的中间弯曲较大，长 520、直径 20 厘米，末端有一穿孔；第 4 根圆木已断为两截，直径 15 厘米；第 5 根圆木也断成了两截，直径 16 厘米；第 6 根圆木长 508、直径 20 厘米；第 7 根圆木已断为两截，直径 17 厘米；第 8 根为未加工的原木，长 488 厘米，粗的一端直径 21 厘米，另一端逐渐变细；第 9

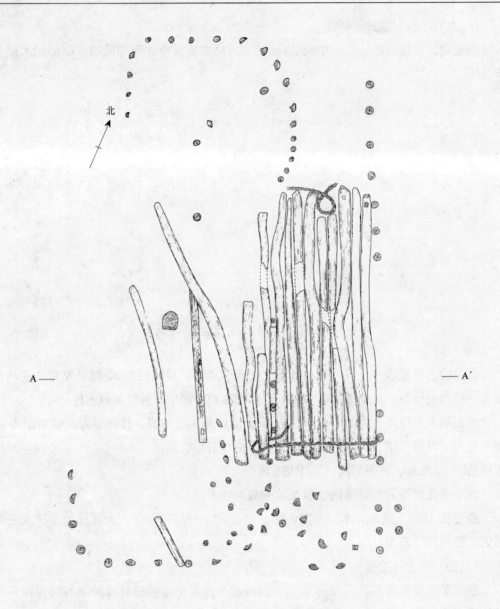

北

A —————　　　　　　　　　　　　　　　— A′

A ———　　绿土　　　　　　　　　　　　　绿土　　　— A′

0　　　　　　　　　　2 米

图二二　二十号遗迹图

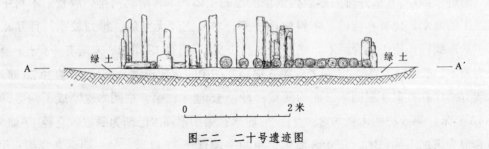

根也是没有加工过的圆木，较弯曲，长 510 厘米，一端直径 25 厘米，另一端逐渐变细；第 10 根是一小圆木，夹在两根木头的中间，长 89、直径 10 厘米，其南北两端均有木桩分布；第 11 根木料相对较细，断为两截，直径 11 厘米；第 12 根是较短的圆木，长 200、直径 19 厘米；第 13 根为弯曲的圆木，长 274、直径 17 厘米；第 14 根是一弯曲十分厉害的圆木，其北端向西斜，弯曲的角度较大，长 530 厘米，南端粗，直径 25 厘米，北端较细，直径 12 厘米；第 15 根是一个加工精细的长条形方木，两端有长方形的穿孔，长 294、宽 13 厘米；第 16 根圆木距离第 15 根 64 厘米，长 295、直径 12 厘米。在这组木料的两端各有一根棕绳，均缠绕在各木料之间，棕绳较粗，由数根细的棕绳绞编而成。

遗迹东面紧靠第一根圆木处另有木桩一排，南北向排列，除中间稍有空缺外，木桩几乎等距分布。木桩为圆形，直径 15 厘米。同时，在该组木排的南面也有一些木桩，分布散乱且密集。

遗迹的西面是由木桩组成的木桩圈，共有南北两个木桩圈。这两个木桩圈均为半圆形，各自成独立的一组。南边的木桩圈直径 3 米，木桩较粗。北边的木桩圈位置偏东，直径 3.2 米，木桩相对较细。

遗迹下面均铺有厚 20 厘米左右的绿土。

该遗迹结构比较特殊，所占面积较大，长 10、宽 6.5 米。方向 337°。该遗迹的东西两部分是不能独立分开的，二者在很多地方互相连接，成为一个整体。这种结构在整个遗迹中比较少见，它通过在铺设过绿土的地面放置成排木料，既可以承重，也可以为工作者提供一个干燥的工作平台。

（二一）二十一号遗迹

遗迹呈长方形，为一残存的南北向分布的框架结构。遗迹的南部是一个基本呈"口"字形的木制框架，北部是一木桩圈。整个遗迹南端高，为一个斜坡，北部及中间位置较低且平坦（图二三；彩版七，1）。

框架由 4 根圆木通过榫卯结构拼接而成，其中南北两边是两根两头带榫的圆木，东西两边是两根两头带孔的圆木。东圆木长 310、直径 21 厘米；南圆木已残；西圆木长 284、直径 19 厘米；北圆木长 298、直径 9 厘米，榫头长 50 厘米，榫头的末端有一方孔，中插有长条形的木插销。

框架的内侧有一圈木桩，木桩分布不均匀，北面稍密。框架的中间还有一根圆形木桩，加工较细，笔直插入土层中。框架内填满了绿土，厚 60 厘米，其中夹杂着大量的红色沙土颗粒。绿土层中还发现了一些木板。

遗迹北部是一个椭圆形的木桩圈结构，长 4.4、宽 3.4 米。木桩圈南面木桩密集，北面木桩稀疏，西北面无木桩。另外，在木桩圈的外面及中间均有一些零散木桩分布。

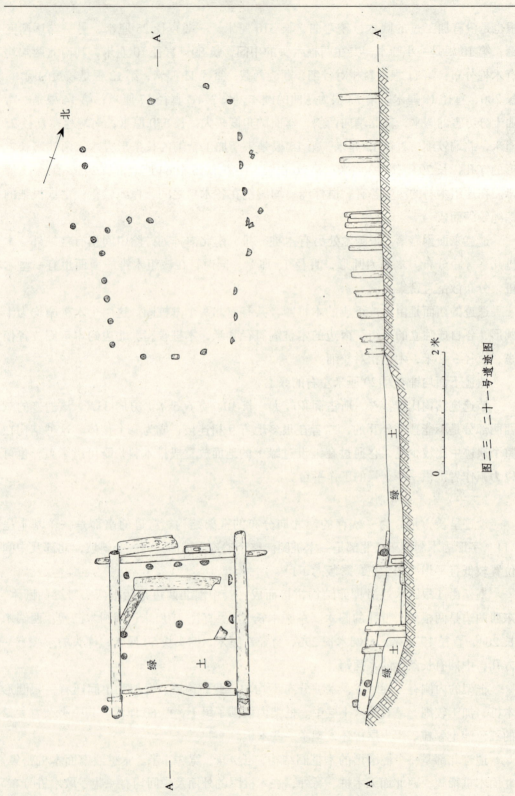

图二三　二十一号遗迹图

木桩较细，有圆形、半圆形、三角形等。桩间距小，特别是靠近南面的木桩，距离在30厘米左右，十分密集。

二十一号遗迹长 10.6、宽 3.4 米。方向 339°。遗迹的中部比较平坦，同其他遗迹相比，该遗迹将框架结构和木桩圈结构结合在一起，较为少见，是属于一种比较特殊的结构。

(二二) 二十二号遗迹

遗迹平面为长方形的框架结构。该遗迹中间平坦，南北两端高，特别是南端，形成一个斜坡 (图二四；见彩版七，1)。

遗迹平面表现为南北两个基本呈"口"字形的框架组合，框架位于南北斜坡之上，遗迹的中部无任何木构件，仅有南北向的一根直径 11 厘米的棕绳，其北端埋入土中。

遗迹南面的坡度较大，结构略呈长方形。东圆木长 348、直径 13 厘米。南圆木残长 256、直径 12 厘米，带榫，其榫头的末端残留有插销，用以固定榫头上的圆木；西圆木长 356、直径 16 厘米。北圆木残长 290、直径 15 厘米，带榫，榫头末端有方孔，上有木插销。

结构内侧有一圈木桩，现存 14 根。木桩以圆形为主，直径 10 厘米，大致排列成椭圆形，桩间距不均匀。框架的北面有一根加工规整的木桩斜插入土中，靠在框架上。框架的南面也有 3 根木桩紧靠框架分布。经解剖发现，深 40 厘米的位置有底桩分布，在宽 130 厘米的解剖沟内共发现 3 排东西向的底桩。这些底桩以三角形的为主，每排 3~4 个，中间用圆木或木板隔开 (图版九，2)。

北部的框架已经残损严重，只剩下两根圆木。东圆木不见。南圆木只剩一个榫头，上面也有插孔。西圆木残长 220、直径 13 厘米，带孔。北圆木残长 210、直径 8 厘米，带榫，榫头长 38 厘米，其末端有插孔，上残留有长条形木插销。北圆木中间缠绕着一根直径为 11 厘米的棕绳。该棕绳由 3 根较细的棕绳编织而成，一端已散开，另一端向南面延伸，埋入框架内的绿土层中。框架内侧有一圈木桩，共 16 根，以圆形和半圆形木桩为主。木桩分布密集，间距较均匀 (彩版七，2)。

遗迹中都铺垫有绿土，绿土中夹杂有大量的红色沙土，二者混杂，厚 80 厘米。局部解剖发现，绿土中常有一些圆木或木板。

二十二号遗迹相对较短，长 9.7、宽 3 米。方向 337°。

(二三) 二十三号遗迹

遗迹与二十一号遗迹相似，是一个半框架结构。遗迹南北两端稍高，中间低且平坦。其南面是一个"口"字形的框架结构，北面是一处木桩圈 (图二五)。

南面框架造型规整，和其他遗迹中的"口"字形框架的结构一样，也由 4 根圆木通过榫卯拼接而成。南北两面是两根双头带榫的圆木，东西两面是两根双头带孔的圆

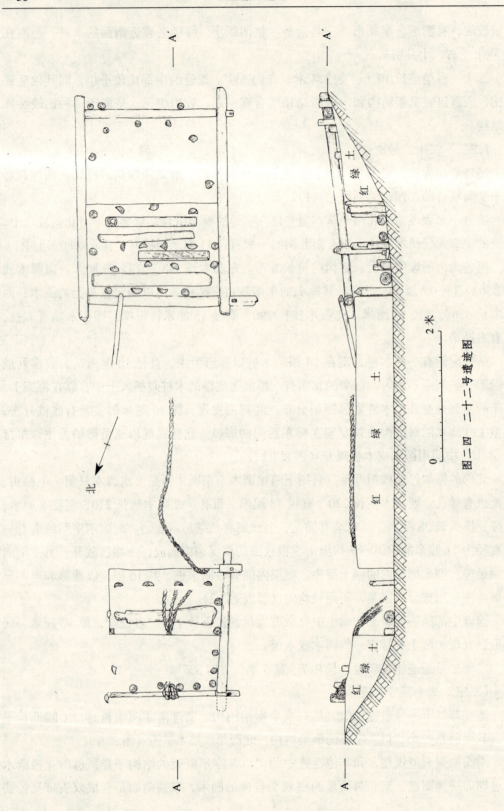

图二四　二十二号遗迹图

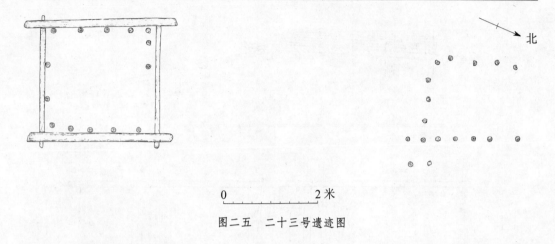

0 _____ 2 米

图二五 二十三号遗迹图

木。东圆木长 320、直径 19 厘米；南圆木长 278、直径 12 厘米；西圆木长 336、直径 17 厘米；北圆木长 260、直径 12 厘米。框架内侧有一圈木桩，共 14 根，排列成方形。桩间距比较均匀，木桩以圆形为主。

框架内填有厚 60 厘米的绿土，绿土中夹杂了较多的红色沙土。

北面木桩圈基本呈椭圆形。长 2.15、宽 2.5 米。木桩以圆形为主，比较细，排列不齐，桩间距为 30 厘米。

遗迹长 11、宽 2.8 米。方向 337°。

(二四) 二十四号遗迹

遗迹为框架结构，南北两端各有一个。遗迹南北两端高，中间凹，特别是南端最高，比中间高 150 厘米。整个遗迹除西面有残损，保存得比较完整，南面的木框架中还堆放有木料（图二六；彩版八，1）。

南端框架由两根圆木组成。东面是一根两头带孔的圆木，长 500、直径 14 厘米。南面是一根两头带榫的圆木，长 391、直径 14 厘米。该圆木搭在北端框架结构东面的圆木之上。由于其北端也有长方形穿孔，孔中尚存木榫头，推测该圆木原应和北端框架结构东面的圆木连接在中间的方木之上，现已松动（图版一〇，1）。

北端的框架由 4 根木头通过榫卯结构组成。东面是一根两头带孔的圆木，长 580、直径 16 厘米。南面为一较短的长条形方木，通过榫卯结构与东西的圆木连接，长 106、宽 11 厘米，其正面有一道长条形的凹槽。西面的圆木短而细，长 152、直径 12 厘米。北面为两头带榫的长条形方木，长 390、宽 11 厘米，两头各有一个长方形的榫头，正面有一道长条形的凹槽。该方木的北侧有一块长 166 厘米、两头带榫的木板，木板的一边为长条形的榫头，与方木正面的凹槽正好相对，有可能原本是插在上面的（图版一〇，2）。

结构内侧有一圈木桩。木桩以圆形居多，且较粗，直径在 15 厘米左右。木桩分布

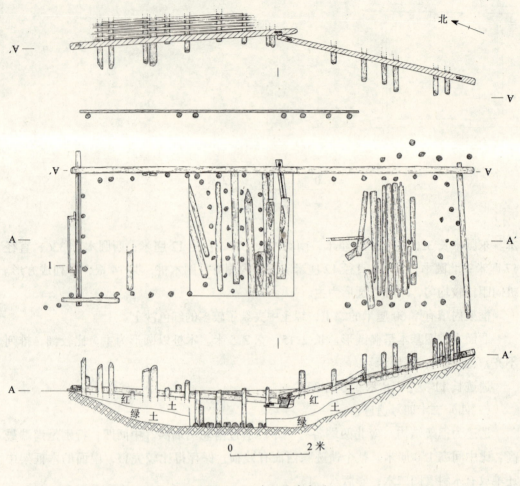

图二六　二十四号遗迹图

1. 带榫头构件（BZ6:120）

大致呈椭圆形。桩间距较均匀，为 40 厘米左右。

南面框架内有一片东西向放置的木料。木料摆放比较整齐，之间还钉有木桩，用来固定木料。木料有 8 排，从南到北比较重要的木料有：3 根带榫头的圆木，长度相等，为 290 厘米左右，粗细相当，直径为 14 厘米左右；2 根圆形木桩，分别长 280、230 厘米，直径分别为 9、16 厘米左右；圆木 1 根，长 244，直径 8 厘米。另外还有一些木板。木料置放整齐，位于斜坡之上。木料之间钉有一些木桩和圆木。木料中的圆木、木板等加工规整，表面光滑。

框架内铺垫有红色沙土，厚 20 厘米，红色沙土下面有绿色土，厚 60 厘米。解剖发现：在框架下面的位置有用竹围筐的痕迹。筐子由宽 5 厘米的竹篾通过缠绕在木桩圈上编织而成，竹篾呈"S"形缠绕在木桩上，上下两根竹篾位置相互错开。由于竹篾腐烂，现仅存有最上面7层竹篾，其余不见。筐子的作用可能在于固定框架内的红土和绿土层。

通过对二十四号遗迹的中部进行局部解剖发现：有木板及底桩，深度在面下30～70厘米处。底桩4排，每排6根左右，底桩圆形、半圆形的均有，直径10厘米左右。排间距为40厘米左右，中间用一根或两根圆木隔开（彩版八，2）。

遗迹总长11、宽4.6米。方向339°。它是所有框架结构遗迹中比较典型的一处。

（二五）二十五号遗迹

遗迹平面大致呈椭圆形。木桩大致排列成南北向长方形，木桩主要分布在南面，北面仅存2根（图二七）。

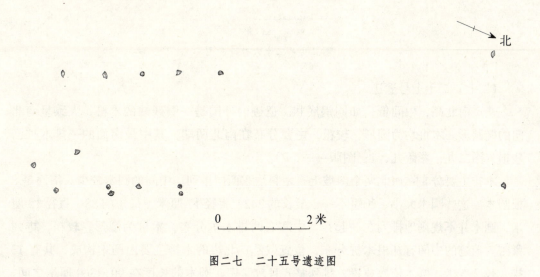

图二七 二十五号遗迹图

南面的木桩分为东西两排，相距240厘米。东侧木桩有2根。西侧木桩排列成直线，有5根木桩，桩间距较均匀，约为80厘米。遗迹北面只残留2根，且倾斜。

遗迹结构简单。整个遗迹只有15根木桩。遗迹长10.5、宽3米。方向338°。所用木桩圆形的比较少，以相对较细的半圆形、三角形木桩居多。

（二六）二十六号遗迹

遗迹平面大致呈南北向的椭圆形结构，除中部的西段无木桩分布外，其他地方木桩均分布密集（图二八；图版一一，1）。

遗迹东面一排木桩，排列较直，南、北、西三面木桩均为弧形排列，桩间距为20厘米左右。

遗迹长10.12、宽3.4米。方向338°。该遗迹的木桩比较细，以三角形的为主。该遗迹是第一类木桩圈结构中比较典型的一处，木桩排列得比较整齐，形状规整，保存也较为完好。

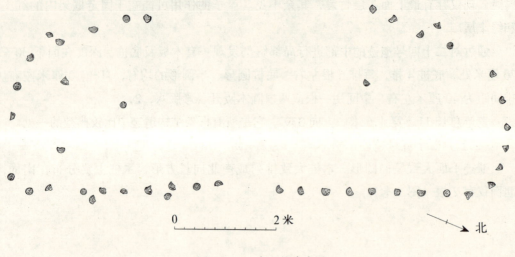

图二八　二十六号遗迹图

（二七）二十七号遗迹

遗迹南北高，中间低，如同锅底状。遗迹的外围是一圈残缺的木桩，大致呈南北向的椭圆形。木桩均为圆形，较粗，主要分布在南北两端，其中最南面的一排木桩已残损（图二九；彩版九，1；图版一一，2）。

木排主要分布在南北两个斜坡上，木料均东西向排列。中间的圆木较少。南面是8根圆木。这些圆木大小、长短不一，最长的242、直径17厘米，最短的88、直径12厘米，圆木并不规则地排列在一起；其中间有两排木桩分布，木桩为圆形，较粗，排列紧密。遗迹的中间有几根木桩分布，位置散乱；北边的木排主要由圆木构成，共有13排，长2.5米。圆木依次放置，排列整齐且较紧密。圆木的长度在90～360厘米之间，直径在10～22厘米之间。除了圆木，还有一些木桩、木构件等散落在木排的周围。遗迹的西面1米处有两根木桩，其东面放置了两块上下叠压的木板，下面的木板长500、宽14厘米，木板上有两个小方孔，上面木板长454、宽12厘米。两块木板均靠在木桩上，形成一个如同挡水板的结构。

遗迹长9、宽5米。方向332°。二十七号遗迹是一个木排结构和木桩圈结构的结合体。遗迹中间用圆木和木桩，外面钉有一圈木桩圈围住。这种结构与二十号遗迹木桩圈与木排分开的做法略有不同，而木排的中间也有一些木桩分布。该遗迹的圆木大部分没有经过加工，有很多是原木。

二十八、二十九、三十号遗迹

这三处遗迹均平面均为木桩圈结构，无论在长度、方向等方面都基本一致。遗迹的底部都铺有红色沙土层，并且连成一片，形成一个整体。从某种意义上说，似为一处遗迹（图三〇）。

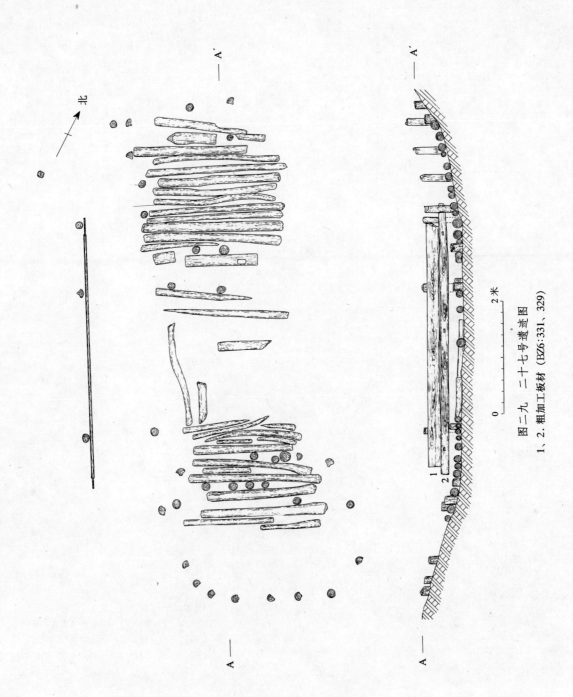

图二九 二十七号遗迹图 (BZ6:331、329)
1、2. 粗加工板材

北

0　　　　　　2米

图三〇　二十八号、二十九号、三十号遗迹图

（二八）二十八号遗迹木桩主要集中在南北两端，中间无木桩，大致排列呈长方形。南端木桩较少，且较散乱。北端木桩最为集中，可以分为呈东西两侧一线分布，排列规则，其间的距离为20～30厘米。

遗迹主体部分长11.6、宽2.3米，距离二十九号遗迹4.4米。所有木桩均较细，以三角形木桩为主，有的甚至是用较薄的木条做成的。

（二九）二十九号遗迹平面较窄，木桩主要集中在北端，中间无木桩，南端也仅有几根散乱木桩。北端的木桩排列成半椭圆形，桩间距约为40厘米左右。

主体部分长11.6、宽2米，距离三十号遗迹1.2米。该遗迹的木桩也比较细，很多都有损坏过的痕迹。

（三〇）三十号遗迹长11.6、宽3.6米，由于残损较甚，剩下的木桩不多，主要分布在遗迹的南北两端，中间亦无木桩。且木桩分布散乱，无明显的排列顺序。木桩也以细小的三角形桩为主。

这三处遗迹内部以及遗迹之间铺设的红色沙土层，厚20厘米。平面为长方形。经解剖发现，南北两端的红土层较厚，往中间逐渐变薄。

三处遗迹的方向均为333°。长约11.6、总宽度约为14米。

（三一）三十一号遗迹

遗迹为框架结构，北框架已残，南框架仅存一部分。其中间位置较低，南北两端高（图三一；图版一二，1）。

遗迹南端的框架由两根圆木组成，东面为长436、直径16厘米的带孔圆木，插在榫头上，其南端还有一朝上的长方形方孔；南面为长390、直径24厘米的带榫圆木。该框架与其他遗迹中的框架结构有所区别，两根圆木连接处并非垂直，而略小于90°。框架外侧有一圈圆形木桩。东面有3根，桩间距为120厘米左右，南面也有3根，桩间距为125厘米。木桩紧靠圆木框架。框架内侧也有一圈木桩，排列成半椭圆形，直径3米，共22根。木桩均为圆形，排列紧密，桩间距为20～40厘米。在框架转角榫卯结构连接处和木桩圈之间放置有圆形木柱，以顶住木桩。木柱较短，不超过40厘米，直径10厘米左右（彩版九，2）。

另外框架结构的南面还有一些木桩分布，位置较乱。

遗迹北端的框架大部分已损坏，只在东面剩下一段122厘米的圆木。圆木内侧有一排圆形木桩，木桩较粗，但都残。木桩的周围还散落着一些大小不一的木桩。与这排木桩对称的西面也有一排木桩分布，残损严重，仅有5根。两排木桩之间距为3.4米。

遗迹内垫绿土，其中夹杂着红色沙土。对遗迹中部的解剖发现，遗迹底部的土层可以有3层：最上面是夹杂着红色沙土的绿土层，厚30厘米；中间是厚22厘米的黑色

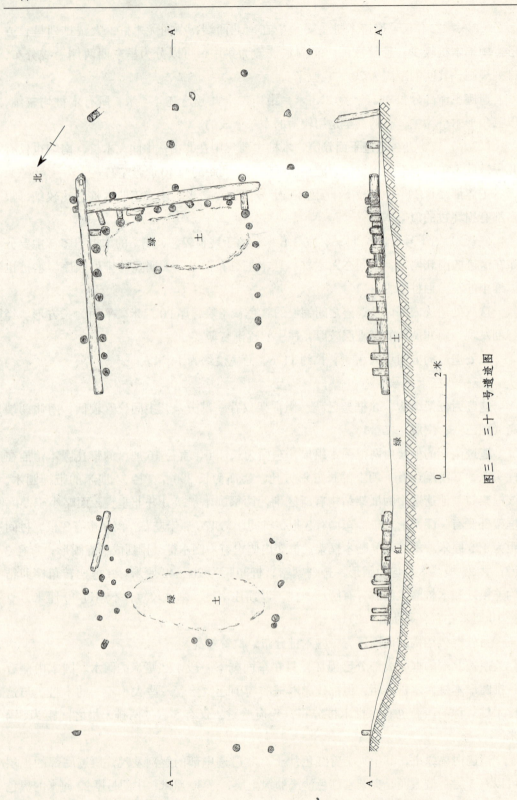

图三一　三十一号遗迹图

淤土，土质黏性强；下面是比较纯的绿土层，厚8厘米。

在遗迹的南端木桩圈内侧，有一层芦苇席的痕迹，腐烂严重，但可以看出第一层绿土层是铺在芦苇席之上。另外，在遗迹的南北两端均发现了柳条筐的痕迹，与十一号遗迹的柳条筐相似，筐边较粗，由数根柳条缠绕编织而成，已散乱而不见其形，可能是用来盛放绿土的。

遗迹长14、宽5米。方向326°。从底部绿土的分布范围可以发现，框架的平面形状并非方正，而是形似一个"8"字形，与其他框架结构稍有不同。是以中间的木桩圈为主体，框架紧靠木桩。在离木桩圈较远处，采取了用木柱顶住木桩的做法，这是在其他遗迹中没有见到的。

（三二）三十二号遗迹

遗迹该遗迹平面呈长方形（图三二；图版一二，2）。

遗迹共有东西2排木桩，两排木桩之间的距离约1米。其中东面木桩分布较密，西面木桩稀疏。

与其他遗迹不同，该遗迹的木桩主要是由木板做成的，呈扁平状。这些木桩大部分由废旧的船板做成，有的上面还残留着铁钉或钉孔。这种采用废旧材料做木桩的办法在整个遗迹中比较普遍。

木桩圈之内为黑色的淤土。通过在该遗迹中部的解剖发现其地势比其他遗迹要低约1米，是所有遗迹中平面最低的一处。在遗迹底部深约1米的位置，留存有一些木料：最下面是数根木桩，中间是几块相互叠压的木板，最上面还有一个木刮工具。

该遗迹规模较小，长7.4、宽2米。方向328°。扁平木桩宽约20厘米左右，很多木桩都是成组分布的，或2个或3个木桩并排紧挨着。

（三三）三十三号遗迹

遗迹平面为椭圆形（图三三）。

木桩主要集中在南部，北部只有寥寥数根。南部的木桩排列成比较规则的弧形，东面木桩一直向北延伸。桩间距均匀，为40～60厘米之间。中间木桩比较直，南北两端的木桩均向中间微微倾斜。该遗迹长12.6、宽3.4米。方向326°。遗迹结构简单，木桩均较细，而且埋入地下不深。

（三四）三十四号遗迹

遗迹位于六作塘的最东边，其西距离三十三号遗迹比较远，看起来比较孤立。遗迹主要由木桩构成。与其他遗迹不同，该遗迹的木桩分布无规律，十分散乱（图三四）。

南边有两排共10根木桩，露出底面较短。外侧的一排木桩向遗迹中间倾斜。遗迹的中间无木桩分布，在靠南的位置有一根南北向放置的圆木，长304、直径约17厘米。

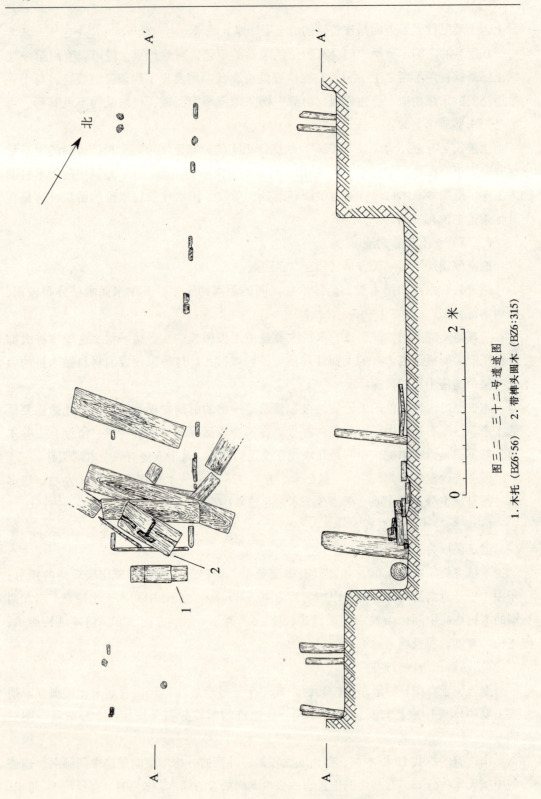

北

A'

A'

2 米

0

图三二　三十二号遗迹图

1. 木托（BZ6∶56）　2. 带榫头圆木（BZ6∶315）

1

2

A

A

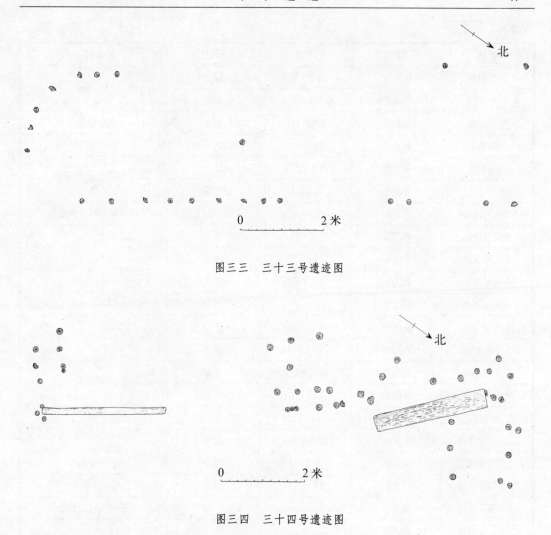

图三三 三十三号遗迹图

图三四 三十四号遗迹图

　　遗迹的北端木桩位于斜坡之上，较为密集。木桩都微微向中间倾斜，其间有一块木板，长 280、宽 42 厘米。遗迹北面靠中间处木桩也较多。

　　该遗迹长 12、宽 3.6 米。方向 326°。木桩均为圆形，而且比较粗，直径 15 厘米左右。遗迹形状特别，木桩分布没有规则，是木桩圈结构中比较特殊的一个。

表一　六作塘遗迹一览表

（单位：米）

编号	平面形状	尺寸	填土	备注
一号遗迹	长方形	9.7×4.3	生土	
二号遗迹	椭圆形	12.3×4.4	少量绿土*	北部有芦席印痕
三号遗迹	长方形	13.2×6.2	绿土	底部有地钉
四号遗迹	长方形	11.1×3.1	绿土	

（续表）

编号	平面形状	尺寸	填土	备注
五号遗迹	椭圆形	10.5×2.3	绿土	
六号遗迹	椭圆形	11.9×2.8	少量绿土	
七号遗迹	长方形	10.6×11.4	绿土	底部有地钉
八号遗迹	长方形	10.1×8	红土*	底部有地钉
九号遗迹	长方形	9.8×2.7	红土	底部有地钉
十号遗迹	椭圆形	9×3.6	少量绿土	
十一号遗迹	长方形	10.1×3.4	红、绿土	底部有地钉、芦席筐
十二号遗迹	椭圆形	9.8×1.7	生土	
十三号遗迹	椭圆形	11×3	生土	
十四号遗迹	椭圆形	11.5×3	生土	
十五号遗迹	椭圆形	9.7×4.1	少量绿土	
十六号遗迹	椭圆形	11.5×3.1	少量绿土	
十七号遗迹	椭圆形	11×3.6	绿土	
十八号遗迹	椭圆形	10.2×2.2	少量绿土	
十九号遗迹	椭圆形	11.2×3.6	少量绿土	
二十号遗迹	长方形	10×6.5	绿土	
二十一号遗迹	长方形	10.6×3.4	绿土	
二十二号遗迹	长方形	9.7×3	绿土	底部有地钉
二十三号遗迹	长方形	11×2.8	绿土	
二十四号遗迹	长方形	11×4.6	红、绿土	底部有地钉、竹条筐
二十五号遗迹	椭圆形	10.5×3	生土	
二十六号遗迹	椭圆形	10×3.4	生土	
二十七号遗迹	长方形	9×5	生土	
二十八号遗迹	椭圆形	11.6×2.3	红土	
二十九号遗迹	椭圆形	11.6×2	红土	
三十号遗迹	椭圆形	11.6×3.6	红土	
三十一号遗迹	长方形	14×5	绿土	底部有芦席、柳条筐
三十二号遗迹	长方形	7.4×2	生土	
三十三号遗迹	椭圆形	12.6×3.4	生土	
三十四号遗迹	不规则形	12×3.6	生土	

*　绿土和红土为遗迹内填土，详见文后附录四。

第三章 遗物——木质类

一 综述

　　木质器物是此次宝船厂遗址考古工作中出土量最大的一类器物，总数达到千件以上，这与古代造船以木材为主的基本特点是相互契合的。

　　此次出土的木质器物从用途上划分包括三大类型：一是用具，包括木锤、"T"形撑、木刀、木夯、木尺、木拍等；二是造船设施构件，包括各式木桩、圆木、水车龙骨等；三是船舶本身配用的各种构件，包括舵杆、桅杆、栏杆、门框、雕花装饰等等。从木材的形态上划分则有板材、方材①、圆木和桩材② 等几种类型。

　　由于此次发掘并没有出土保存相对完整的古船，大量的木质器物——尤其是形状多样、大小各异的众多板材和构件，皆系从六作塘长达 400 余米的各个地方分别获取的，其中不少当时已被改做它用，因此较难根据其出土位置判断它们在船舶中发挥的作用；加上对古代船舶的各种构件了解还不足，因此对不少出土器物的用途和性质尚不能充分判定。基于以上原因，我们在分类整理这批木质器物的过程中，采取了以性质分类为主，同时兼顾形态的做法，将它们分为用具、造船设施构件、船用构件、板材与方材以及其他等五个部分进行全面介绍。

二 用具

　　由于六作塘是一处进行生产活动的大型船坞遗址，这一特点决定了在出土的各类器物中，各类船上用具及一些造船工具占据较大的比重。在木质器物当中，出土的各种用具有 "T" 形撑、木锤、木刀、木夯、木杵、木尺、木工凳面、木拍、木托、木耙、木桨等。另外，在六作塘中还出土了较大量的各式锤头和器柄，它们虽然不是完

---

　　① 根据木材行业的标准，凡是木材的宽度大于其厚度 2 倍以上（含 2 倍）的被称为板材；凡是宽度小于其厚度 2 倍的被称为方材。

　　② 本文所指的桩材是指底部呈尖状的木材。

整的造船用具，但是属于造船用具的重要组成部分，而且数量众多，形态复杂，因此也将其单列给予介绍。

（一）"T"形撑

共12件。由顶端横置的撑头和下部纵置的撑柱两部分组合而成。形如英文中的"T"字，因此而命名之。撑柱皆近似为圆柱体，顶端带有凸出的榫头。根据撑头形状的区别分为三型。

A型：2件。撑头外周经四面加工，近似于长方体。

标本BZ6:38，撑头顶面呈弧形，且一端的厚度稍大。中部开长方形孔，孔长8.4、宽5.1厘米。撑柱弯曲，上下粗细基本一致，底部斜削成尖状。顶端榫头为长方体，高8.5、宽8、厚4.1厘米，插入撑头孔，略高于顶面。撑柱下部有刀刻铭文："圕字八万八千五百囗十四号'＞'一尺一寸'一'二丈。"其中"＞"应为简刻的"〇"，表示撑柱的周长，"一"应表示撑柱的长度。撑柱表面残留有黑色漆。全长231.2厘米，撑头长37.7、宽14.7、厚5.3～6.8厘米，撑柱长231.2、直径12.8厘米（图三五，1；拓片一，1；图版一三，1左）。

标本BZ6:40，撑头中部开长方形孔，长10.6、宽4.2厘米。撑柱弯曲，粗细基本一致。底部两侧斜削成尖状；顶部两侧亦内削，呈八字形，其上为长方形榫头，高8.3、宽10.8、厚3.7厘米，插入撑头与顶面平。撑柱中下部有刀刻铭文，仅残存开头的"圕字"两字，其下皆缺损不可辨识。撑柱表面残留黑漆。全长216.2厘米，撑头长40.2、宽14.3、厚8.1厘米，撑柱长216.2、直径14.3厘米（图三五，2；拓片一，2；图版一三，1右）。

B型：1件。撑头原为圆柱体，但上下两面皆被削为平面。

标本BZ6:45，出土于八号遗迹西部偏中。撑头中部开长方形孔，孔长8.6、宽4.8厘米。撑柱为圆柱体，平底，但顶部两侧削成八字形，长方体榫头高7.4、宽7.6、厚3.6厘米，插入撑头孔低于顶面。撑体经加工，较平滑。撑柱表面残留黑漆。全长220.2厘米，撑头长38.4、直径11.5、厚9.4厘米，撑柱长220.2、直径15.3厘米（图三五，3）。

C型：9件。撑头皆为圆柱体，开长方形孔。开孔位置稍有区别（彩版一〇）。

标本BZ6:37，出土于十一号遗迹东北。撑头中部开长方形孔，孔长10.8、宽4.1厘米。撑头长45.3、直径12.2厘米。撑柱短，长45.8、直径12.7厘米，底部两侧削成尖状，顶端为梯形榫头，高11.4、上宽9.8、下宽10.8、厚3.5厘米。榫头插入撑头孔与顶面平，榫孔与榫头之间有一楔形木销。撑柱近底部残留有刀刻铭文，为"尺一寸'一'二丈五尺"。撑体经加工，较平滑。撑柱表面残留黑漆。此标本是所有"T"形撑中最短的一件。长45.8厘米（图三五，4；拓片一，3）。

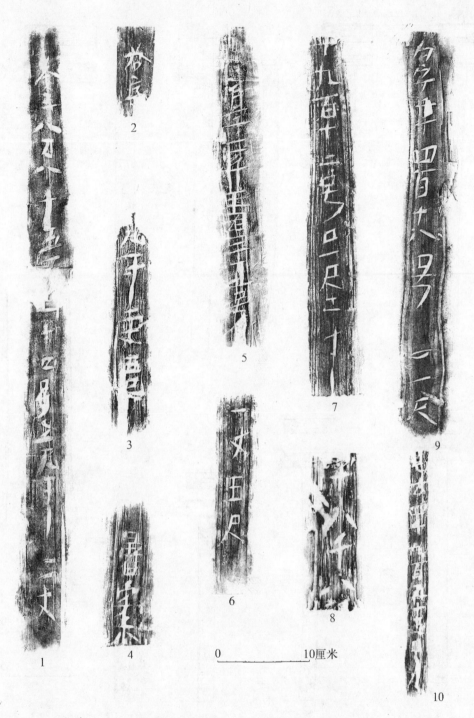

拓片一 "T"形撑、木锤、锤头与撑头、木夯、器柄上的刀刻铭文

1～5."T"形撑的刀刻铭文（BZ6:38、40、37、39、100） 6.木锤的刀刻铭文（BZ6:9） 7、8.锤头与刀刻铭文（BZ6:16、682） 9.木夯的刀刻铭文（BZ6:30） 10.器柄的刀刻铭文（BZ6:519）

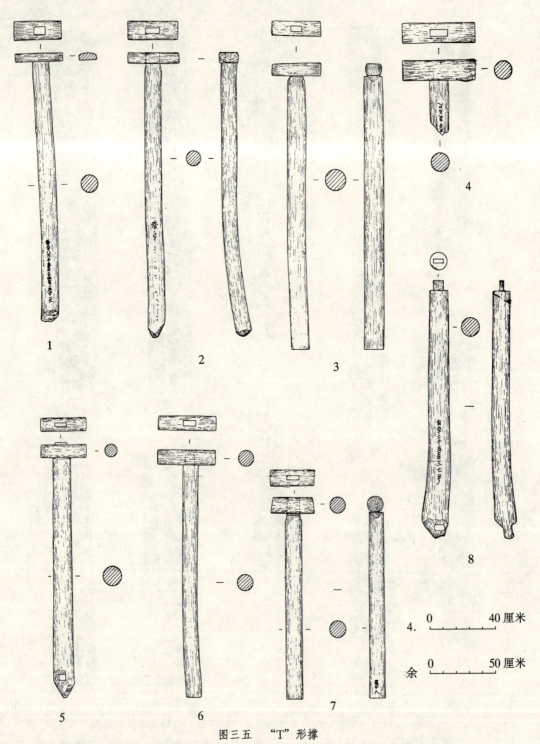

图三五　"T"形撑

1、2.A型"T"形撑（BZ6：38、40）　3.B型"T"形撑（BZ6：45）　4、5、6、7.C型"T"形撑（BZ6：37、
35、36、39）　8.撑头缺失的撑柱（BZ6：100）

标本 BZ6:35，出土于八号遗迹的西北部。长方形孔偏于撑头一侧，孔长 9.2、宽 4.1 厘米。撑头表面残留黑漆。撑柱为较直的圆柱体，底部两侧斜削成尖状；近底部有一长方形穿孔，孔长 10.9、宽 8.1 厘米。长方体榫头高 10.9、宽 9.1、厚 3.4 厘米，插入撑头孔过顶。撑体经加工，较平滑。全长 192.8 厘米，撑头长 36.6、直径 11.4 厘米，撑柱长 192.8、直径 16.8 厘米（图三五，5；图版一三，2 左）。

标本 BZ6:36，长方形孔偏于撑头一侧，孔长 9.1、宽 3.9 厘米。撑柱下部略为弯曲，底部平；长方体榫头高 7.4、宽 8.1、厚 1.9 厘米，插入撑头孔不及顶。榫头与孔之间空隙较大，不甚匹配。撑体经过加工，较平滑。表面皆残留黑漆。全长 189.3 厘米，撑头长 44.3、直径 11.4 厘米，撑柱长 184.6、直径 13.9 厘米（图三五，6；图版一三，2 右）。

标本 BZ6:39，撑头近似圆柱体，上窄下宽，纵剖面呈梯形。中部开长方形孔，孔长 9.6、宽 3.8 厘米。撑柱为圆柱体，平底，顶部两侧削成八字形，长方体榫头高 11.1、宽 9、厚 2.8 厘米，插入撑头孔至顶面。撑柱底部有刀刻铭文，仅存三字："暑字六。"撑体经加工，较平滑。撑柱表面残留黑漆。全长 157.2 厘米，撑头长 32.6、直径 13.1 厘米，撑柱长 156.9、直径 14.1 厘米（图三五，7；拓片一，4；彩版一〇，右1）。

另外，还有 2 件顶端带有榫头的圆柱体圆木，形制与"T"形撑的撑柱相类似，有可能为缺失撑头的撑柱。

标本 BZ6:100，圆柱体，上部稍细、下部较粗，近底部略弯曲。底部两侧斜削成尖状；有一长方形穿孔，孔长 7.6、宽 5.3 厘米。长方体榫头高 6.7、宽 7.5、厚 3.8 厘米。表面残留黑漆。有一行刀刻铭文："囿字二千三百三十七号。"全长 179.6 厘米、直径 16.8 厘米（图三五，8；拓片一，5）。

表二　六作塘出土"T"形撑一览表

（单位：厘米）

分类	编号	全长	撑头					撑柱							备注
			长	直径/宽	厚	撑头孔		长	直径	榫头			绳孔		
						长	宽			高	宽	厚	长	宽	
A 型	38	231.2	37.7	14.7	5.3~6.8	8.4	5.1	231.2	12.8	8.5	8	4.1			刀刻铭文，撑柱残留黑漆
	40	216.2	40.2	14.3	8.1	10.6	4.2	216.2	14.3	8.3	10.8	3.7			刀刻铭文，撑柱残留黑漆
B 型	45	220.2	38.4	11.5	9.4	8.6	4.8	220.2	15.3	7.4	7.6	3.6			撑柱残留黑漆

（续表）

分类	编号	全长	撑头			撑头孔		撑柱		榫头			绳孔		备注
---	---	---	长	直径/宽	厚	长	宽	长	直径	高	宽	厚	长	宽	
C型	35	192.8	36.6	11.4		9.2	4.1	192.8	16.8	10.9	9.1	3.4	10.9	8.1	撑头残留黑漆，带绳孔
	36	189.3	44.3	11.4		9.1	3.9	184.6	13.9	7.4	8.1	1.9			头、柱皆残留黑漆，带有绳孔
	37	45.8	45.3	12.2		10.8	4.1	45.8	12.7	11.4	9.8~10.8	3.5			刀刻铭文，撑柱残留黑漆
	39	157.2	32.6	13.1		9.6	3.8	156.9	14.1	11.1	9	2.8			刀刻铭文，撑头残留黑漆
	41	156.4	34.2	10.8		8.8	4.5	156.4	9.7	9.6	7.2	2.7			
	42	162.8	40.6	10.6		9.1	3.9	162.8	11.2	9.7	8.1	3.2			头、柱皆残留黑漆
	43	124.4	50.8	10.3		9.3	3.8	124.4	9.7	9.9	8.2	2.6			
	44	239.3	42.2	14.9		11	4.5	239.3	13.6	14.9	11.1	3.8			
	46	111.3	33.4	10.7		10.8	4.1	108.8	10.3	10.1	8.4	2.7			
带榫头的圆木	100							179.6	16.8	6.7	7.5	3.8	7.6	5.3	残留黑漆
	339							185.2	11.5	9.1	残5.3	残2.5			

（二）木锤

此次出土的木锤包括两大类型："T"形锤和杵形锤。

1. "T"形锤

"T"形锤，16件。皆由锤头和锤柄两部分组合而成。根据锤头形状的区别，可分为三型。

A型：1件。锤头整体近似长方体，但四条边棱皆经削侵，剖面呈八边形，且锤头两端略小于中部，形如腰鼓。

标本BZ6:2，锤头中部有一长方形孔，孔长3.6、宽1.9厘米。锤柄为细长方体，头部削窄、削薄。柄插入锤头孔近半处，不及顶。锤体制作规整，表面平滑。全长64.3厘米，锤头长24.7、宽12.6、厚13厘米，柄长60.3、头部宽3.3、厚1.9、尾部宽3.6、厚2.8厘米（图三六，1；图版一四，1）。

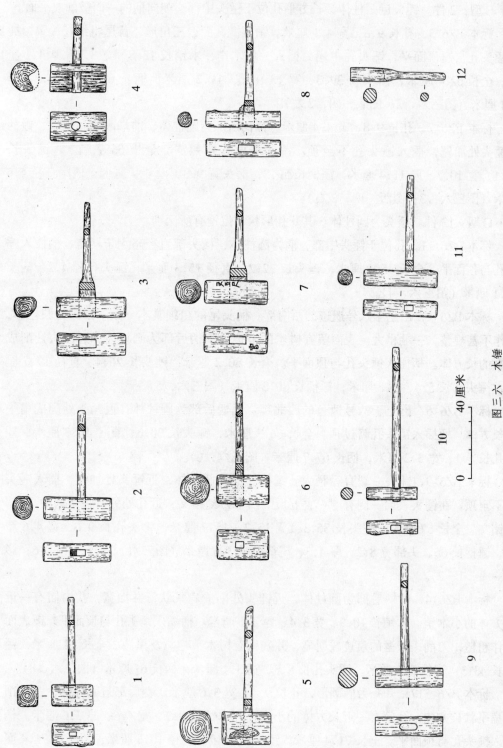

图三六 木锤

1. A型 "T" 形锤 (BZ6:2) 2、3. B型 "T" 形锤 (BZ6:3、BZ6:7) 4~11. C型 "T" 形锤 (BZ6:11、1、6、9、4、517、518、10) 12. 杵形锤 (BZ6:34)

B 型：2 件。锤头近圆柱体，长方形孔位于锤头中部。朝向柄的一面被削成平面。

标本 BZ6∶3，孔长 9.3、宽 4.1 厘米。锤柄横截面近三角形，首尾粗细较一致，插入锤头孔与锤顶面平，锤头孔中还另插入一块木销，木销长 13.8、宽 3.7、厚 4.1 厘米。全长 62.4 厘米，锤头长 39.3、宽 13.9、厚 11.2 厘米，柄长 62.4、宽 3.7、厚 3.4 厘米（图三六，2；图版一四，2 左）。

标本 BZ6∶7，孔长 9.8、宽 4.4 厘米。锤柄后部为圆柱体，前端削成扁平状，锤柄近锤头处加宽，插入锤头孔不至顶。锤头表面残留黑漆。全长 66.9 厘米，锤头长 41.1、宽 10.7、厚 11.4 厘米，锤柄长 59.2，柄头宽 9.8、厚 4.4 厘米；柄尾直径 4.6 厘米（图三六，3；图版一四，2 右）。

C 型：13 件。锤头为圆柱体。其开孔形状与位置有所区别。

标本 BZ6∶11，孔位于锤头中部，柄为圆柱体，柄头部直径略大于柄尾，柄插入锤头孔与顶面平。全长 45.1 厘米，锤头长 32.2、直径 15.3 厘米，锤头孔径 4.2、柄长 45.1 厘米（图三六，4）。

标本 BZ6∶1，出土于八号遗迹的西南部。柄头尾的粗细基本一致。锤头为圆柱体，制作不甚规整，一端稍大。表面留有树木的节疤。锤柄后部为圆柱体，近锤头处削成扁平的长方体。柄插入锤头孔与顶面平。全长 80.2 厘米，锤头长 26.4、直径 19.7 厘米，锤头孔长 5.4、宽 3 厘米，锤柄长 80.2 厘米（图三六，5）。

标本 BZ6∶6，出土于八号遗迹的西北部。锤柄后部为圆柱体，近锤头处削成扁平的长方体。柄插入锤头孔略过顶。全长 66.7 厘米，锤头长 30.6、直径 16.3 厘米，锤头孔长 5.1、宽 3.2 厘米，柄长 67.7 厘米（图三六，6）。

标本 BZ6∶9，锤头一端直径稍大。锤柄后部为圆柱体，近锤头处加宽，插入锤头孔不至顶。在锤头表面一侧有 “一丈五尺” 四字刀刻铭文，近孔处另有一烙刻的 “官” 字铭文。全长 67 厘米，锤头长 35.3、宽 13.2～15.7 厘米，锤头孔长 9.6、宽 4.6 厘米，锤柄长 65、头部宽 8.2、厚 4.3、尾部直径 3.6 厘米（图三六，7；拓片一，6；彩版一一，1、2）。

标本 BZ6∶4，锤柄后部为圆柱体，近锤头处削成扁平状，并加宽，孔内插有一近长方体的小木销。木销长 10.9、宽 3.4、厚 2.1 厘米。柄插入锤头孔与顶面平。锤表面制作粗糙，刀削、斧凿的痕迹较明显，并残留有树木节疤，及黑漆。全长 61 厘米，锤头长 43.3、直径 9.6 厘米，锤头孔长 8.8、宽 3.4 厘米，柄长 61 厘米（图三六，8）。

标本 BZ6∶517，开孔为椭圆形，孔长 9.4、宽 3.6 厘米。柄后部近圆柱体，头部削成扁平状长方体，孔间有一近长方体的小木销。木销长 9.7、宽 4.6、厚 3.6 厘米。柄插入锤头孔与顶面平。全长 71.4 厘米，锤头长 39.7、直径 10.6 厘米，锤柄长 71.4 厘米（图三六，9）。

标本 BZ6：518，长方形开孔偏于一侧，距锤头两端的距离分别为 9.6、14.3 厘米。锤柄后部近似六边形，头部削成扁平状长方体，插入锤头孔略过顶，超出顶面。锤头和锤柄表面皆残留有黑色漆。全长 89.5 厘米，锤头长 29.8、直径 6.4 厘米，锤头孔长 5.9、宽 2.4 厘米，柄长 89.5、头部宽 4.6、厚 2.4 厘米，尾部宽 4.2、厚 3.4 厘米（图三六，10；图版一五，1 右）。

标本 BZ6：10，长方形开孔偏于一侧。锤柄后部近圆形，头部削成扁平状长方体，插入锤头孔超出顶面。全长 66 厘米，锤头长 42.5、直径 8.8 厘米，锤头孔长 4.5、宽 3.2 厘米，柄长 66 厘米（图三六，11；图版一五，1 左）。

2．杵形锤

2 件。由一根直木加工而成，两者器形一致。制作皆较为粗糙，器表凸凹不平，砍凿痕迹明显。前部锤头与后部锤柄皆为圆柱体，但锤头直径稍大。锤头顶面为锯出的平面，无撞击留下的痕迹。

标本 BZ6：33，全长 50.6 厘米，其中锤头长 27、直径 7.4 厘米，锤柄长 23.6、直径 4.4 厘米（彩版一一，3）。

标本 BZ6：34，形制与标本 BZ6：33 相同。全长 55.7 厘米，其中锤头长 28.1、直径 6.8 厘米，锤柄长 27.6、直径 3.7 厘米（图三六，12）。

表三　六作塘出土木锤一览表

（单位：厘米）

"T"形锤分类	编号	全长	锤头尺寸					锤柄尺寸					备注
			长	直径/宽	厚	开孔尺寸		长	柄头尺寸		柄尾尺寸		
						长	直径/宽		直径/宽	厚	直径/宽	厚	
A 型	2	64.3	24.7	12.6	13	3.6	1.9	60.3	3.3	1.9	3.6	2.8	
B 型	3	62.4	39.3	13.9	11.2	9.3	4.1	62.4	3.7	3.4	3.7	3.4	
	7	66.9	41.1	10.7	11.4	9.8	4.4	59.2	9.8	4.4	4.6		锤头残留黑漆
C 型	1	80.2	26.4	19.7		5.4	3	80.2	5.2	2.9	4.8		
	4	61	43.3	9.6		8.8	3.4	61	6.7	3.4	3.4		锤头残留黑漆
	5	67.7	38.8	9.4		9.4	2.8	64	5.7	2.8	3.8		
	6	67.7	30.6	16.3		5.1	3.2	67.7	4.3	3	4.1		
	8	64.2	39.7	9.3		9.4	2.9	64.2	5.3	2.5	2.6		锤头残留黑漆
	9	67	35.3	13.2~15.7		9.6	4.6	65	8.2	4.3	3.6		刀刻、烙刻铭文
	10	66	42.5	8.8		4.5	3.2	66	4.3	3.2	3.4		
	11	45.1	32.2	15.3			4.2	45.1	3.9		3.7		
	12	62.6	23.9	11.8		5.8	2.5	62.6	4.9	2.2	3.1		

（续表）

"T"形锤分类	编号	全长	锤头尺寸					锤柄尺寸					备注
---	---	---	长	直径/宽	厚	开孔尺寸		长	柄头尺寸		柄尾尺寸		
						长	直径/宽		直径/宽	厚	直径/宽	厚	
C型	13	64	34.8	11.7		9.4	3.4	64	5.8	3.1	3.4	4	锤头残留黑漆
	14	67.7	41.6	11.1		11.6	4.4	67.7	6.6	3.2	4		
	517	71.4	39.7	10.6		9.4	3.6	71.4	4.8	3.6	3.8		
	518	89.5	29.8	6.4		5.9	2.4	89.5	4.6	2.4	4.2	3.4	头、柄皆带黑漆
杵形锤	33	50.6	27	7.4				23.6	4.4		4.4		
	34	55.7	28.1	6.8				27.6	3.7		3.7		

（三）锤头与撑头

67件。其形状为较圆柱体或近长方体，其上皆有开孔，形制与木锤、"T"形木撑的锤头和撑头相同，应是锤柄或撑柱上缺失的、或是备用的锤头和撑头。

根据形状的不同，分为四型。

A型：1件。

标本BZ6:15，锤头整体近似长方体，横截面为八边形，两端略小于中部，形如腰鼓。全长29、宽13.1、厚12.3厘米。中部开长方形孔，孔长3.4、宽1.8厘米（图三七，1）。

B型：37件。形状原为圆柱体，有的一面削成平面，有的两面或三面削成平面。

标本BZ6:16，中部开长方形孔，孔长10.8、宽4.4厘米。一侧有残留的12字刀刻铭文"千九百十二号'□'一尺二寸'一'"，铭文上下满刻。全长38.9、宽12.3、厚11.1厘米（图三七，2；拓片一，7）。

标本BZ6:628，上下二面削成平面，中部开长方形孔，孔长8.6、宽4.1厘米。器表未削平的部分残留黑漆。全长35.2、宽12.4、厚8.9厘米（图三七，3）。

标本BZ6:673，圆柱体三面被加工成平面。中部开长方形孔，孔长9.6、宽4.3厘米。全长51.2、宽11.3、厚6.6厘米（图三七，4）。

C型：16件。形状为圆柱体。中间开孔的形状与位置稍有区别。

标本BZ6:685，中部开长方形孔，孔长9.4、宽3.2厘米。表面残留黑漆。全长41.7、直径10.3厘米（图三七，5）。

标本BZ6:691，一端较粗，一端较细。中部开长方形孔，孔长4.6、宽2.7厘米。表面粗糙，树瘤、节疤明显。全长19.6、直径12.8～14.4厘米（图三七，6）。

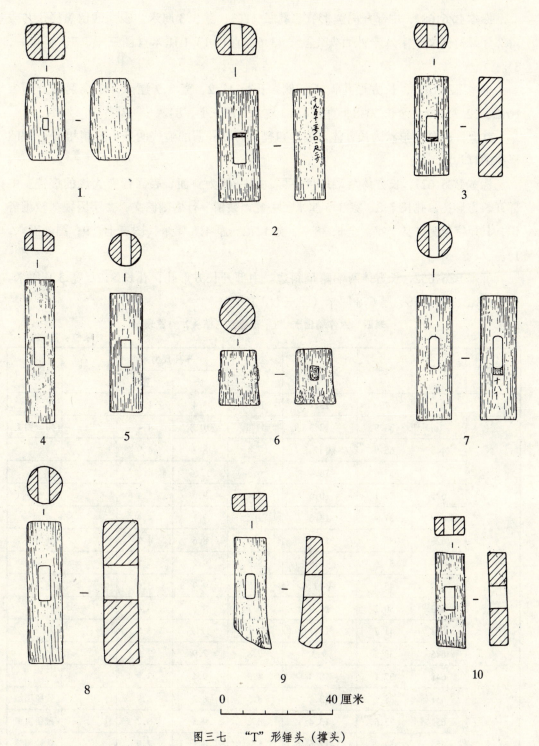

图三七　"T"形锤头（撑头）

1.A型"T"形锤头（撑头）（BZ6：15）　2～4.B型"T"形锤头（撑头）（BZ6：16、628、673）　5～8.C型"T"形锤头（撑头）（BZ6：685、691、682、683）　9、10.D型"T"形锤头（撑头）（BZ6：627、652）

标本 BZ6：682，中部开椭圆形孔，孔长 11.3、宽 3.3 厘米。表面残留黑漆，并残留部分刀刻铭文"字八千八百"。全长 43.6、直径 13.1 厘米（图三七，7；拓片一，8）。

标本 BZ6：683，长方形孔偏于一侧，孔长 11.2、宽 3.7 厘米，距离两端分别为 16.2、22.7 厘米。全长 50.8、直径 13.2 厘米（图三七，8）。

D 型：13 件。形状为长方体。制作粗糙，刀砍斧凿的痕迹明显。形制相当于"T"形撑的撑头。

标本 BZ6：627，长方体两端厚度不同，且一侧为斜面。表面留有火烧的痕迹。中部开长方形孔，孔长 7.8、宽 3.5 厘米。一侧面残留一行烙刻铭文，文字因缺损较难辨识，其尾字似为"县"字。全长 38.3、宽 12.2、厚 4.8 厘米（图三七，9；图版五六，1）。

标本 BZ6：652，长方体两端略呈斜边。中部开长方形孔，孔长 8.2、宽 3.9 厘米。全长 33.2、宽 10.8、厚 6.8 厘米（图三七，10）。

表四　六作塘出土"T"形锤头（撑头）一览表

（单位：厘米）

分类	编号	长	直径/宽	厚	开孔尺寸		树种	备注
					长	宽		
A 型	15	29	13.1	12.3	3.4	1.8		
B 型	16	38.9	12.3	11.1	10.8	4.4		刀刻铭文
	446	65.9	残 12.8	7.4	8.7	4.9		
	624	33.6	16.4	6.3	12.6	6.8		
	625	39.1	10.6	7.4	9.6	5.4		
	626	37.9	13.6	10.2	9.1	4.4		
	628	35.2	12.4	8.9	8.6	4.1		残留黑漆
	630	31.6	14.6	8.3	9.2	5.1		
	632	45.9	残 11.6	5.5	9.9	3.4		
	633	30.2	10.9	6.7	8.6	4.4		
	644	41.7	11.7	7.1	12.2	3.7		
	646	33.5	9.3	7.8	7.9	2.9		
	648	37.1	10.3	4.3	9.4	3.9		
	651	38.1	13.2	8.3	8.2	3.9		残留黑漆
	654	33.6	13.4	6.2	9.3	3.2		残留黑漆
	655	37.2	12.6	5.7	8.1	2.9		残留黑漆
	656	31.7	12.1	5.8	9.7	3.8		残留黑漆

（续表）

分类	编号	长	直径/宽	厚	开孔尺寸		树种	备注
					长	宽		
B型	657	31.1	12.9	5.5	8.1	3.1		
	660	29.7	10.3	6.4	8.1	3.8		残留黑漆
	661	32.1	12.2	8.1	8	3.6		
	663	22.2	9.8	7.6	8.3	3.7		
	664	55.6	10.6	5.4	10.7	4.8		残留黑漆
	665	32.4	14.4	6.3	8.9	3.1		
	666	53.2	11.9	6.1	10.2	4.6		
	667	45.7	13.8	7.7	12.9	3.7		
	668	32.7	残13.2	6.4	8.8	3.7		
	669	36.8	10.1	5.2	11.3	3.2		
	670	45.3	15.3	6.7	10.2	4.2		
	671	39.4	11.2	5.6	8.7	3.7		
	672	53.2	12.8	7.1	11.7	5.2		残留黑漆
	673	51.2	11.3	6.6	9.6	4.3		
	674	37.1	14.3	7.1	8.9	4.2		残留黑漆
	675	60.7	18.7	8.3	9.7	4.2		
	676	50.1	11.2	5.6	6.4	4.3		
	677	34.9	14.3	5.8	8.2	3.8		残留黑漆
	697	50.3	14.2	7.7	8.6	4.3		残留黑漆
	698	45.2	12.7	8.3	10.4	4.4		
	699	34.6	11.8	6.2	8.9	5.2		
C型	678	39.7	12.9		10.2	4		
	679	41.1	12.7		11.7	3.3		残留黑漆
	680	33.3	10.8~11.9		8.8	3.6		残留黑漆
	681	39.4	10		9.2	3.7		残留黑漆
	682	43.6	13.1		11.3	3.3		刀刻铭文，残留黑漆
	683	50.8	13.2		11.2	3.7		
	684	38.7	12.1		8.7	3.4		残留黑漆
	685	41.7	10.3		9.4	3.2		残留黑漆
	686	33.4	14.2		5.2	4.6		残留黑漆

（续表）

分类	编号	长	直径/宽	厚	开孔尺寸		树种	备注
					长	宽		
C型	687	29.2	12.6		8.8	3.1		残留黑漆
	688	42.2	12.2		10.7	3.4		残留黑漆
	689	35.6	10.2		9.1	3.3		
	690	34	12.6		10.2	3.6		
	691	19.6	12.8~14.4		4.6	2.7		
	692	残31.6	残8.2		10.1	3.1		
	693	残27.2	残1.3		4.3	3.6		
D型	623	40.6	14.7	7.4	10.1	3.7		
	627	38.3	12.2	4.8	7.8	3.5		烙刻铭文
	629	37.7	12.9	7.1	9.9	5.1		
	631	49	13.3	7.2	4.3	4.6		
	645	31.9	10.4	5	6.9	3.9		
	647	32.1	残13.3	5.2	8.2	3.1		
	649	34.1	14.2	5.6	8.3	3.2		
	650	29.7	9.9	6.2	8.9	3.4		
	652	33.2	10.8	6.8	8.2	3.9		
	653	36.9	13.4	6.8	9.7	4.7		
	658	49.2	14.4	7.2	8.4	4.1		残留黑漆
	659	49.1	13.8	7.3	8.8	4.1		
	662	34.1	12.6	5.5	7.6	4.4		

（四）木夯

1件。

标本 BZ6∶30，出土于八号遗迹的西北部。整体近圆柱体，顶部削出两个坡面，平底，中间偏上部略凹，安装三个捉手，捉手皆为弓形，用铁钉固定。其中两个捉手位置稍高，长39.2厘米；另一个位置稍低，长33.6厘米。夯下半部有一行竖写刀刻铭文，第一字未能识别，为"□字二千四百十八号'○'一尺"，其中"○"表示直径。在另一侧面有一方向相反的烙刻"官"字铭文。全长104.8、直径约20.5厘米（图三八，1；拓片一，9；彩版一二，1、2）。

（五）木杵

1件。

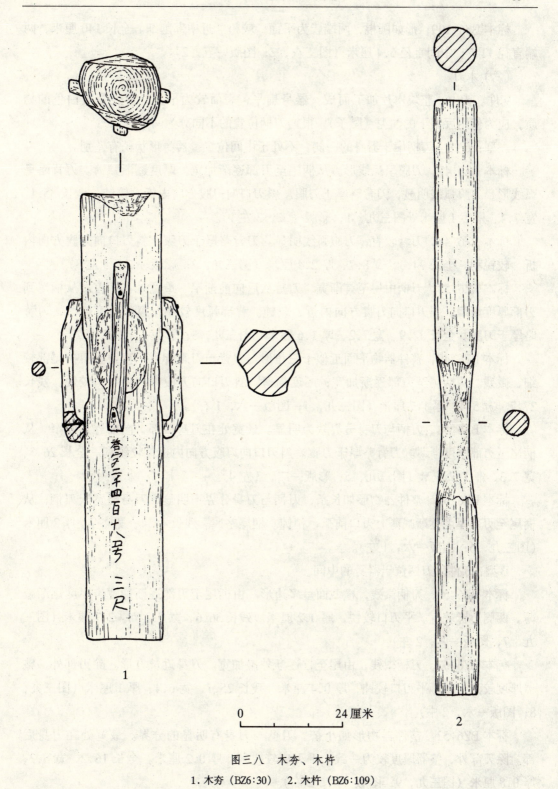

0　　　　　　　　24厘米

图三八　木夯、木杵

1. 木夯（BZ6：30）　2. 木杵（BZ6：109）

标本 BZ6∶109，形如圆棍，两端皆为平面，较粗。近中部削细。全长 140 厘米，两端直径 11.7、中间直径 6.4 厘米（图三八，2；图版一五，2）。

（六）木刀

9 件。皆由一整块木片加工而成，器身扁平，表面较为平滑，皆残留黄白色的物质，应为使用后留下的油泥（腻子）。根据刀柄位置的不同分为两型。

A 型：6 件。刀柄偏于器身的一侧，不处于中间位置。器身形状稍有差别。

标本 BZ6∶47，刀腹呈弧线形。从柄尾至刃部逐渐加宽，厚度逐渐减薄。刀背略呈弧线形，刀腹弧线明显，刀背略厚于刀腹。斜刃口向刀腹方向内折，较钝。全长 35.1、宽 7.4、厚 1.1 厘米（图三九，1；彩版一二，3 左 1）。

标本 BZ6∶48，刀背较直，刀腹弧线明显。刀背略厚于刀腹。斜刃口向刀腹方向内折，较锐利。全长 24.3、宽 8.7、厚 2.4 厘米（图三九，2；彩版一二，3 左 3）。

标本 BZ6∶51，刀柄由尾至首渐宽，刀身从后向前渐窄，最宽处在柄首。从柄尾到刃部厚度渐薄。斜刃口向刀腹方向内折，较钝。背部弧度较小，腹部弧度略大，刀背略厚于刀腹。全长 32.9、宽 7.2、厚 1.6 厘米（图三九，3；彩版一二，3 左 2）。

标本 BZ6∶49，整件器物平面近似于三角形。刀背与刀腹皆近于直线。刀柄尾部较细，微残。从柄尾至刃部逐渐加宽；厚度渐薄。斜刃口向刀腹方向内折，较锐。残长 27.7、宽 5.4、厚 1.7 厘米（图三九，4；图版一六，1 右）。

标本 BZ6∶54，刀柄与刀身分界较为明显。最宽处在刀身后部，向前逐渐收窄。从柄尾至刃部厚度渐薄。刀背略厚于刀腹。斜刃口向刀腹方向内折，较锐利。全长 26.3、宽 7.3、厚 1.7 厘米（图三九，5；彩版一二，3 左 4）。

标本 BZ6∶55，整件器物形如长条，刀柄与刀身分界不明显，刀身略宽于刀柄；从柄尾至刃部厚度逐渐减薄。刃口前弧，稍钝。柄尾略残。残长 44.4、宽 4.7、厚 2 厘米（图三九，6；图版一六，1 左）。

B 型：3 件。刀柄位于器身的中间。

标本 BZ6∶50，刀柄微残，横截面呈多边形。由柄尾至刃部逐渐加宽，厚度逐渐减薄。两侧边皆较直。平刃口较锐，厚 0.2 厘米。残长 36.6、宽 7.2、厚 2.7 厘米（图三九，7；图版一六，2 左）。

标本 BZ6∶53，刀柄微残，由尾至首逐渐外撇加宽。刀身近长方形。除刃部外，整器厚度较为一致。平刃口较钝，厚 0.4 厘米。残长 25.7、宽 6.4、厚 1 厘米（图三九，8；图版一六，2 中）。

标本 BZ6∶52，整件器物形如小铲，刀柄与刀身有明显的分界。最宽处在刀身后部。除刃部外，整器厚度较为一致。平刃口较锐利，厚 0.2 厘米。全长 16.2、宽 8.2、厚 0.8 厘米（图三九，9；图版一六，2 右）。

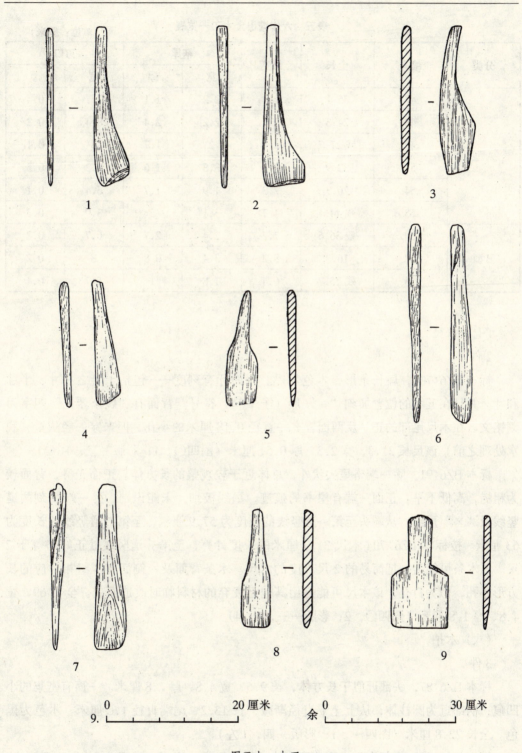

图三九　木刀

1、2、3、4、5、6.A型木刀（BZ6:47、48、51、49、54、55）　7、8、9.B型木刀（BZ6:50、53、52）

表五　六作塘出土木刀一览表　　　　　　　　（单位：厘米）

分类	编号	全长	最宽	柄尾		刃口	
				宽	厚	宽	厚
A型	47	35.1	7.4	2.2	1.1	7.1	0.4
	48	24.3	8.7	2.2	2.4	8.4	0.2
	49	残27.7	5.4	2	1.7	5	0.1
	51	32.9	7.2	3.3	1.6	5.2	0.3
	54	26.3	7.3	1.9	1.7	6.4	0.1
	55	残44.4	4.7	3.1	2	3.9	0.3
B型	50	残36.6	7.2	2.4	2.7	6.7	0.2
	52	16.2	8.2	3.4	0.8	8	0.2
	53	残25.7	6.4	1.8	1	5.7	0.4

（七）木尺

2件。

标本 BZ6：704，扁长条形，木色发黑。正面标有刻度——包括十分之一寸、半寸和寸，并且在五寸的位置加刻"×"形（子午星）符号。背面有"魏家琴记"四字刀刻铭文。在木尺尾部的正、反两面皆有一直径0.18厘米的小孔，但未穿。经测量（脱水处理之前）该尺长31.3、宽2.3、厚0.51厘米（图四〇，1；彩版一三，1、2）。

标本 BZ6：91，除一端略呈尖状外，总体近于较规整的长方体。正面光滑，背面较为粗糙，高低不平。正面一端有墨书的痕迹，墨线极细，未能识别。另一端浅刻两道竖线及"×"形纹。从端头至第一道竖线的长度为57.9厘米，至第二道竖线的长度为63厘米。按标本 BZ6：704 木尺31.3厘米的长度计算，至第2道竖线处正好略等于2尺。该木条可能为一把简易的2尺长度的木尺。木条背面及一侧面有4组相对应的长方形小孔，似为钉孔。该木尺可能是用其他已废弃的材料临时改造而成。全长69、宽4.8、厚1.8厘米（图四〇，2；彩版一三，3、4）。

（八）木拍

3件。

标本 BZ6：87，头部近似于长方体，长9.6、宽4.8、厚2.8厘米。一面有密集的小凹痕；柄部近为圆柱体，从上至下直径渐减，长13.2、尾端直径1.6厘米。木色为黑色。全长22.8厘米（图四一，1；彩版一四，1左）。

标本 BZ6：90，头部为不规则的多边体，形如龟背，长10.8、宽6.3、厚3.2厘米。一面的中部有一圆孔，直径0.4厘米。柄近长方体，长12、宽3.5、厚3.4厘米。木色

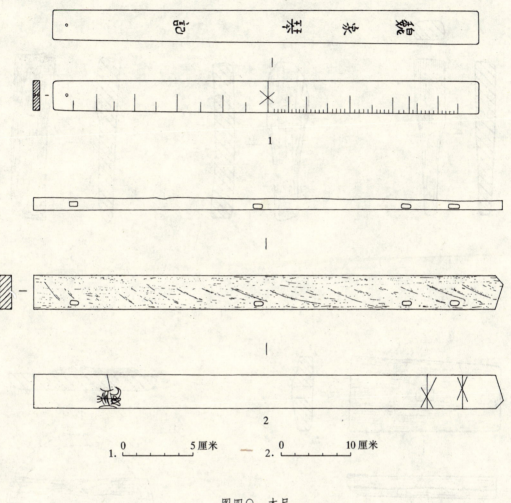

图四〇　木尺

1. 木尺（BZ6：704）　　2. 木尺（BZ6：91）

为黑色，表面不平，较为粗糙。全长 22.8 厘米（图四一，2；彩版一四，1 右）。

标本 BZ6：89，近似于长方体，一侧较直，另一侧略弧。头部厚，后部薄。木色为黑色。头、尾皆略残，加工粗糙。全长 24.6、宽 6.4 厘米，头部厚 3.6、尾部厚 2.4 厘米（图四一，3）。

（九）木托

2 件。

标本 BZ6：56，出土于三十二号遗迹的南部。由托板与托柄两部分组成。托板平面近梯形。长 22 厘米，一端宽 9.5、另一端宽 10.6、厚 2.8 厘米，横截面为"凸"字形，中部略高于两侧。中部有一长方形孔，孔长 2.5、宽 1.5 厘米。柄长 26 厘米，长方体

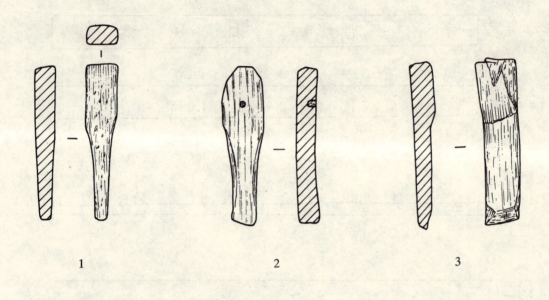

1　　　　　　　　　　2　　　　　　　　　　3

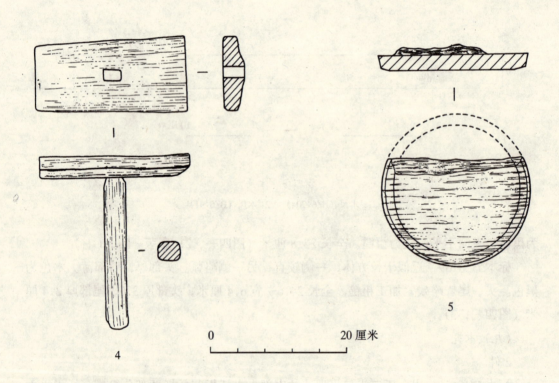

4

5

图四一　木拍、木托
1、2、3. 木拍（BZ6：87、90、89）　4、5. 木托（BZ6：56、111）

榫头长 2、宽 1 厘米，插入托板的长方形孔与顶面平。托板顶面留存油腻子残迹。通高 26 厘米（图四一，4；彩版一四，2 左）。

标本 BZ6：111，圆形，小半部已残。表面平整，一面上残留较厚的油腻子，表面有墨书铭文，未能辨识。直径 22.4、厚 2.4 厘米（图四一，5；彩版一四，2 右）。

（一〇）踏板

1 件。

标本 BZ6：151，长方体木板，两端各有一圆形穿孔，直径 4.5 厘米。木板正面距离两端各三分之一处各有一长条形木块，用两根弯头方钉固定于主体木板之上。木块长 23、宽 5.8、厚 3 厘米。两长条形木块之间，还有两个圆形小穿孔，可能为钉孔。踏板全长 150、宽 18.5、厚 4.5 厘米（图四二，1；图版一六，3）。

（一一）木工凳面

2 件。为扁长方体的木板，其上带孔。

标本 BZ6：121，扁长方体木板，两端略残。正面较平，背面为拱形。两端各有两个长方形穿孔，长 6.2、宽 2.5 厘米。正面一侧头部以及中间各有两个长方形小孔，其中一个孔内还残存半截断木。全长 140.8、宽 19、厚 7.2 厘米（图四二，2）。

标本 BZ6：139，近长方体木板，一端已残。正面较平，但有刀砍的痕迹。一端有两个长方形穿孔，长 6.5、宽 2.8 厘米。全长 119.2、宽 22.4、厚 4 厘米（图四二，3）。

（一二）木桨

18 件。其中 11 件基本完整，7 件残损严重。分两型。

A 型：2 件。桨柄扁平，平面近似于"八"字形。由柄至桨叶逐渐加宽，柄与叶之间分界不明显。

标本 BZ6：24，桨叶平面近长方形，中间微凹，两边缘凸起，尾端与近柄端相比宽而薄。制作粗糙，表面凸凹不平，刀或斧削、凿痕迹清晰。柄后部残断，桨叶尾端微残。残长 83.3 厘米。其中柄残长 39.8、宽 4.3～19.7、厚 3.2 厘米，叶长 43.5 厘米，近柄端宽 19.7、厚 4.1 厘米，尾端宽 21.2、厚 1.8 厘米（图四三，1；彩版一五，1 左）。

标本 BZ6：28 与标本 BZ6：24 器形一致，但制作较细致，表面较为光滑。柄后部亦残断。残长 60.4 厘米。其中柄残长 25.4、宽 4.8～13.4、厚 1.6 厘米，叶长 35 厘米，近柄端宽 13.4、厚 1.9 厘米，尾端宽 14.9、厚 0.6 厘米（图四三，2；彩版一五，1 右）。

B 型：9 件。器柄为细长的圆柱体或长方体，头尾粗细一致，柄与叶之间有较为明显的分界。

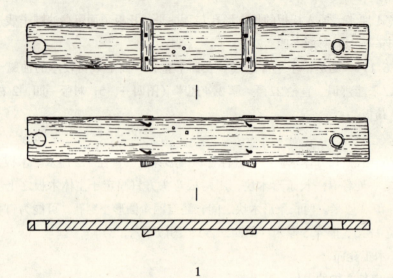

1

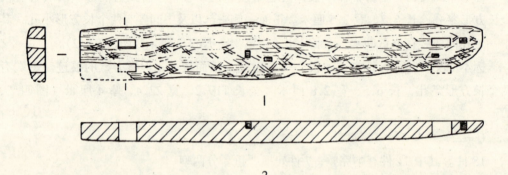

2

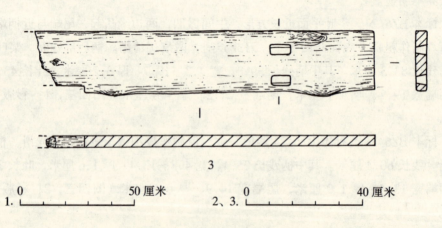

3

0　　　　　　　　50 厘米
1.

2、3.　0　　　　　　　40 厘米

图四二　踏板、木工凳面

1. 踏板（BZ6∶151）　　2、3. 木工凳面（BZ6∶121、139）

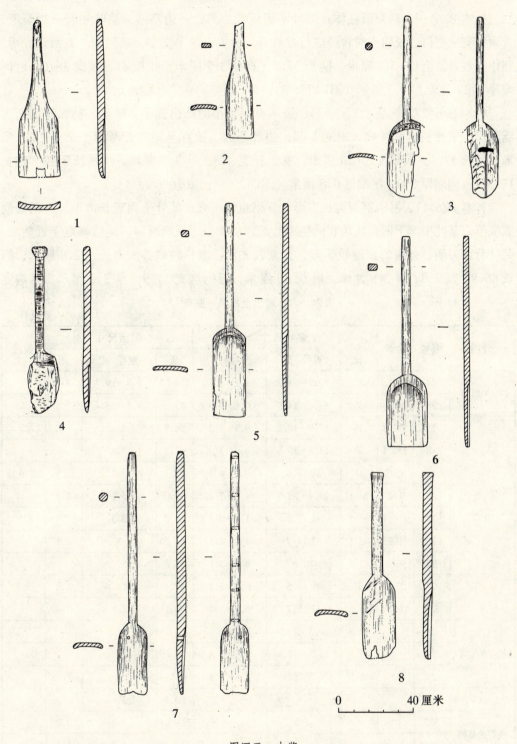

图四三 木桨

1、2.A型木桨（BZ6:24、28） 3～8.B型木桨（BZ6:19、27、17、20、18、23）

标本 BZ6：19，柄为圆柱体。桨叶平面近长方形，一边略残。桨叶中有一道裂缝，背面钉有一钯钉，说明当时曾经进行过修补。背面有墨书文字，未辨识。表面较光滑，制作较规整。全长 95.7 厘米，柄长 51.7、直径 3.7 厘米，叶长 41、残宽 18.6、近柄端厚 4.2、尾端厚 0.7 厘米（图四三，3）。

标本 BZ6：27，柄呈"T"字形，顶端有一较小的凸出握手，略残。柄纵杆剖面为椭圆形。桨叶长、宽皆残，中间下凹，边缘凸起，从首至尾逐渐减薄。全长 88.6 厘米，柄长 57.4、顶部残宽 6.6 厘米，柄纵杆宽 4.8、厚 3.7 厘米，叶残长 31.2、残宽 17.5、近柄端厚 2.8、尾端厚 0.8 厘米（图四三，4；图版一六，4）。

标本 BZ6：17，器柄剖面为长方形，首尾粗细一致；桨叶平面近长方形，近柄处削成弧形。桨叶中间下凹，顶端和两侧缘凸起，从首至尾逐渐减薄，尾端略宽于近柄端。桨叶背面刀削、斧凿的痕迹较明显，正面较光滑，制作较规整。全长 112.8 厘米，柄长 66.8、宽 3.8、厚 2.8 厘米，叶长 46 厘米，近柄端宽 17.9、厚 3.2 厘米，尾端宽

表六　六作塘出土木桨一览表

（单位：厘米）

分类	编号	全长	桨叶尺寸			桨柄尺寸			备注
			长	直径/宽	厚	长	直径/宽	厚	
A型	24	残 83.3	43.5	19.7~21.2	1.8~4.1	残 39.8	4.3~19.7	3.2	
	28	残 60.4	35	13.4~14.9	0.6~1.9	25.4	4.8~13.4	1.6	
B型	17	112.8	46	17.9~18.2	0.3~3.2	66.8	3.8	2.8	
	18	130.1	38	14.8~15.6	0.6~3.3	92.1	3.4		
	19	95.7	41	残 18.6	0.7~4.2	51.7	3.7		有墨书
	20	112	38.1	20.4~20.7	1.2~3.1	73.9	5.1	2.9	
	21	124.7	39.5	残 12.2	1.1~3.2	85.2	3.3		
	22	109	45.5	残 14.7	3.2~4.1	63.5	5		
	23	99.1	43.6	20.3	0.9~3.1	55.5	5.7		
	27	88.6	残 31.2	残 17.5	0.8~2.8	57.4	残 6.6	4.8	3.7
	336	106.6	36.5	残 11.7	1.1~4.7	70.1	3.9		
残存的桨叶	25		43.3	20.2~21.9	0.7~1.8				
	26		45.3	16.2~17.9	0.5~2.8				
	29		42.5	20.5	1.1~2.8				
残存的桨柄	343					89.3	3.6		
	527					残 40.8	7.2	3.2	
	695					残 41.8	4.7	3.3	
	696					残 69.7	4.3	2.7	

18.2、厚 0.3 厘米（图四三，5；彩版一五，2 左）。

标本 BZ6:20，器柄剖面为长方形，首尾粗细一致；桨叶平面近长方形，近柄处削成弧形。桨叶中间下凹，顶端和两侧缘凸起，从首至尾逐渐减薄。制作较规整。全长 112 厘米，柄长 73.9、宽 5.1、厚 2.9 厘米，叶长 38.1、宽 20.4～20.7 厘米，近柄端厚 3.1、尾端厚 1.2 厘米（图四三，6；彩版一五，2 右）。

标本 BZ6:18，柄为圆柱体。桨叶尾端微残，平面近长方形，近柄处削成圆弧形，中间下凹，顶端和两侧缘凸起。柄上有 6 个横排的圆形穿孔，直径皆为 1 厘米。桨叶近柄处也有一直径 1 厘米的圆形穿孔，似为残留的钉孔痕迹。全长 130.1 厘米，柄长 92.1、直径 3.4 厘米，叶长 38 厘米，近柄端宽 14.8、厚 3.3 厘米，尾端宽 15.6、厚 0.6 厘米（图四三，7）。

标本 BZ6:23，柄为圆柱体。桨叶尾端微残，平面近长方形，近柄处削成"八"字形，中间下凹，顶端和两侧缘凸起。全长 99.1 厘米，柄长 55.5、直径 5.7 厘米，叶长 43.6、宽 20.3 厘米，近柄端厚 3.1、尾端厚 0.9 厘米（图四三，8）。

另外，有缺失桨柄的桨叶 3 件，较完整，如标本 BZ6:25、26、29。另有 9 件桨叶残片因残损过大，无法复原。缺失桨叶的桨柄 4 件，其中 1 件为圆柱体柄，另有 3 件为"T"形柄。

（一三）器柄

85 件。木质文物中有相当数量的木柄，其前端可以插入其他器物内，可能为各种工具的器柄，也有可能是其他类似柄类的木构件。

根据其形状分插入式器柄和非插入式器柄两类。

1. 插入式器柄。82 件。根据柄部形状的区别分两型。

A 型：4 件。柄明显分为前、后两个部分。前部有伸出的舌部，较小、较尖，方便插入其他构件；后部较大，为手握的部分。制作大多规整、细致。

标本 BZ6:78，柄后部为制作较为规整的八边体，前端舌部较扁，近似于圆锥体。表面光滑。全长 22 厘米，柄长 16.8、最宽处 3.2、最厚处 2.4 厘米，舌部长 5.2、最宽处 2.1、最厚处 1.8 厘米（图四四，1）。

标本 BZ6:76，柄后部为制作较为规整的八边体，从尾至前略收窄，舌根部亦为较规整的八边形，尖端已残。表面光滑。残长 12.6 厘米，柄尾宽 3.8、柄前端宽 3.3、最厚处 3.3 厘米（图四四，2）。

标本 BZ6:77，后半部形如纺锤，顶端和中部皆向外微鼓，中部有三道凹弦纹。前端舌部略小，为圆锥体。表面光滑，制作精良。全长 15.5 厘米，后部长 11.8、最大径 4 厘米，舌部长 3.7、最大径 2 厘米（图四四，3）。

标本 BZ6:75，后半部为不规则的多边体，剖面略近圆形。前端舌部略小，近似于

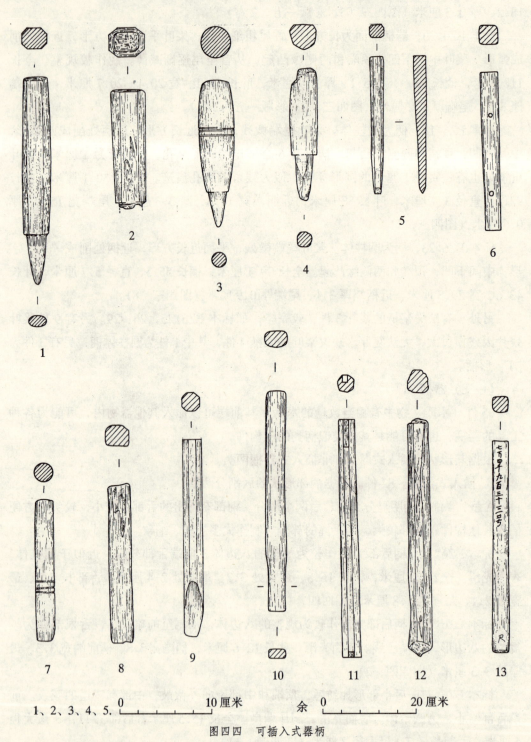

图四四　可插入式器柄

1、2、3、4. 插入式器柄 A 型（BZ6：78、76、77、75）　5、6、7、8、9、10、11、12、13. 插入式器柄 B 型
（BZ6：79、529、81、532、520、530、526、531、519）

圆锥体。全长 14 厘米，其中后部长 9、柄最宽处 3、最厚处 2.8 厘米，舌部长 5、最大径 2.1 厘米（图四四，4）。

B 型：78 件。整体如一小木棍，前后没有截然明显的分界。大部分前后粗细较一致，少部分前端简单地进行了削尖、削细的加工。其中的大部分制作较为粗糙，不少是利用已废弃的其他板材或构件再加工而成。横截面形状有所区别，有近方形、近圆形、八边形及不规则形等几种。

标本 BZ6:79，横截面呈八边形。从后至前宽度逐渐收窄，前端被削成尖状。全长 14.6 厘米，后端宽 1.4、前端宽 0.7、厚 1.3 厘米（图四四，5）。

标本 BZ6:529，横截面近方形，前后粗细较一致。一面上带有两个圆形钉孔，钉道斜打，一侧面有两个圆形钉孔。全长 34.2、宽 4、厚 4.1 厘米（图四四，6）。

标本 BZ6:81，圆柱体，前后粗细较一致。表面光滑，中部偏下有三道较浅的凹弦纹。全长 30.4、直径 4 厘米（图四四，7）。

标本 BZ6:532，横截面为不规则的六边形，前后粗细较一致。全长 34.3、宽 5.2、厚 4.4 厘米（图四四，8）。

标本 BZ6:520，横截面为较规整的八边形，前后粗细较一致。前端一面斜削成尖状。全长 42.4、宽 4、厚 4 厘米（图四四，9）。

标本 BZ6:530，横截面近椭圆形。中部略弯曲，前端削成长方形。制作较粗糙。全长 46.8、宽 4.8、厚 3.6 厘米（图四四，10）。

标本 BZ6:526，横截面为较规整的八边形，一端稍粗。一侧表面两端各有一段凹槽，分别长 5.3、1.2 厘米，宽度为 1.3 厘米。全长 50.4、宽 3.6、厚 3.6 厘米（图四四，11）。

标本 BZ6:531，横截面为不规则的多边形，前后粗细基本一致，制作粗糙。一个面的表面残留有红色漆。全长 50.4、宽 4.8、厚 4.3 厘米（图四四，12）。

标本 BZ6:519，横截面近方形，前后粗细一致。一面有一行刀刻铭文，磨损较严重，近底部有几个字已难以辨识，可辨识的铭文为："七万四千九百三十三号……尺。"全长 45.6、宽 9.2、厚 9 厘米（图四四，13；拓片一，10）。

表七 六作塘出土插入式器柄一览表

（单位：厘米）

分类	编号	长	宽/直径	厚	备注
A 型	75	14	3	2.8	
	76	残 12.6	3.8	3.3	
	77	15.5	4		
	78	22	3.2	2.4	
B 型	79	14.6	1.4	1.3	

（续表）

分类	编号	长	宽/直径	厚	备注
	81	30.4	4		
	519	45.6	9.2	9	刀刻铭文
	520	42.4	4	4	
	522	47.2	4.9		
	523	51.5	4.9		
	524	41.6	4.8		
	525	52.5	4.4		
	526	50.4	3.6	3.6	带槽
	528	47.2	4.4	4.4	带钉孔
	529	34.2	4	4.1	带钉孔
	530	46.8	4.8	3.6	
	531	50.4	4.8	4.3	残留红漆
	532	34.3	5.2	4.4	
	705	62.7	5.6		
	706	69.2	4.7		
	707	49.4	4.3		
B型	708	55.1	3.6		残留黑漆
	709	47.1	4.8		
	710	45.5	3.6		
	711	46.8	3.1		
	712	42.9	4.1		
	713	54.5	3.6		
	714	69.7	4.9		残留黑漆
	715	44.1	4.6		
	716	42.6	3.7		
	717	51.3	3.4		残留黑漆
	718	37	2.6		
	719	47.9	3.9		
	720	38.2	3.7		
	721	44.5	3.5		残留黑漆
	722	50	4.5	2.7	残留黑漆
	723	69.5	4.3	2	残留黑漆

（续表）

分类	编号	长	宽/直径	厚	备注
	724	36.4	3.1	2.3	
	725	37.5	3.9	2.8	带钉孔
	726	59.5	4.7	2.6	
	727	47.6	4.9	3	
	728	40.5	6.4	5.3	
	729	43	4.4	2.6	
	730	50	4.2	3.1	
	731	48.6	4.1	3.4	残留黑漆
	732	47	4.3	4.2	
	733	44.4	3.2	2.2	
	734	47.3	3.9	3.3	
	735	39.9	4.4	4.2	
	736	残 65.1	5.1	3.3	
	737	41.4	3.4	2.1	
	738	42.4	4	3.6	残留黑漆
B 型	739	38.2	3.2	2.9	
	740	40.1	3.4	2.5	残留黑漆
	741	39.4	3.2	2.9	
	742	48.6	4.6	3.8	
	743	46.1	2.6	2.3	
	744	56	4.6	3.7	
	745	36.7	3.5	2.6	
	746	47	2.9	2.4	
	747	46.9	4	2.9	
	748	48.2	3.9	3.1	
	749	48.3	4	2.4	
	750	36.4	3.6	2.9	
	751	44.6	3.3	3	
	752	45.3	3.9	2.9	
	753	33.5	4	3.4	
	754	58.3	3.6	3.2	
	755	50.9	3.7	3.1	

（续表）

分类	编号	长	宽/直径	厚	备注
B型	756	64	3.4	2.5	
	757	45.7	3.2	2.7	
	758	42	3.6	2.7	
	759	48.9	4.7	3.8	
	760	残43	4.5	2.2	
	761	52.8	4.1	3.5	
	762	43.7	4.7	3.6	
	763	53.9	4.4	3.4	
	764	39.1	3.3	2.9	
	765	45.7	4.6	3.8	
	766	40.1	3.1	1.9	
	767	39.2	3.9	3.3	
	768	46	3.6	2.3	

2. 非插入式器柄

3件。

标本BZ6：80，两端翘起，形如牛角。背面中部有一道凹槽，宽1.4、深1.4厘米。推测为刨子的器柄。制作精细，器表光滑，形制规整。残长27.2、宽7.2厘米（图四五，1）。

标本BZ6：82，中间拱起，形如弓状，不完全对称。两端底部为平面，各有一圆形钉孔，其中一个铁钉仍存。器表粗糙，有刀削斧凿的痕迹。类似于木夯上的捉手。全长24.3、宽3.6、中间厚3.2厘米（图四五，2）。

标本BZ6：83，横截面为六边形，背面有一凹槽，似可嵌入其他构件的柄部。全长14、宽4.6、厚2厘米（图四五，3）。

三　造船设施构件

在木质类文物中，有相当一批文物是和造船工程有关的。它们出土于各个造船设施的遗迹之中，最主要的是各类木桩和其他一些圆木。本次发掘中发现的34处造船设施的基础遗迹，在发掘完成之后进行了原地保护。但是，由于自然和历史的原因，从各处造船设施遗迹上脱落下较多的构件，经过水流的带动，已无法复原归位，因此将

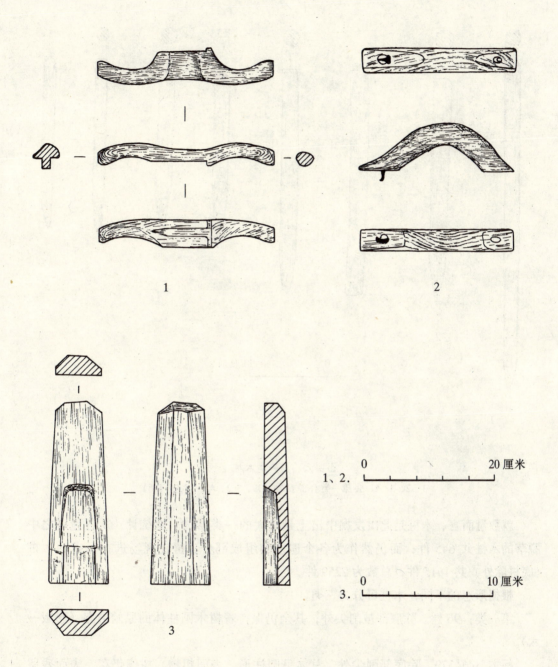

图四五　非插入式器柄

1、2、3. 非插入式器柄（BZ6:80、82、83）

其作为出土木质文物中的一部分，分别进行介绍。

（一）木桩

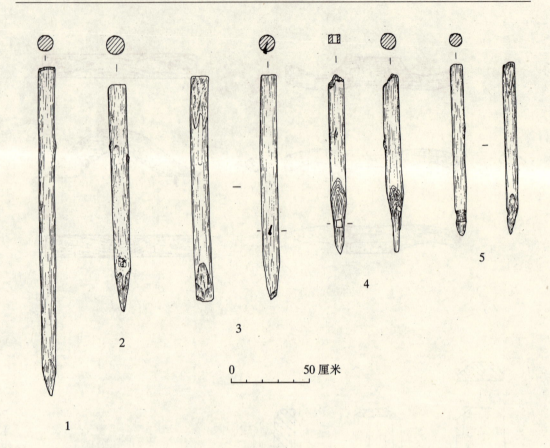

0　　　　　　50 厘米

图四六　第一类木桩

1、2、3、4、5. 第一类木桩（BZ6:379、363、421、769、505）

就数量而言，木桩是此次发掘中出土量最大的一类器物。据统计，从各遗迹之中脱落的木桩共 645 件；而仍然作为各个遗迹的组成部分、留在现场进行保护的木桩（底桩除外）共 1615 件，总数为 2259 件。

根据形态的不同，木桩可分为三类。

第一类：96 件。除底部被削尖外，其余仍保持着树木圆柱体的原始形态（彩版一六）。

标本 BZ6:379，除底部削尖外，总体呈圆柱形。表面粗糙，树瘤仍存，表面残留有黑色漆。全长 207、直径 10.4 厘米（图四六，1；彩版一六，右 2）。

标本 BZ6:363，桩近底部有一字刀刻铭文，未能辨识。表面粗糙，残留有黑漆，树瘤仍存。全长 142.4、直径 11.1 厘米（图四六，2；拓片二，1）。

标本 BZ6:421，表面较光滑，近顶部有一行刀刻铭文，未能辨识。近底部钉有一

拓片二　木桩的刀刻铭文

1~7.（BZ6:363、362、365、513、360、361、516）

弯头方钉。表面残留有黑漆。残长 142.8、直径 10.4 厘米（图四六，3）。

标本 BZ6：769，总体呈圆柱形。上部已残，桩尖处有一长方形穿孔，长 4.4、宽 3.6 厘米。表面粗糙，树瘤仍存，残留有黑漆。残长 112.3、直径 11.2 厘米（图四六，4）。

标本 BZ6：505，上部已残。尖底处带有一道凹槽。表面粗糙，树瘤仍存。残长 108.4、直径 8.2 厘米（图四六，5）。

第二类：382 件。此类木桩是由圆柱体的原木纵向分劈而成，底部削尖，形成木桩。根据横截面形状的不同，分为三型。

A 型：163 件。横截面形状近似于半圆形（图版一七，1）。

标本 BZ6：402，总体近于半个圆柱体。顶端有一长方体突出部分，可能为榫头。表面残留有黑色漆。全长 277.6、弦长 18.3、厚 3.2 厘米（图四七，1）。

标本 BZ6：362，底部削尖，桩体为半圆柱体，上下粗细不一。表面残留有黑漆。近底部有一行刀刻铭文"圀字七万九千二十四号'□'一尺三寸'｜'一丈五尺"，共 20 字。其中，"□"应表示原木的圆周，"｜"表示原木的长度。全长 247.6、弦长 11.4、厚 4.6 厘米（图四七，2；拓片二，2）。

标本 BZ6：365，底部削尖，桩体为半圆柱体，上、下粗细一致。近底部有一行刀刻铭文，仅可辨识出"圀字……万……一尺……"等字。全长 250.4、弦长 18、厚 7 厘米（图四七，3；拓片二，3）。

标本 BZ6：371，底部削尖，桩体为半圆柱体，上、下粗细一致。顶端有一长方体榫头，高 10、宽 4.9、厚 4 厘米。表面残留有黑漆。全长 235.3、弦长 12.7、厚 3.1 厘米（图四七，4）。

标本 BZ6：414，横截面近于月牙形，正、反两面皆呈弧状。桩尖处有一自然形成的穿孔。表面残留有黑漆。全长 151、弦长 17.5、厚 4 厘米（图四七，5）。

B 型：196 件。横截面形状近扇形。横截面约占圆柱体的四分之一至八分之一。

标本 BZ6：377，首尾完整，上、下粗细不甚一致。横截面不及整个圆形的四分之一。表面残留有黑漆。长 232.2、弦长 9.7 厘米（图四八，1）。

标本 BZ6：406，首尾完整，除尖底外，粗细较一致。横截面约占整个圆形的四分之一。表面残留有黑漆。长 187.2、弦长 11.4 厘米（图四八，2）。

标本 BZ6：506，上部已残，表面残留有黑漆，并残留有 3 字烙刻铭文，第一字似为"人"字，第二字残损难以辨识，第三字似为"县"字的半边。横截面约占整个圆形的八分之一。残长 70.9、弦长 5.2 厘米（图四八，3；图版五六，2）。

标本 BZ6：513，上部残。表面有一行 21 字刀刻铭文"圀字六万五千五百十九号'○'一尺四寸'｜'二丈五尺"，其中"○"应代表制作该木桩原木的圆周长，"｜"

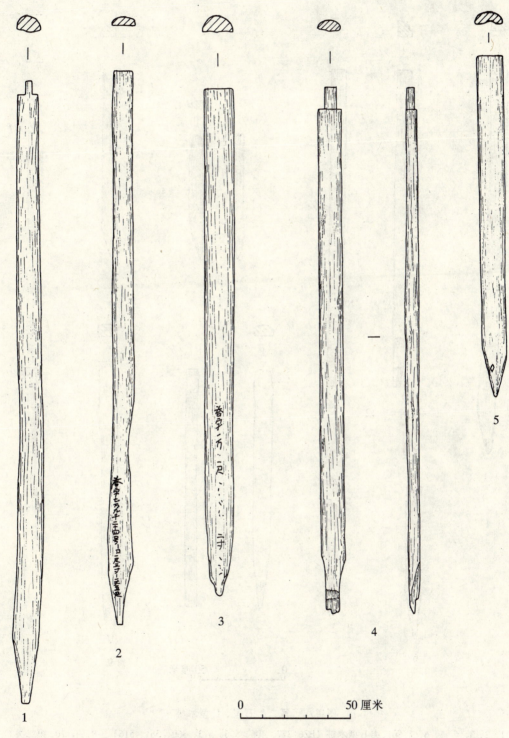

图四七 第二类A型木桩

1、2、3、4、5. 第二类木桩（BZ6:402、362、365、371、414）

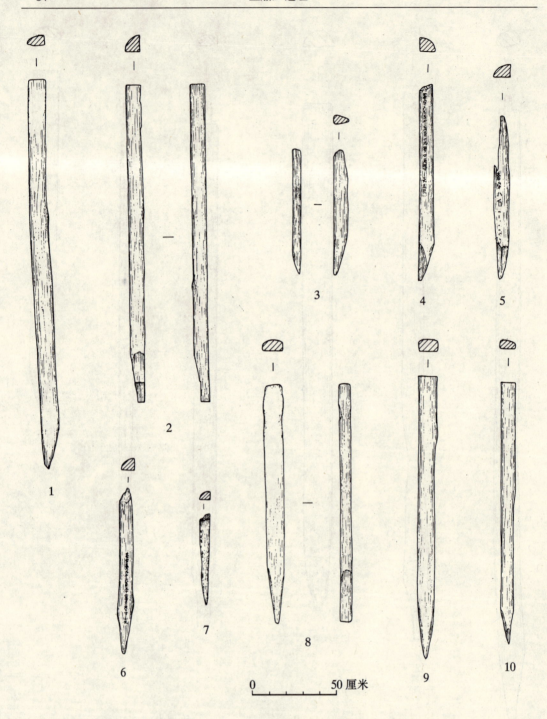

图四八　第二类 B 型、C 型木桩

1、2、3、4、5、6、7. 第二类 B 型木桩（BZ6：377、406、506、513、360、361、516）　　8、9、10. 第二类 C 型木桩（BZ6：457、380、425）

代表原木的总长。表面还残留有黑漆。残长116.8、弦长12.5厘米（图四八，4；拓片二，4）。

标本BZ6：360，上部残。表面有一行20字刀刻铭文"圂字五万九千六百三十二号'〇'一尺二'囗''｜'二丈"，其中"〇"应代表制作该木桩原木的圆周长，"｜"代表原木的总长。其中"囗"代表的字残损较大，难以辨识，推测应为"寸"字。残长95.3、弦长13.2厘米（图四八，5；拓片二，5）。

标本BZ6：361，上部残。表面有一行刀刻铭文，残损较严重，仅可辨识出"圂字八万"等四字。残长99.2、弦长11.1厘米（图四八，6；拓片二，6）。

标本BZ6：516，上部残。表面有一行刀刻铭文，残损严重，仅可辨识一"三"字。残长51.3、弦长6.4厘米（图四八，7；拓片二，7）。

C型：23件。横截面形状近似于方形。底部削尖，其上近于方柱体。

标本BZ6：457，三面加工成平面，一面仍保留着原木的弧面。近顶部两侧微内凹，似为绳索留下的勒痕。全长140.7、宽10.8、厚6.4厘米（图四八，8）。

标本BZ6：380，三面加工成平面，一面仍保留着原木的弧面。全长165.3、宽10.7、厚7.4厘米（图四八，9）。

标本BZ6：425，三面加工成平面，一面仍保留着原木的弧面。表面残留少量蓝漆。全长154.3、宽8.9、厚4.3厘米（图四八，10）。

第三类：167件。该类木桩是利用已废弃的船板或船用构件进行重新加工而成，木桩上大多带有排列有规律的钉孔或残留有彩漆的痕迹（彩版一七；图版一七，2）。

标本BZ6：411，底部削尖，总体近于长条形、扁平状的木板。正面上、下分别有两组，每组3个呈"品"字形排列的钉孔，孔口为方形；背面一侧有一排、12个孔口呈火焰状的钉孔，钉道斜打，一侧面与之对应有12个圆形钉孔出口。另一侧面还有12个圆形钉孔，应是与其他板材拼接所用的钉孔。残长263.5、宽15、厚5.7厘米（图四九，1；彩版一七，左1）。

标本BZ6：373，底部削尖，总体近于长条形、扁平状的木板。正面中部有两排、每排2个方形钉孔；背面一侧有一排、23个钉孔入口，大部分钉孔口呈火焰状，钉道斜打，在一侧面上与之对应有23个圆形钉孔出口。在另一个侧面上亦有13个圆形钉孔，应是与其他板材拼接所用的钉孔。全长257.4、宽16、厚5.2厘米（图四九，2）。

标本BZ6：374，除底部削尖外，总体近于长条形、扁平状的木板。正面近头部和中部分别有1个和2个开口呈方形或长方形的钉孔，钉道垂直向下钉穿；反面偏于一侧有一排、13个开口呈长火焰形的钉孔入口，钉道斜打，在一个侧面上与之对应有13个钉孔出口。在另一个侧面上还有15个圆形钉孔（其中3个略残），部分之中还留有残钉，应为与其他板材拼接所用的钉孔。全长270.1、宽10.8、厚5.4厘米（图四九，

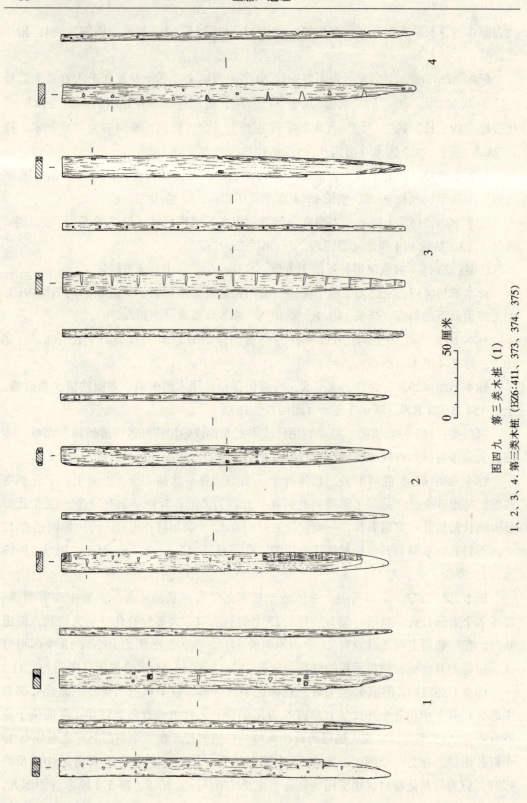

图四九　第三类木桩（1）

1、2、3、4. 第三类木桩（BZ6:411、373、374、375）

3)。

标本 BZ6:375，除底部削尖外，总体近于长条形、扁平状的木板。反面偏于一侧有一排、9 个钉孔入口，钉道斜打，开口原为火焰形，但其中 4 个钉道已完全暴露，故呈三角形。在一个侧面有 12 个圆形钉孔出口，其中 9 个与正面的钉孔入口相对应。在木桩中部偏上位置，以及桩尖处各有一开口为长方形的钉孔，钉道垂直钉穿上、下两面。全长 279、宽 15.3、厚 5.5 厘米（图四九，4；彩版一七，左 2）。

标本 BZ6:366，底部削尖，桩体近于较规整的长方形船板。正面两侧皆有钉穿正、反两面的钉孔，其中一侧 1 个，另一侧 12 个，孔口大多近方形。在一侧面上还有 9 个小圆孔，但正、反两面皆无与之对应的钉道开口，应为与其他板材拼接而留下的钉孔。全长 211.3、宽 14.1、厚 5.3 厘米（图五〇，1；彩版一七，右 2）。

标本 BZ6:408，除底部削尖外，总体近于较规整的长方体船板。正面偏上位置有一个垂直钉穿正、反两面的钉孔，开口为方形。反面居中有一排、10 个开口为火焰形的钉孔入口，钉道斜打。与之对应，在一个侧面上有 10 个圆形钉孔出口。在另一侧面亦有 10 个圆孔，孔道垂直于侧面，应为与其他板材拼接所用的钉孔。全长 184.3、宽 12.4、厚 6 厘米（图五〇，2）。

标本 BZ6:444，底部削尖，总体近于长条形、扁平状的木板，近底部略残。一面偏于一侧有一排、6 个钉道斜打的钉孔入口。与之对应，在一个侧面上也有 6 个圆形钉孔出口。全长 99.2、宽 9.4、厚 4.5 厘米（图五〇，3）。

标本 BZ6:459，一面平，一面上有纵向长条状的突出部分，宽 5.3 厘米，横截面为"凸"字形。木桩顶部和近底部还各有一长方形穿孔，顶端穿孔已残，仅剩大半部，近底部穿孔长 9、宽 3.7 厘米。顶端穿孔两侧各有一圆形钉孔，铁钉皆存。一侧面近底部还有一小圆孔，应为钉孔。全长 92.7、宽 9.4、厚 4 厘米（图五〇，4；图版一七，2 左 1）。

标本 BZ6:370，底部削尖，整体近于一根长条形的方材。顶部已残。中部有一直径 5.5 厘米的圆形穿孔。正面上部有两个方形钉孔。反面上部有一长方形未穿的孔，长 9.8、宽 5、深 4.1 厘米。表面残留红漆。残长 148.2、宽 14.3、厚 8.1 厘米（图五〇，5；图版一七，2 右 1）。

标本 BZ6:376，底部削尖，总体近于长条形的方木。横截面为阶梯状，大半部较厚，小半部较薄。较厚部分中部位置有一长方形凹槽，长 7、宽 7.9、深 4.6 厘米。较薄部分中部位置钉有一铁钉，开口凿成方形。表面残留较多油腻子的痕迹。残长 168.2、宽 14.4、较薄的部分厚 5.9、较厚的部分厚 7.9 厘米（图五〇，6）。

标本 BZ6:369，首尾完整，横截面为方形。底部从一侧斜劈形成尖底，尖底占整个木桩总长一半以上。一面上部有三个方形钉孔。另一侧面髹有黑漆。全长 170.4、宽

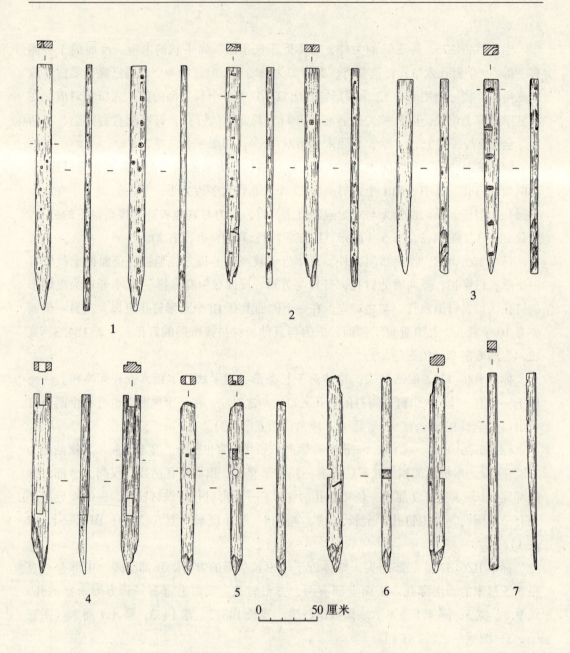

图五〇　第三类木桩（2）

1、2、3、4、5、6、7. 第三类木桩（BZ6:366、408、444、459、370、376、369）

7.7、厚8.1厘米（图五〇，7）。

　　标本 BZ6:442，顶端已残，横截面近长方形。侧面有6个圆形钉孔，斜向钉穿两侧面。表面残存油腻子的痕迹。全长110.3、宽7.2、厚5.1厘米（图五一，1）。

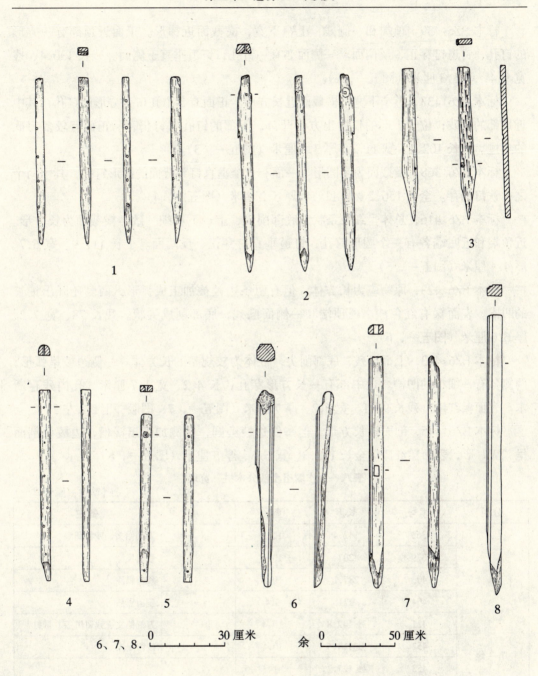

图五一　第三类木桩（3）

1、2、3、4、5、6、7、8. 第三类木桩（BZ6：442、439、433、368、416、423、413、445）

标本 BZ6：439，顶端和一侧残，上窄下宽，横截面近梯形。正面近顶部有一方形的钉孔，钉道钉穿正、反两面。一侧面亦有一钉孔，钉道垂直于侧面。残长 130.4、残宽 9.4、厚 6.3 厘米（图五一，2）。

标本 BZ6：433，上窄下宽，横截面近长方形。正面有 3 个孔口为方形的钉孔，其中近顶部的已残；位于中部的仅凿出方形开口，下部的钉孔铁钉仍存。正面有较多刀砍的痕迹。残长 102.1、宽 11.2、厚 3.5 厘米（图五一，3）。

标本 BZ6：368，横截面为半圆形。一面有 6 个垂直钉穿背面的圆形钉孔，其中两个之中铁钉仍存。全长 156.2、宽 11.1、厚 5.2 厘米（图五一，4）。

标本 BZ6：416，总体呈细长条状，底部削尖，上、下粗细一致。横截面为长方形。近顶端和近底端各有一个圆形钉孔，钉道垂直钉穿正、反两面。全长 111.9、宽 6.7、厚 4.4 厘米（图五一，5）。

标本 BZ6：423，原物应为长方体，但有两条边棱被加工成弧形，两侧还开出细长的凹槽。表面髹有红色漆。现顶端和一侧面已残，底部削成尖状。残长 78、宽 7.2、厚 6.6 厘米（图五一，6）。

标本 BZ6：413，上部已残，底部削尖，桩体为较规整的长方体。一侧边棱呈弧形，两侧各有一细小的凹槽。近中部有一长方形穿孔，长 4.2、宽 1.7 厘米，孔内残存断木。表面髹红漆。残长 93.1、宽 6.2、厚 7 厘米（图五一，7；图版一七，2 左 2）。

标本 BZ6：445，剖面近长方形，但一侧边棱磨圆，两侧加工出浅槽，边棱处剖面呈"W"形，表面髹红漆。全长 112.8、宽 6.6、厚 5 厘米（图五一，8）。

表八　六作塘出土部分木桩一览表*

（单位：厘米）

分类	编号	长度	直径	备注
第一类	363	142.4	11.1	刀刻铭文、残留黑漆
	379	207	10.4	残留黑漆
	403	287.1	10.3	残留黑漆
	404	221	9.4	残留黑漆
	421	残 142.8	10.4	刀刻铭文、残留黑漆、带钉
	452	残 114.5	10.1	残留黑漆
	453	残 127.2	14	
	454	残 128.4	11.9	残留黑漆
	455	残 158.2	10.6	残留黑漆
	505	残 108.4	8.2	
	616	131.7	10.9	残留黑漆
	617	40.8	4.3	

（续表）

分类		编号	长度	直径		备注
第一类		618	100.2	6.8		
		619	72.8	3.4		
		620	152.6	4.7		
		769	残 112.3	11.2		残留黑漆、带孔
分类		编号	长度	弦长	厚度	备注
第二类	A 型	362	247.6	11.4	4.6	残留黑漆、刀刻铭文
		364	154.4	12.8	5.1	残留黑漆
		365	250.4	18	7	
		371	235.3	12.7	3.1	残留黑漆、带榫头
		372	164.9	12.4	4.2	残留黑漆、
		378	277.8	18.3	5.9	
		382	残 199.1	19.8	6.1	残留黑漆
		383	313.5	20.4	7.8	残留黑漆
		385	250.3	18.9	6.5	残留黑漆
		386	253.3	19.3	7.7	残留黑漆
		400	300.7	20.6	5.6	残留黑漆
		401	294.3	10.7	5.8	残留黑漆
		402	277.6	18.3	3.2	残留黑漆
		412	239.7	18.4	7.4	残留黑漆
		414	151	17.5	4	残留黑漆
		434	148	15.4	5.7	残留黑漆
		456	155.4	20.2	6.9	残留黑漆
		508	120.3	16.6	5.1	残留黑漆
		509	102	17.9	5.8	
		579	105.2	16.3	6.7	残留黑漆
		580	147.4	10.6	5.6	
		582	127.7	11.3	5.3	
		584	81.3	11.7	6.3	残留黑漆
		589	183	12.9	7.1	
		591	57.7	9.8	6.1	残留黑漆
		593	140.8	11.6	5.4	
		595	163.2	14.8	7.1	

（续表）

分类		编号	长度	弦长	厚度	备注
第二类	A型	600	87.5	11.2	5.8	残留黑漆
		603	144.3	10.6	5.1	
		606	72.2	9.6	3.3	残留黑漆
		607	119.8	10.3	4.3	残留黑漆
		611	149.6	11.5	5.4	残留黑漆
		614	81.7	11.6	7.2	残留黑漆
		615	82.9	10.3	6.6	
		621	97.8	8.7~10.2		
	B型	360	残95.3	13.2		刀刻铭文
		361	残99.2	11.1		刀刻铭文
		377	232.2	9.7		残留黑漆
		406	187.2	11.4		残留黑漆
		407	313	9.2		残留黑漆
		409	192.4	9.4		残留黑漆
		415	176.7	3.8		
		417	243	8.8		
		418	191.2	10.8		
		422	200	10.7		
		424	146.2	10.6		
		506	残70.9	5.2		烙刻铭文、残留黑漆
		513	残116.8	12.5		刀刻铭文、残留黑漆
		516	残51.3	6.4		刀刻铭文
		576	118	6.4		残留黑漆
		578	47	9.5		残留黑漆
		581	147.3	7.3		
		583	67	5.1		
		585	98.9	3.1		残留黑漆
		586	97	5.8		
		588	70.8	4.5		
		590	68.7	9.4		残留黑漆
		592	162.5	8.6		
		594	145.3	6.4		残留黑漆

（续表）

分类		编号	长度	弦长	厚度	备注
第二类	B型	596	121.8	6.9		
		597	125.6	8.6		残留黑漆
		598	79.2	5.4		
		599	168.8	10.3		
		601	90.7	7.8		
		602	192.5	8.7		
		604	59.7	4.4		
		605	59.1	4.3		
		608	92.3	9.4		残留黑漆
		609	42.3	6.7		残留黑漆
		610	60.5	6.6		
		612	111	3.8		残留黑漆
		613	85.4	6.7		
		694	143.5	5.4		残留黑漆
	C型	380	165.3	10.7	7.4	
		384	168.4	11.6	7.7	
		425	154.3	8.9	4.3	残留黑漆
		457	140.7	10.8	6.4	
		577	101.5	7.4	11	
		587	44.5	4.6	4.6	残留黑漆
分类		编号	长度	宽度	厚度	
第三类		245	20.3	6		带钉孔
		366	211.3	14.1	5.3	带钉孔
		367	156.2	11.1	5.2	带钉孔
		368	126.6	6.8	5.2	带钉孔
		369	170.4	7.7	8.1	残留黑漆
		370	残148.2	14.3	8.1	残留红漆、带孔
		372	165.3	10.2	6.9	带钉孔
		373	257.4	16	5.2	带钉孔
		374	270.1	10.8	5.4	带钉钉
		375	279	15.3	5.5	带钉孔
		376	168.2	14.4	7.9	带圆形孔和钉孔

（续表）

分类	编号	长度	宽度	厚度	备注
第三类	389	205.2	12.7	5.1	带钉孔
	405	239.5	13	4.2	带钉孔
	408	184.3	12.4	6	带钉孔
	410	152.9	残 8	5.1	残留黑漆
	411	263.5	15	5.7	带钉孔
	413	残 93.1	6.2	7	残留红漆、带孔
	416	111.9	6.7	4.4	带钉孔
	423	78	7.2	6.6	残留红漆
	426	残 150.2	13.1	5	带钉孔
	427	156.1	7.7	6.1	
	428	97	7.3	6	残留红漆
	429	残 75.2	10.8	4.2	
	430	93.8	7.7	4.4	残留红漆
	432	156.2	7.9	2.2	带钉孔
	433	102.1	11.2	3.5	带钉钉
	436	125.7	残 8.6	6.1	带钉孔
	437	124.4	13.8	5.4	带钉孔
	438	111.2	8.8	4.6	
	439	残 130.4	残 9.4	6.3	带钉孔
	440	97.8	7.2	3	带孔
	441	残 124.3	12.1	4.9	
	442	110.3	7.2	5.1	带钉孔
	443	121.5	11	5	残留黑漆、红漆
	444	99.2	9.4	4.5	带钉孔
	445	112.8	6.6	5	残留红漆
	446	残 103	8.4	4.5	残留红漆、带钉孔
	447	残 141.2	5.6	5.1	带钉孔
	448	残 103.8	7.2	6	残留红漆、带钉孔
	449	残 46.8	4.3	6	带钉孔
	451	69	8.2	6	
	458	107.3	13.3	4.6	
	459	92.7	9.4	4	残留红漆、带孔

（续表）

分类	编号	长度	宽度	厚度	备注
第三类	460	191.4	14.3	6.4	残留蓝漆、带钉孔
	495	124.2	9	8.1	
	504	72	4.4	4	
	566	99	6.7	3.6	
	507	118.2	12.5	4	带钉孔
	567	112.6	11.7	4.8	带钉孔
	568	121.5	6.8	6.8	带钉孔
	569	70	5.4	4.3	
	570	78.4	6.2	5.5	带钉孔
	571	67.7	6.5	4.8	
	572	49.1	6.3	4.4	
	573	86.5	6.7	4.6	
	574	115.2	7.9	4.3	带钉孔
	575	50.4	5.2	5.2	带钉孔

＊本表收入的木桩主要为六作塘出土的、并且进行室内整理的所有首尾完整的木桩，对于非完整的木桩仅将其中有特点的收入在内。

（二）圆木

66件。圆木是构建六作塘底部众多造船设施遗迹的主要材料之一，在一些结构相对复杂的遗迹中皆大量使用圆木，数量较多，仅次于木桩和板材。圆木大都是原生树木经过简单的加工，去除了树皮、枝杈等，但加工粗糙表面大都残留明显的刀砍、斧削的痕迹。

圆木种类繁多，形状各异，有些圆木上还附有榫孔和榫头等，相当一部分的圆木上都有刀刻或烙刻铭文。现选择其中一些重要的典型圆木进行介绍。

1. 带槽圆木

2件。标本BZ6:31，为典型的带槽圆木，另外，六作塘中还出土了一件器形类似的木器BZ6:32，其原为圆木，但正反两面皆已加工成平面，总体近于板材。不过，因两者造型接近，因而在此一并介绍。

标本BZ6:31，圆柱体，横截面为不规整的圆形。顶端圆弧状，底面平，颈部有一周凹槽，宽约5.6厘米。表面粗糙，树瘤仍存，糅有黑漆。表面带有一行18字的刀刻铭文，铭文刻划较为细、浅，略有残损，经辨识为："圕字一千七百二十七号'□'三尺'｜'三丈曰尺。"全长112、最大直径21.5厘米（图五二，1；拓片三，1；图版一

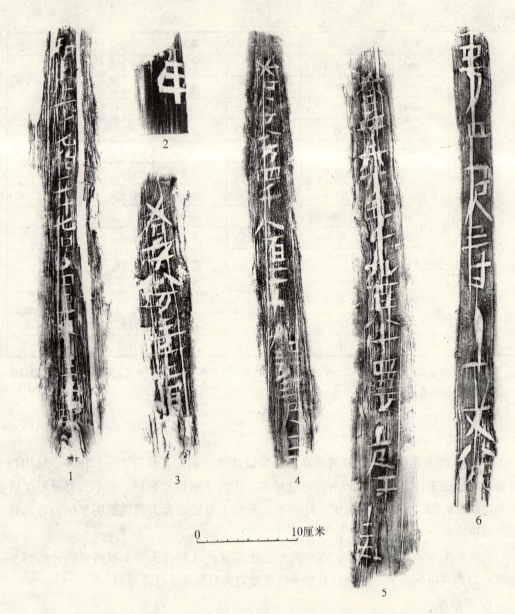

拓片三　带槽圆木、带榫孔圆木、带榫头圆木、带绳孔圆木的刀刻铭文

1、2. 带槽圆木（BZ6:31、32）　　3. 带榫孔圆木（BZ6:312）　　4. 带榫头圆木（BZ6:328）

5、6. 带绳孔圆木（BZ6:106、103）

八，1）。

标本 BZ6:32，近于长方形木板，其中上下两面皆为平面，两侧面仍为圆弧状，底面为平面。颈部有一道凹槽，宽约 8.7 厘米。在凹槽下 8.8 厘米处，又有一近长方形的小凹槽，长 3.2、宽 2.3、深 1.1 厘米。近底部残存有一字刀刻铭文，似为倒写的

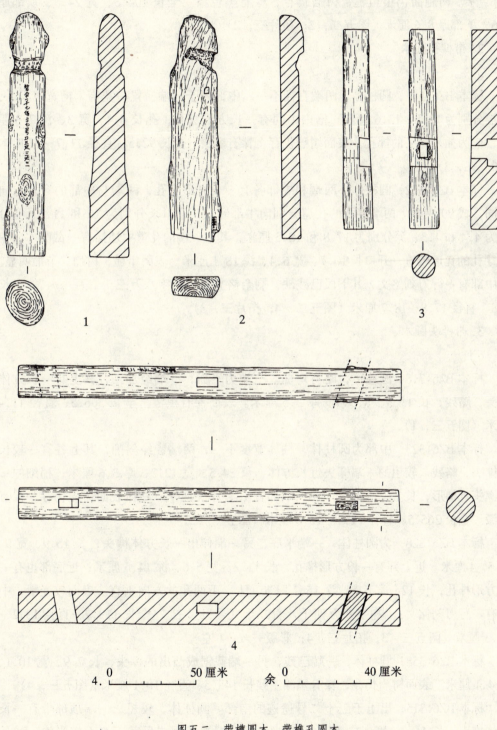

图五二 带槽圆木、带榫孔圆木

1、2. 带槽圆木（BZ6：31、32）   3、4. 带榫孔圆木（BZ6：511、312）

"年"字。两侧面仍很粗糙，树瘤仍存，髹有黑色漆。全长104.3、宽24.8、顶部厚9.6、下部厚8.6厘米（图五二，2；拓片三，2）。

2. 带榫孔圆木

3件。

标本BZ6:511，圆柱体，两端直径不一，中部偏于一端横置一宽槽，槽宽也不一，两端分别为12.8、13.6厘米。槽内中间有一长方形穿孔，孔长6.4、宽3、深7.3厘米，应为插入榫头的榫孔。表面树瘤仍存，髹有黑漆。全长92.5、直径11.7~13厘米（图五二，3）。

标本BZ6:312，圆柱体，两端和中部各有一长方形穿孔，两端与中部的穿孔方向不同，成90°夹角。两端穿孔的孔道分别向中部倾斜，开口长分别为16和11.2、宽分别为4.4和4.3、深分别为17.8和18.3厘米，其中一端的孔道中还插有一截断木。中部穿孔的孔道较直，开口长10.7、宽6.4、深18.1厘米。表面粗糙，树瘤、节疤明显。近中部有一行刀刻铭文，其下段已残缺，剩余铭文为"圐字八万三千二百……"。全长228、直径17.8~18.7厘米（图五二，4；拓片三，3）。

3. 带榫头圆木

6件。

标本BZ6:318，圆柱体，略有弯曲。一端为平面，一端经加工，其上有一长方体榫头，略残，长11.3、宽9.7、厚3.5厘米。表面髹有黑漆。全长306.5、直径11.4厘米（图五三，1）。

标本BZ6:323，中部为圆柱体，柱体宽度不一，两端皆经斜削，其上各有一较长的榫头，略残。较粗的一端榫头近长方体，长24.5、宽12.2、厚3.6厘米；稍细的一端榫头近梯形，长77、上部宽7.8、下部宽13、厚3厘米。柱体表面树瘤仍存，髹有黑漆。全长265.5、直径11.4~13.6厘米（图五三，2）。

标本BZ6:328，为圆柱体，一端平底，另一端伸出一长方体榫头，长15.9、宽9、厚5.4厘米。近上部有一长方形榫孔，长11.2、宽5.6、深14.5厘米；近底部也有一长方形榫孔，长12、宽6.3、深15.2厘米。上、下两孔的方向垂直。表面较光滑，中部有一行刀刻铭文："圐字八万四千八百二十九号三尺三。"全长119.7、直径13.2~16.3厘米（图五三，3；拓片三，4；彩版一八，1左）。

标本BZ6:358，圆柱体，一端已残，另一端截锯成凸出的榫头，长7.9、宽10.1、厚4.1厘米。表面树瘤仍存，髹有黑漆。残长148.5、直径10.1厘米（图五三，4）。

标本BZ6:315，出土于三十二号遗迹的南部。圆柱体，较短，一端顶部带有一长方体榫头，长16.2、宽12、厚6.6厘米。另一端被截锯成舌状。表面较光滑，残长67.8、直径20.5厘米（图五三，5；彩版一八，1右）。

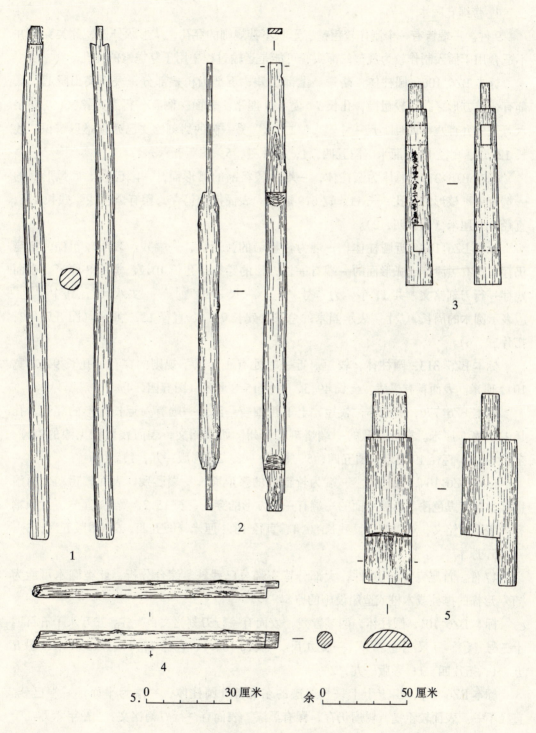

图五三 带榫头圆木

1、2、3、4、5.带榫头圆木（BZ6:318、323、328、358、315）

4. 带绳孔圆木

9 件。一端皆有一个制作较粗糙、形状不甚规则的穿孔，从形状分析，此类穿孔并不适合用于插入制作较为规整的榫头，可能是运输过程中用于穿绳索的绳孔。

标本 BZ6:106，圆柱体，略弯。上部已残，下部为树根部分，表面突出隆起。底部有一长方形穿孔，较粗糙，孔长 7、宽 4.7 厘米。表面一侧有一行刀刻铭文："圝字六万五千九百八十四号□尺一寸'丨'二丈。"另一侧的烙刻铭文已残损难以辨识。残长 127.7、直径 13.8 厘米（图五四，1；拓片三，5；图版五六，4）。

标本 BZ6:319，总体为圆柱体，一端为较粗糙的弧形面，一端已残。近弧形面的一端有一枣核形的穿孔，长 11、宽 6.9 厘米。表面树瘤仍存，糅有黑色漆。残长 126、直径 8.2 厘米（图五四，2）。

标本 BZ6:103，近圆柱体。一端为较粗糙的弧形面，一端残。表面较粗糙，树瘤仍存，糅有黑漆。近弧形面的一端有一长方形的穿孔，孔长 10.2、宽 9.8 厘米。表面残存一行刀刻铭文，共 11 字，为"号'□'一尺三寸'丨'一丈八尺"，其中"□"应表示圆木的周长，"丨"表示圆木的总长。残长 70.4、直径 13.3 厘米（图五四，3；拓片三，6）。

标本 BZ6:313，圆柱体，较短。近一端处有一形状不规则的穿孔，孔长 9.6、宽 10.2 厘米。表面糅有黑漆。全长 49.5、直径 15.8 厘米（图五四，4）。

标本 BZ6:770，圆柱体，较短，上下粗细较一致。一端有一近长方形的穿孔，孔长 11、宽 7 厘米。靠近开孔的一端烙刻"开州"两字铭文，表面残留糅有黑漆的痕迹。全长 65.5、直径 19 厘米（图五四，5；彩版一八，2；彩版一九，1）。

标本 BZ6:104，圆柱体。一端为较粗糙的弧形面，一端已残。表面较粗糙，树瘤仍存，糅有黑色漆。近弧形面的一端有一长方形的穿孔，长 15.2、宽 11 厘米。近顶端有一字烙刻铭文，难以辨识。残长 50.4、直径 16.1 厘米（图五四，6；图版五六，3）。

5. 原木

47 件。首尾完整者 10 件，大部分皆有部分已残缺。综合分析，此类圆木可能为"T"形撑的撑柱或木桩或造船设施的原料。

标本 BZ6:101，圆柱体，两端皆残，表面有一行刀刻铭文："圝字五万八千五百四十三号'〇'一尺三寸'丨'一丈九尺。"残长 104.1、直径 17.9～19.8 厘米（图五五，1；拓片四，1；彩版一九，2）。

标本 BZ6:105，出土于十一号遗迹的东北部。圆柱体，一端为平面，一端已残。直径不一。表面较粗糙，树瘤仍存，糅有黑漆。表面有一行刀刻铭文："圝字六万二千七百八十三号'□'一尺三寸。"残长 152.9、直径 17.1～18.3 厘米（图五五，2；拓片四，2）。

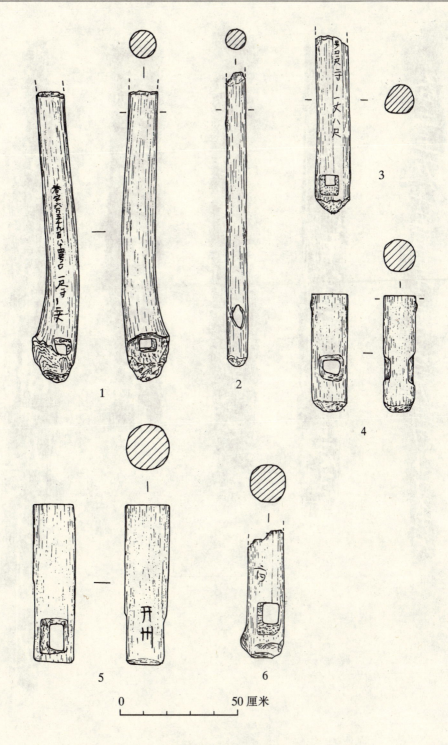

图五四　带绳孔圆木

1、2、3、4、5、6. 带榫孔圆木（BZ6:106、319、103、313、770、104）

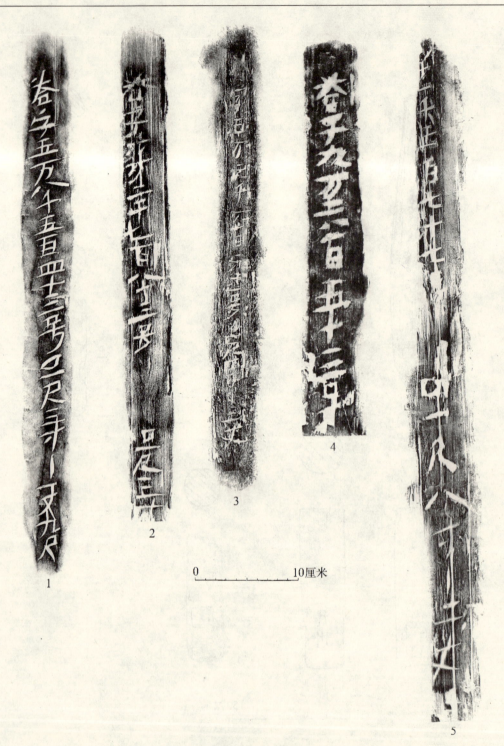

拓片四　原木的刀刻铭文（1）

1~5.（BZ6:101、105、314、108、102）

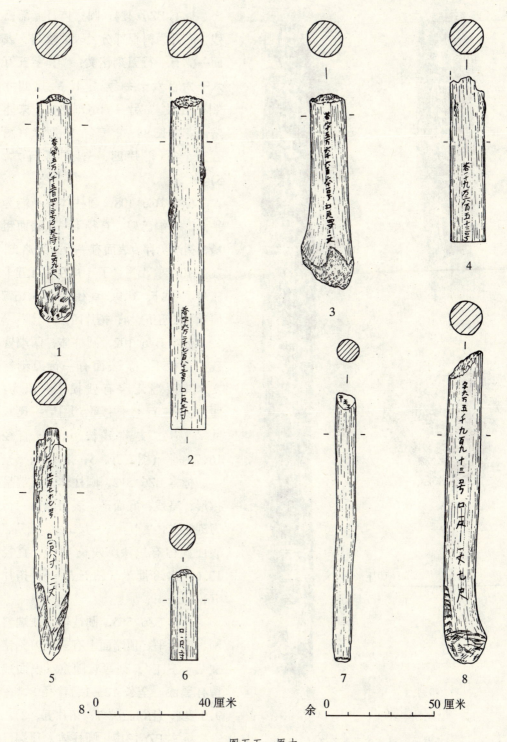

图五五 原木

1、2、3、4、5 6、7、8.原木（BZ6：101、105、314、108、102、512、565、317）

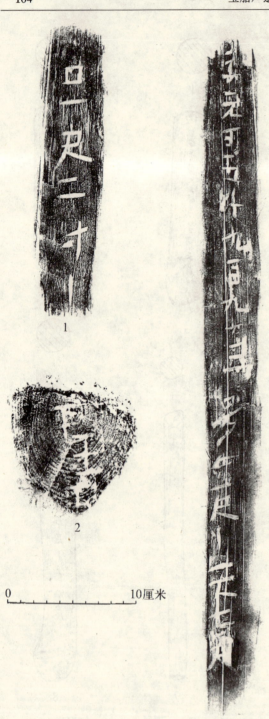

1

2

0 　　　　　　　　10厘米

3

拓片五　原木的刀刻铭文 (2)

1、2、3. (BZ6:512、565、317)

标本 BZ6:314，圆柱体，上部已残，底部为树根部分，表面隆起。表面一侧有一行刀刻铭文："圀字五万六千六百六十一号'□'一尺四寸'｜'二丈。"另一侧烙刻铭文，未能辨识。残长 88.3、直径 16 厘米（图五五，3；拓片四，3；图版五六，5）。

标本 BZ6:108，圆柱体；一端为平面，一端已残。直径不一。表面粗糙，树瘤仍存。表面有一行刀刻铭文，残存 10 字："圀'子'九万六百五十三号。"残长 76.9、直径 15.5～16.7 厘米（图五五，4；拓片四，4）。

标本 BZ6:102，圆柱体，两端皆残，直径不一。表面有一行刀刻铭文，其顶端几字有残损，辨识为："□一千三百七十七号'□'一尺八寸'｜'二丈。"残长 108.7、直径 16.7 厘米（图五五，5；拓片四，5）。

标本 BZ6:512，圆柱体，顶端呈拱形，略残，底面平。表面残留一行刀刻铭文："'□'一尺二寸'｜'。"表面残留有黑漆。残长 41.9、直径 13.6～14.8 厘米（图五五，6；拓片五，1）。

标本 BZ6:565，圆柱体，顶端斜削，底面平。顶端面上有三个刀刻铭文"干王工"，刻写较随意。表面残留有黑漆。全长 123.1、直径 8.1～9.6 厘米（图五五，7；拓片五，2）。

标本 BZ6:317，圆柱体，顶端已残，底部原为树根部分。近顶端有一行刀刻铭文："▨元▨五千九百九十三号'□'一尺'丨'一丈七尺。"圆木近中部有三字烙刻铭文，首字难以辨识，中间为"昌"、末字似为"门"。表面髹有黑漆。残长115.5、直径10.9～12.3厘米（图五五，8；拓片五，3；图版五六，6）。

表九　六作塘出土圆木、原木一览表

（单位：厘米）

分类	编号	长度	直径	开孔/榫头尺寸			备注
				长/高	宽	深/厚	
带槽圆木	31	112	20.8～21.5				刀刻铭文、残留黑漆
	32	104.3	24.8				刀刻铭文、残留黑漆
带榫孔圆木	307	残40	11.2	残18	7.2	11.2	残留黑漆
	312	228	17.8～18.7	16	4.4	17.8	刀刻铭文
				10.7	6.4	18.1	
				11.2	4.3	18.3	
	511	92.5	11.7～13	6.4	3	7.3	残留黑漆
带榫头圆木	315	67.8	20.5	16.2	12	6.6	
	318	306.5	11.4	11.3	9.7	3.5	残留黑漆
	323	265.5	11.4～13.6	24.5	12.2	3.6	残留黑漆
				77	7.8/13	3	
	328	119.7	13.2～16.3	榫头15.9	9	5.4	
				榫孔12	6.3	15.2	
	358	148.5	10.1	7.9	10.1	4.1	残留黑漆
	542	残70	8	6.5	残4.4	2.7	
带绳孔圆木	103	残70.4	13.3	10.2	9.8		刀刻铭文、残留黑漆
	104	残50.4	16.1	15.2	11		烙刻铭文、残留黑漆
	106	127.7	13.8	7	4.7		刀刻、烙刻铭文
	301	94.8	15.8	8.2	8		刀刻铭文、残留黑漆
	313	49.5	15.8	9.6	10.2		残留黑漆
	319	126	8.2	11	6.9		残留黑漆
	536	217.3	15.5	7.3	2.4		残留黑漆
	537	178	15	6.5	5.5		
	770	65.5	19	11	7		烙刻铭文、残留黑漆
原木	101	残104.1	17.9～19.8				刀刻铭文
	102	残108.7	16.7				刀刻铭文
	105	残152.9	17.1～18.3				刀刻铭文、残留黑漆
	108	残76.9	15.5～16.7				刀刻铭文

（续表）

分类	编号	长度	直径	开孔/榫头尺寸			备注
				长/高	宽	深/厚	
原木	308	84.5	12				残留黑漆
	314	残88.3	16				刀刻、烙刻铭文、残留黑漆
	317	残115.5	10.9~12.3				刀刻、烙刻铭文、残留黑漆
	341	354.7	13.1~15.1				残留黑漆
	342	残373	9.2~12.9				残留黑漆
	344	188.2	10.8				残留黑漆
	345	127	11.8~13.7				残留黑漆
	346	183.5	6.1~7.6				残留黑漆
	347	残69.5	7.3~8.2				残留黑漆
	348	残144.2	7.8~9.3				残留黑漆
	349	136.2	9.1~11				
	350	残133.6	11				残留黑漆
	351	残122.8	8.7				残留黑漆
	354	残198.4	6.4~9.5				
	359	163.7	8.6				残留黑漆
	512	残41.9	13.6~14.8				刀刻铭文、残留黑漆
	538	残106.2	5.5~8.8				
	539	残109.7	8.7~10.2				
	540	残60.9	11.5				残留黑漆
	541	残53.7	10.3~16.3				
	543	残88.6	7.2				残留黑漆
	544	残121.9	9.2~12				残留黑漆
	545	残59.3	7.2~8.6				残留黑漆
	546	残86.6	8.6~10.2				残留黑漆
	547	残53.7	10.3~16.3				
	548	残77	5.2~6.5				残留黑漆
	549	残124.1	8.1~10				残留黑漆
	550	74	11.9				
	551	残115.5	7.5~9.1				残留黑漆
	552	残116	6.6~7.3				残留黑漆

（续表）

分类	编号	长度	直径	开孔/榫头尺寸			备注
				长/高	宽	深/厚	
原木	553	残 52.5	6				残留黑漆
	554	残 102.3	6.8~8.4				残留黑漆
	555	残 82.5	8.5~9.7				
	556	残 58.7	7.8				残留黑漆
	557	残 118.4	8.2~10.4				残留黑漆
	558	残 245.7	8~10.3				
	559	残 131.2	7.1~9.2				残留黑漆
	560	71.3	10.5				残留黑漆
	561	残 84.7	8.5~10.1				残留黑漆
	562	残 94.4	6.8~7.7				残留黑漆
	563	残 146	8.3~9.5				残留黑漆
	564	残 105.5	7.6~8.7				
	565	123.1	8.1~9.6				刀刻铭文、残留黑漆

（三）带槽构件

3件。这些带槽木构件结构较复杂，大多制作精细，不少表面还髹有各色彩漆，可能原来用于船舶本身当中，后因损坏废弃而改用于造船设施之中，这种现象在本次出土的遗迹和遗物中比较常见。

标本 BZ6∶118，长条形。顶面中间凿有一道长条形凹槽，槽内凿痕明显，槽长122.8、宽1.7、深1.8厘米；两端各有一宽槽，与中间凹槽斜交，槽中心位置各有一圆孔。一端槽长9.7、宽9.9、深4.6、孔径4.7厘米；另一端槽长9.9、宽8.8、深4.6、孔径4.5厘米。一侧面留有4个钉孔，其中两个插有铁环钉，环上带有铁钩，另一个孔内残存半截铁钉。底面平。器表有钉孔的一侧，顶面部分以及两端宽槽以外的部分皆髹有黑漆；另一侧面留有髹红漆的痕迹。全长170.6、宽9.9、高9.2厘米（图五六，1；图版一八，2）。

标本 BZ6∶112，长条形，两边略斜，底面平。顶面凿有一长条形凹槽，槽残长126.7、宽1.7、深1.5厘米，槽中部有一长方形小槽，槽长10、宽2.4厘米。一端为榫头，长12.9、宽8、厚2.6厘米。另一端已残。构件的一面及榫头顶端髹有黑漆，顶面则残留红漆痕迹。近两端处各有2个钉孔。残长140.1、宽8.5、高6.9厘米（图五六，2）。

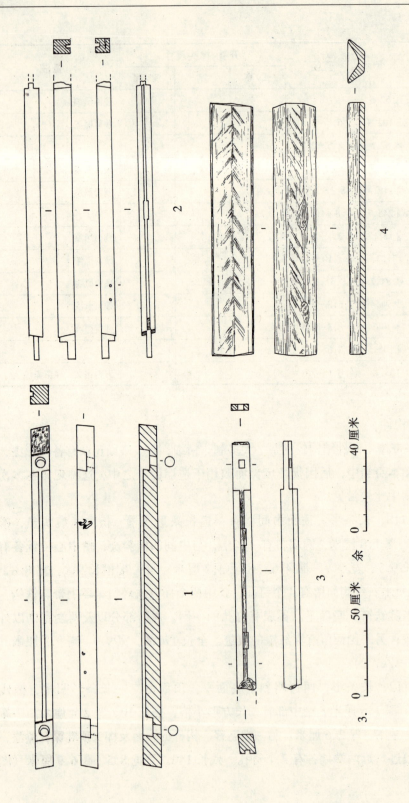

图五六 带槽构件、木槽

1、2、3. 带槽构件（BZ6:118、112、333）　4. 木槽（BZ6:119）

　　标本 BZ6:333，长条形。一端已残，一端为长方体榫头，上有一长方形孔。榫头长 30.1、宽 10.8、厚 3.7 厘米，孔长 4.8、宽 3.5 厘米。顶面中间有一道长条形凹槽，槽内凿痕明显，槽残长 122.4、宽 2.3、深 1.6 厘米，槽内两端各有一长方形小槽，一个长 9.9、宽 3、深 2.8 厘米；另一个长 9.8、宽 2.7、深 2.3 厘米。底面平。除底面、榫头上、下两面，以及槽内以外，大部分器表皆髹有黑漆。残长 155.4、宽 11.7、高 8.9 厘米（图五六，3）。

（四）木槽

1 件。

　　标本 BZ6:119，长条状，两端皆微有残损。槽口呈倒"人"字形，外底较平。槽内外皆很粗糙，刀砍斧凿的痕迹明显。通长 127.2、上口宽 22.4、下底宽 9.6、高 8.8 厘米（图五六，4）。

（五）带榫头构件

12 件。加工简单，表面粗糙，有的表面还残留有树皮、树瘤。

　　标本 BZ6:120，出土于二十四号遗迹的北端。长方形木板，下部为一长方形凸出的榫头，榫头长 137.5、宽 4.8、厚 1.6 厘米。板体两端又各有一榫头，一个长 19.3、宽 9.8、厚 3.4 厘米，上有一圆形穿孔，孔径 1.4 厘米；另一个长 15.3、宽 20.2、厚 3.4 厘米。全长 167.1、宽 20.2、厚 6.8 厘米（图五七，1；图版一八，3）。

　　标本 BZ6:115，出土于十一号遗迹的东北部。长方体方材，两端各有一榫头，一个长 17.8、宽 10、3.4 厘米，头部略残，其上有一圆孔，孔径 1.5 厘米；另一个长 14.4、宽 10、厚 3.2 厘米。全长 159.5、宽 10、厚 6.6 厘米（图五七，2）。

　　标本 BZ6:126，长条形方材，一端呈弧状，另一端伸出一近梯形的榫头，长 21.7、上宽 7.5、下宽 8.8、厚 3.8 厘米。另一端的一侧凿有一长方形槽，长 14.4，宽 3.3，深 5.6 厘米。全长 164.2、宽 10.6、厚 6.8 厘米（图五七，3）。

　　标本 BZ6:146，顶面呈弧形，底面与两侧皆加工成平面。一端有一长方形榫头，长 19、宽 8、厚 4.5 厘米；靠近另一端有一长方形穿孔，长 13.5、宽 4.5 厘米。全长 238、宽 25、厚 8 厘米（图五七，4）。

　　标本 BZ6:123，方材两端各有一斜边榫头，与主体部分的斜边平行，一个长 5.5、宽 9.8、厚 3.6 厘米，另一个长 4.2、宽 9.8、厚 2.5 厘米。全长 74.2、宽 10.7、厚 7.1 厘米。表面残留较多黄白色油腻物（图五七，5）。

　　标本 BZ6:329，出土于二十七号遗迹西侧。扁长条形木板，中间和两端各有一长方形穿孔，三孔之间的距离基本一致，长分别为 8、8.3、9.8 厘米，宽皆为 3.8 厘米。两端各伸出一长方体榫头，一端长 7.8、厚 2 厘米，另一端长 7.9、厚 1.9 厘米。表面粗糙，刀砍或斧凿的痕迹较为明显。全长 491、宽 16.2、厚 3.4 厘米。（图五七，6）。

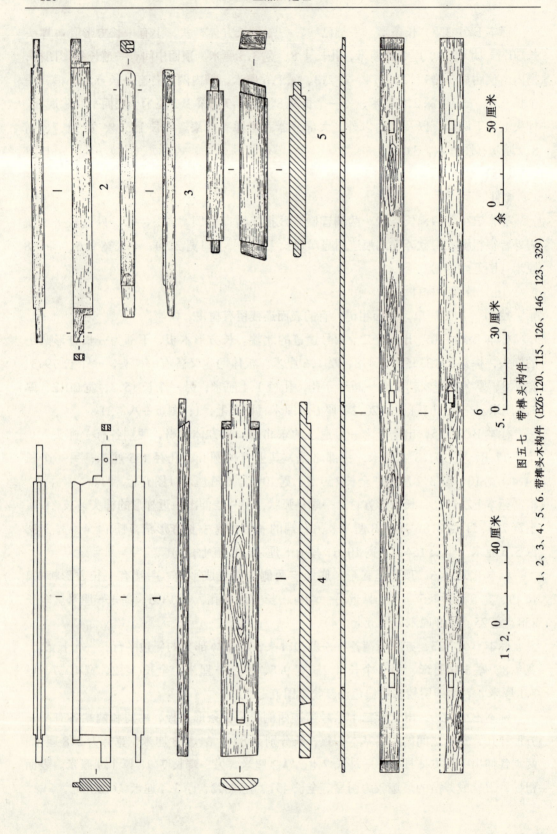

图五七　带榫头木构件（BZ6:120、115、126、146、123、329）

1、2、3、4、5、6. 带榫头木构件

（六）水车龙骨

1件。

标本 BZ6∶84，由两部分组成。其中一部分为一方形木板，残存约一半，长 18.8、残宽 12.4、厚 1.6 厘米。木板一面较平，另一面拱起。中部有一长方形穿孔，孔长 4、宽 2.2 厘米。另一部分总体为叉形，长 23.6、宽 4.2 厘米，其前部为扁平的叉杆，可插入方板中部的长方形穿孔，后部为两个叉尾。叉杆前端有一个圆形穿孔，直径 1.4 厘米，两个叉尾的后端亦有圆形穿孔，两孔相对，直径 1.3 厘米（图五八；图版一九，1、2）。

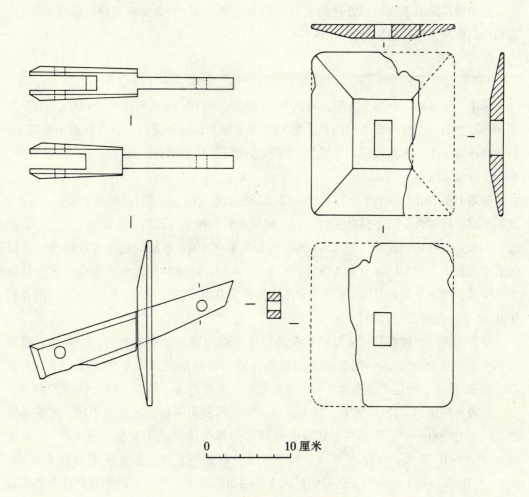

0   10 厘米

图五八　水车龙骨（BZ6∶84）

四　船用构件

此次发掘未发现相对完整的船舶，在大量的木质文物中，有一部分文物，通过对它们出土位置的分析，很大可能是船舶上使用的构件。这类文物一般都经过细致的加工，表面光滑，形状规整，尤其是穿孔、凹槽、钉孔等重要部位大都得到精心地开凿和安排，木材一般颜色黝黑、质地沉实，同时，在一些文物上，都有一些装饰，如雕花装饰等。

船用构件除属于板材和方材的之外（另有专节介绍），主要有舵杆、船板、圆盘、圆轴、门框及一些其他构件。共 55 件。

（一）舵杆

3 件。标本 BZ6：701、BZ6：702 相对保存完整，标本 BZ6：135 仅存一段。

标本 BZ6：135，一端为方形，边长为 34 厘米；到另一端逐渐过渡为圆形，直径 31 厘米。器物的一侧有一长条形凸起，宽 10、厚 2 厘米，打磨圆滑，在方形的一端较宽，与器身连成一体。木质较硬，呈黑色。判断为舵杆的残余部分。加工规整，表面光滑。残长 116 厘米（图五九）。

标本 BZ6：701，出土于六作塘的中部偏东的位置（图版二〇）。舵杆全长 10.06 米。除尾部略有残损外，基本保存完整。为一根整木制作而成（图六〇；彩版二〇，1）。

上段为方柱体的头部。长 1.64 米，边长为 0.4×0.4 米，四边棱磨成圆角。最顶端有一段长 4.2 厘米的部分亦为方形，边长 0.34×0.34。上段侧面有两个斜打的长方形穿孔，用于安装和升降"舵牙"。孔边长皆为 0.17、宽 0.14、深 0.41 米，两者相距 0.37 米（图版二一，1）。

中段为圆柱体的舵身（从方柱体头部以下至舵尾第一个穿孔）。长 2.96 米，直径从 0.4 米至 0.36 米。其一侧有一凸出长条，最上端呈倒"八"字状，与上段方头连接。宽 30 厘米，厚仅 1.5 厘米，向下宽度收窄，厚度渐加，靠近下段处厚达 22 厘米。

下段为舵尾部。长 5.46 米。从上往下，从圆形到扁圆形，直至扁平状，宽度逐渐加大。其上端有一个弧形缺口。该段的最尾部为榫头状，用于安装"拖泥"，长 0.2、宽 0.82、厚 0.08 米。该段表面从上至下有 4 处钉眼密集区，彼此间距分别为 0.84、0.6、0.76 米，最下部的两个区有明显的平行四边形外框。每个区的部分钉孔内还残留有铁钉。这 4 处钉眼密集区应为安装舵叶的"上川"所用。舵尾部从上向下侧面有 6 个垂直横穿两侧的穿孔，宽窄不一。从上至下，第一孔宽 0.32、高 0.03、深 0.64 米，第二孔宽 0.04、高 0.05、深 0.66 米，第三孔宽 0.19、高 0.04、深 0.71 米，第四孔宽 0.05、高 0.04、深 0.74 米，第五孔宽 0.24、高 0.04、深 0.8 米，第六孔宽 0.05、高

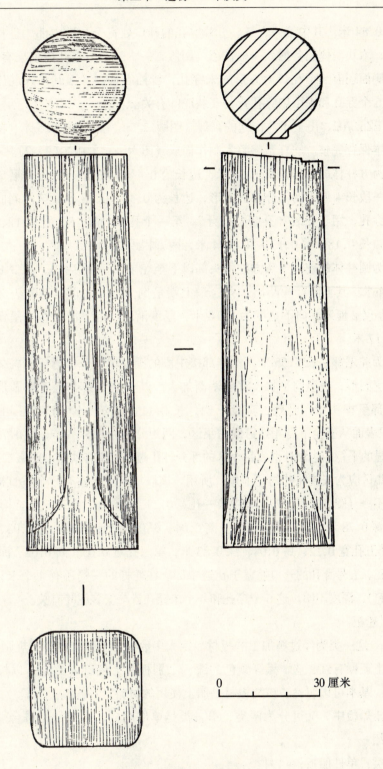

0　　　　　　　　　　30 厘米

图五九　舵杆残部（BZ6∶135）

0.05、深 0.84 米。其中第一、三、五号穿孔的开口处宽于孔道中部。且孔中皆插有长方形木块，木块两侧还各插入一根铁条（图版二一，2）；另三孔内也插有铁条。另外，在舵杆的侧面还有 5 个孔口为方形的未穿孔，皆插有铁条，因其深入舵体内部，深度不明。这 6 个穿孔和 5 个未穿孔皆与安装舵叶有关。

标本 BZ6：702，出土于六作塘的东部（图版二二）。全长 10.925 米。除尾部略有残损外，基本保存完整。舵杆系一整木制作而成（图六一；彩版二〇，2）。

上段为方柱体的头部，长 1.58 米，边长为 0.4×0.43 米，四边棱磨成圆角。其最顶端处有一段长 4 厘米的部分亦为方形，边长为 0.34×0.38 米。该段侧面有两个斜打的长方形穿孔，用于安装和升降"舵牙"。第一个孔口长 0.18、宽 0.12、深 0.44 米，第二个孔口长 0.18、宽 0.13、深 0.44 米，两者相距 0.34 米。

中段为圆柱体的舵身（从方柱体头部以下至舵尾第一个穿孔），长 3.8 米，直径为 0.4～0.34 米。其下侧有一凸出长条，最上端呈倒"八"字形，与方头部分连接。宽 0.4 米，厚仅 2 厘米，向下宽度为 0.14 米，厚度渐增，近下段处有一呈弧形的凸出部分，厚 0.17 米。

下段为舵尾部。长 5.55 米。上半部接中段的圆柱体舵身，近于圆柱体，向下形状从圆形到扁圆形，直至扁平状。宽度逐渐加大。其上端有一个近于半圆形的缺口。该段的最尾部呈榫头状，已残，宽度不明，长 0.11、厚 0.1～0.11 米。用于安装"拖泥"。该段表面从上至下有 4 处钉眼密集区，间距分别为 0.8、0.76 和 0.72 米，最下端两区有明显的平行四边形外框。每个区的部分钉孔内还残留有铁钉（图版二三，1）。这 4 处钉眼密集区应为安装舵叶的"上川"所用。该段从上至下还有 6 个垂直横穿两侧的穿孔，宽窄不一（图版二三，2）。其中第一孔宽 0.23、高 0.04、深 0.7 米，第二孔宽 0.04、高 0.03、深 0.78 米，第三孔宽 0.11、高 0.04、深 0.78 米，第四孔宽 0.03、高 0.03、深 0.8 米，第五孔宽 0.12、高 0.04、深 0.83 米，第六孔宽 0.05、高 0.04、深 0.86 米。其中第一、三、五号穿孔的开口处宽于孔道中部。在舵杆的一侧还有 4 个未穿孔，皆插有铁条（或钉），深度不明。这 6 个穿孔和 4 个未穿孔皆与安装舵叶有关。

（二）船板

56 件。这一类为经过精加工的板材。绝大多数板材上带有整齐、规则排列的钉孔；不少板材上还髹有红、蓝、黑等颜色的漆；个别板材上还刻有铭文，以标明在船上的安装位置。基本可以明确，该类板材是船上使用的材料。

在出土船板中，又可分为两类，第一类是单件船板，第二类是拼合船板。下面分别予以介绍。

第一类：单件船板，44 件。

标本 BZ6：211，长方体木板，两端皆为直边，一端略残。板材正面中部和靠近一端处各有三个垂直向下的钉孔，开口皆凿成方形，孔内铁钉仍存。背面有一排、13个开口为三角形的钉孔，钉道斜打，一侧面有与之对应的个圆形钉孔出口，有15个。另一侧面有14个小圆孔，应是与其他板材拼接所用的钉孔。表面髹蓝漆。全长330、宽22、厚6厘米（图六二，1）。

标本BZ6:178，近半椭圆形，下半部弧形，顶边较直。木板正面有7个开口凿成方形的钉孔，钉道垂直。另外还有6个小圆形钉孔。木板正面还钉有一钯钉，钉长8、宽1.2厘米。木板表面残留有油腻子痕迹。全长135.6、最宽处25.8、厚2.4厘米（图六二，2）。

标本BZ6:204，长条形木板，一端斜边，另一端直边。板材表面有一排10个开口为火焰形的钉孔，钉道斜打，一侧面有与之对应的10个圆形钉孔出口。近中部还有一排、3个圆形钉孔，钉道垂直向下钉穿。表面残留少量蓝漆。全长177.5、宽28.5、厚4厘米（图六二，3）。

标本BZ6:166，长条形木板，一端已残，一端被截锯成"L"形。木板一面的中间有8个等距分布的火焰形钉孔开口，钉道斜打。其中有3个钉孔明显被凿开，形成三角形开口，钉道暴露，不见铁钉。在木板的另一侧面，另有9个圆形小孔。木板的两端还各有一个垂直向下的圆形钉孔。表面残留较多黄白色油腻子。全长201、宽21、厚7厘米（图六二，4）。

标本BZ6:125，长条形，一侧底部突出呈阶梯状，残损较重。木板正面两端各有一方孔，孔内各有一枚较大的铁钉，钉穿背面；背面有5个三角形钉孔，钉道斜打。正面有小铁钉数枚。全长163、残宽15、厚7厘米（图六二，5）。

标本BZ6:152，出土于八号遗迹的西南部。近长方体，一端为阶梯状，另一端为直边。靠近直边的一端有一圆形穿孔，直径4厘米。板上有横向钉孔2排，纵向钉孔1排，共9个，开口皆凿成方形，钉道皆垂直向下，钉穿背面。大多数孔内残留有铁钉。木板表面髹有蓝漆，长78.5、宽28、厚4厘米（图六二，6；彩版二一，1右）。

BZ6:177，长方体木板，木板正面有两排交错分布的方形钉孔，共5个，开口皆凿成方形，孔内铁钉皆存。整块木板表面残留较多黄白色油腻子的痕迹。全长65.5、宽12、厚3厘米（图六二，7）。

标本BZ6:487，长条形木板，一端已残。两面较平，两侧成弧状。一端有一个长条形穿孔，孔长20.8、宽3厘米，孔内留有绳索的磨痕。木色为黑色。残长52.4、宽15.1、厚2.4厘米（图六二，8）。

标本BZ6:208，长条形木板，两端皆为斜边。板材正面中部两端各有两个垂直向下的钉孔，开口皆凿成方形，孔内铁钉仍存。背面有一排26个开口为三角形的钉孔，钉道斜打，一侧面有与之对应的26个圆形钉孔出口。另一侧面还有27个圆形小孔，应是与其他

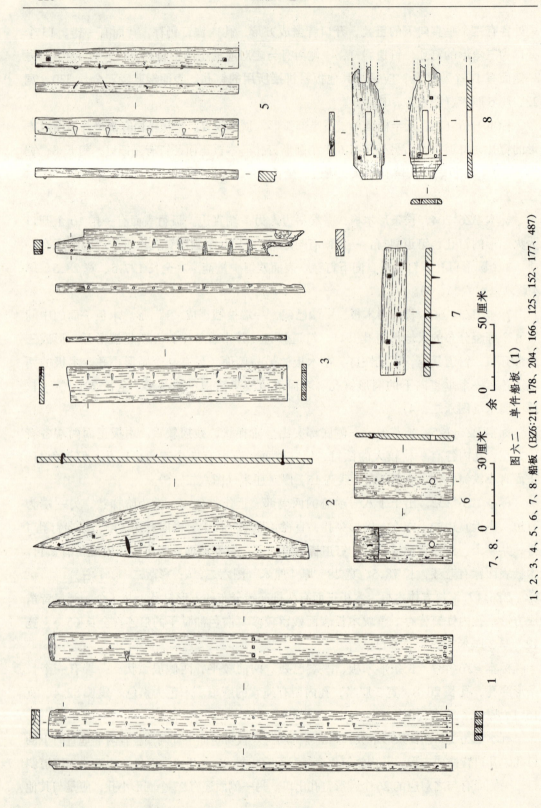

图六二　单件船板（1）

1、2、3、4、5、6、7、8. 船板（BZ6:211、178、204、166、125、152、177、487）

板材拼接所用的钉孔。表面髹有蓝漆。全长 536、宽 24、厚 6.2 厘米（图六三，1）。

标本 BZ6：174，近刀形，板材的一端为斜边，另一端略呈弧形。板材正面分两排，有 12 个垂直向下钉穿的钉孔，一排 7 个，另一排残存 5 个，开口皆凿成方形；背面两侧各有一排开口近三角形的钉孔，一边为 12 个，一边残存 7 个，钉道斜打，板材两侧面上分别有与之对应的圆形钉孔出口。全长 241、最宽处 30.5、厚 3 厘米（图六三，2）。

标本 BZ6：203，长条形木板，一端为斜边，略残；另一端为直边。表面有两排开口为三角形的钉孔，一排 12 个，另一排 11 个，钉道分别向两侧斜打，两侧面分别有与之对应的圆形钉孔出口。近中部有一道箍痕，且有两个垂直向下的圆形钉孔。全长 216、宽 22.5、厚 4 厘米（图六三，3）。

标本 BZ6：147，近长方形木板，近两端各有一长方形穿孔，孔长 6.4、宽 3.4 厘米。两端还各有一圆形钉孔。靠近一端的表面有两行刀刻铭文，笔划极细，且磨损严重，经辨识为："大（或天）二/右尾三。"全长 269，一端宽 13.6、另一端宽 15.8、厚 3 厘米（图六三，4）。

标本 BZ6：167，长条形木板，一端已残，另一端呈阶梯状。板正面有一排 11 个垂直向下的钉孔，其中 4 个开口凿成六角形，其余皆凿成方形，钉道内大部分残存有铁钉。板背面靠近钉孔处有一道较浅的凹槽，里面有填充油腻子的痕迹。在木板的一侧面，另有 7 个圆形小孔，应是与其他木板拼接所用的钉孔。全长 193、宽 10、厚 5 厘米（图六三，5）。

标本 BZ6：198，长条形木板，一端直边，另一端斜边，截锯成"L"形。背面有一排、9 个开口为火焰形的钉孔，钉道斜打，一侧面有与之对应的 9 个圆形钉孔出口。另一侧面也有 7 个圆形小孔，应是与其他板材拼接所用的钉孔。表面髹有蓝漆。全长 160、宽 20.6、厚 6.5 厘米（图六三，6）。

标本 BZ6：163，长条形木板。板材的一面有一排、11 个等距分布的钉孔开口，开口处呈三角形，皆抹油腻子封口，钉道斜打，一侧面上与之对应有 11 个圆形钉孔出口。木板曾经过修补，一些开裂的小缝处也抹有油腻子。表面残留有蓝漆。全长 200、最宽处 20、厚 5.5 厘米（图六三，7）。

标本 BZ6：209，长条形木板，两端皆略为斜边。板材正面中部和靠近一端处各有两个垂直向下的钉孔，开口皆凿成方形，其中两个孔内铁钉仍存。背面有一排、21 个开口为三角形的钉孔，钉道斜打，一侧面有与之对应的 21 个圆形钉孔出口。表面髹有蓝色漆。全长 361、宽 22、厚 6.5 厘米（图六三，8）。

标本 BZ6：140，长条形，一端残，另一端已被砍成尖状。正面有并排等距分布的钉孔 11 个，开口均呈三角形，内残留铁钉，侧面有相对应的圆形钉孔出口 11 个。全长 195、宽 20、厚 8 厘米（图六四，1）。

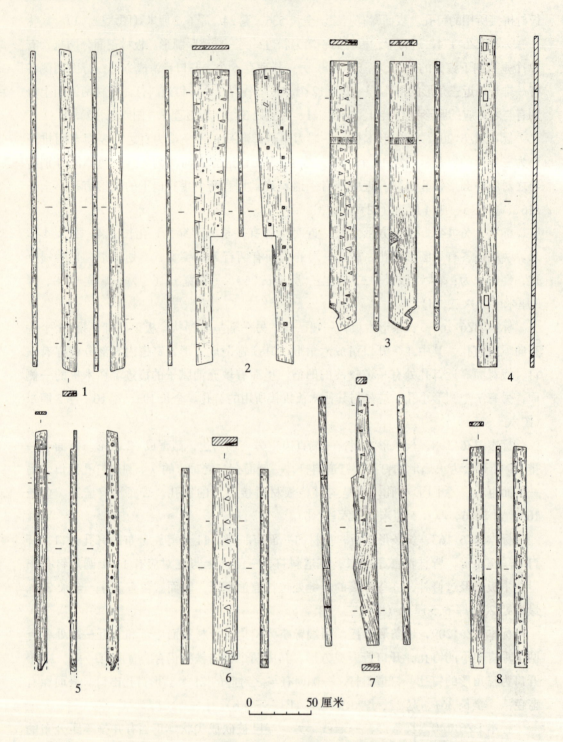

图六三　单件船板（2）

1、2、3、4、5、6、7、8. 船板（BZ6：208、174、203、147、167、198、163、209）

标本 BZ6:173，长方形木板，一端有圆弧形缺口，一端被加工成阶梯状，可能为榫头，近处有一小木块脱裂，用 2 枚铁钉固定。木板表面髹有蓝漆。全长 111、宽 19、厚 4.5 厘米（图六四，2）。

标本 BZ6:205，出土于八号遗迹的西北部。长方体木板，两端皆为直边，一端有两个"凵"形缺口。板材表面髹蓝漆。全长 177、宽 38、厚 3 厘米（图六四，3）。

标本 BZ6:172，长条形，一端加工成船尖形的斜边，另一端为直边，但两侧皆残。木板表面有两排交错分布的钉孔，共 8 个，开口皆凿成方形，残存 6 个铁钉。表面残留髹蓝色漆和抹油腻子的痕迹。全长 131、最宽处 16.5、厚 3 厘米（图六四，4）。

标本 BZ6:160，长条形木板，一头为斜边，一头呈阶梯状。近中部有一圆形穿孔，直径 4.5 厘米。木板一面残留有红漆，并有 8 个等距分布的钉孔开口，开口处皆有油腻子封口的痕迹。钉孔均已被凿开，形成三角形的大开口，钉道暴露无遗，不见铁钉。在木板的另一侧面，有 9 个圆形小孔，应是与其他木板拼接所用的钉孔。全长 160、宽 17、厚 5 厘米（图六四，5；彩版二一，1 左）。

标本 BZ6:250，长条形板材，残。表面靠近一端有一行刀刻铭文"囦边尾 一"，说明该板在船上的位置。残长 104、宽 11.2、厚 2.8 厘米（图六四，6；拓片六，1）。

标本 BZ6:478，略残，一端为尖形。正、反两面皆残有钉道斜打的钉孔开口，钉孔出口皆位于同一个侧面上，但上、下彼此交错。该侧面偏下部有一长方形凹槽，长 7、宽 2、深 6 厘米。在另一侧面上有 8 个圆形钉孔，钉道垂直于侧面，应为与其他板材拼接所用的钉孔，孔内大多留有残断的铁钉。残长 282.4、宽 14.9、厚 6 厘米（图六五，1）。

标本 BZ6:387，为较规整的长方体板材，一端加工成尖状。正面中部偏上位置有两个开口为方形的钉孔，钉道垂直钉穿两面。背面中部有一排、11 个开口为火焰形的钉孔入口，钉道斜打。与之对应，在一个侧面有 11 个圆形钉孔出口，其中 7 个孔内铁钉仍存。在另一个侧面上还有 10 个圆形小孔，应是与其他板材拼接所用的钉孔。全长 245.1、宽 20.3、厚 6 厘米（图六五，2）。

标本 BZ6:153，长方形木板，一端加工成船尖形，略残，一端为直边。木板正面钉有 2 个垂直向下的方钉，钉孔开口凿成方形。木板背面有两排呈火焰形的钉孔开口，一排 7 个，另一排 10 个，钉孔开口处皆残留用油腻子封口的痕迹。两排钉孔的钉道分别向两侧斜打，木板的两个侧面分别与之对应地凿有圆形钉孔出口。部分钉道内铁钉仍存。表面残留髹蓝、黑漆的痕迹。全长 227、宽 27、厚 6 厘米（图六五，3）。

标本 BZ6:186，长条形，一端加工为船尖形的斜边，一端被截锯成双"L"形。全长 290、宽 22、厚 3 厘米（图六五，4；图版二四，1 上）。

标本 BZ6:207，长条形木板，一端加工成尖形状，另一端为直边，有一方形缺口。表面平滑。一端分两行刻有铭文"右边尾一上/二"，标明了该板在船上的位置。全长

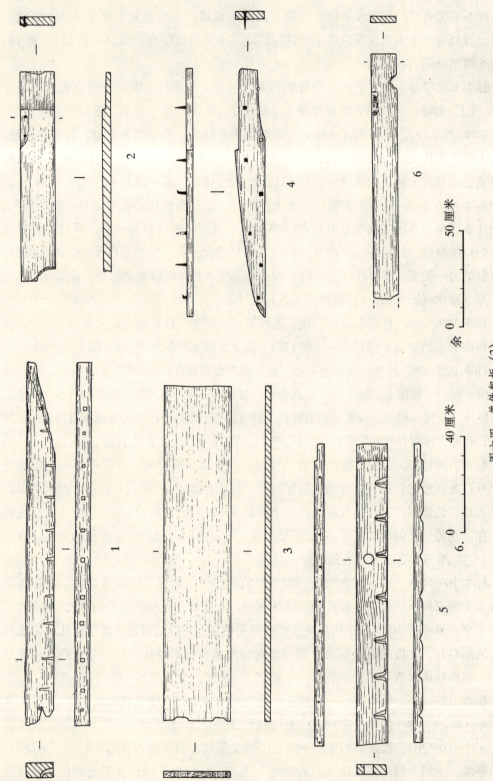

图六四　单件船板（3）

1、2、3、4、5、6. 船板（BZ6:140、173、205、172、160、250）

1

0　　　　　　3厘米

2

拓片六　单件船板的刀刻铭文

1、2.（BZ6∶250、207）

383、宽26、厚3厘米（图六五，5；拓片六，2；图版二四，1下、2）。

标本BZ6∶271，近长方体板材，正面为平面，底面为弧形。板材上有两排、每排6个钉道垂直于上下两面的钉孔，开口皆凿成方形。木色为黑色。表面平滑，加工细致。全长136.8、宽33.6、厚5.1厘米（图六六，1；彩版二一，2）。

标本BZ6∶274，近长方体板材，两侧残损，正面为平面，底面为弧状。板材上分布有4排、22个垂直于上下两面的钉孔，靠近两侧的两排分别为8个和6个（残）、中间两排各有4个，钉孔开口皆凿成方形，其中8个钉孔中还残存有铁钉。木色为黑色。

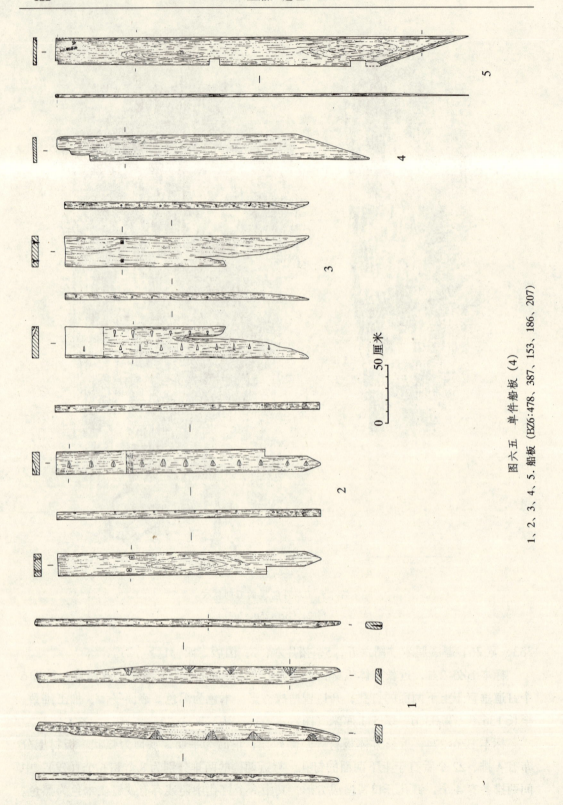

图六五　单件船板（4）

1、2、3、4、5. 船板（BZ6:478、387、153、186、207）

表面平滑，加工细致。全长181.2、宽29.7、厚5.4厘米（图六六，2）。

标本BZ6:269，近长方体板材，中间微凸。厚薄不均，木色为黑色。除背面留有较多刀砍斧凿的痕迹外，其余各面皆加工细致、平滑。全长113.6、宽43.2、厚8.8厘米（图六六，3；图版二四，3）。

标本BZ6:272，近长方体板材，正面为弧形，底面为平面。在板材两端和中部共有三组长条形穿孔，每组分别有一个、两个和两个，穿孔皆为一端弧形，一端直边，孔长44.4～45.6、宽4.4～5.4厘米。围绕这三组穿孔，板材面共分布有32个钉道垂直于上、下两面的钉孔，钉孔的开口皆凿成方形。木色为黑色。表面平滑，加工细致。全长183、宽30.6、厚5.7厘米（图六六，4；彩版二一，3）。

第二类：拼合板材12件。它们是由两块以上的单板通过钉接、并且用油泥舱缝拼合在一起。制作细致，不少髹有彩漆，用于船上的可能性较大。

标本BZ6:214，由三块长条形木板拼接而成，其中一块残损严重，仅剩一小部分，处于中间的木板其中部亦有一"U"形残损。板材整体两端皆为斜边。保存较好的两块木板表面皆有一排开口为三角形的钉孔，一块残存11个，另一块12个。钉道皆向一侧斜打，从木板侧面穿出，与另一块板材拼接，从而将三块木板连接在一起，接缝处皆用油腻子抹缝。板材整体的两端和中部还各有一道箍痕，并有垂直向下的钉孔，说明该板原先还用三道铁箍加固。表面残留较多油腻子的痕迹。全长253、残宽40、厚4厘米（图六七，1）。

标本BZ6:162，出土于八号遗迹的西部偏中。两块宽窄不一的长方体板拼接。两板间由6根枣核形铁钉连接。在板的两边，各有一道较细的凹槽。板两端各有3个钉孔，钉孔开口大都凿成方形，钉道垂直向下钉穿背面，钉道内残存有铁钉，并且抹有油腻子。较宽的木板一端一道宽约1厘米的裂缝中抹有腻子，并从侧面打入铁钉。说明该板当时曾经过修补。板上其它小缝也抹有腻子。全长166、宽44、厚3.5厘米（图六七，2）。

标本BZ6:197，两块长条形板材拼接，侧边残损，木板的一端截锯出一弧形缺口。两块木板表面皆有开口呈三角形的钉孔，一块板上有6个，另一块板上有7个，钉道分别从两侧向中间斜打，彼此交错，接缝处用油腻子舱缝。木板表面还留有四道箍痕，箍痕处还带有垂直向下的钉孔。木板表面残留髹红漆的痕迹。全长263、残宽33、厚4厘米（图六七，3）。

标本BZ6:169，整体由两块等宽的长方体木板拼接而成，两端略为斜边。两板之间用3根枣核形铁钉连接，接缝处以油腻子填充。在整板的一端有4个垂直向下的圆形钉孔，其中一个孔内铁钉仍存。长150、宽46、厚5厘米（图六七，4）。

标本BZ6:202，出土于三号遗迹的东南角。三块长方体木板拼接而成，其中第一

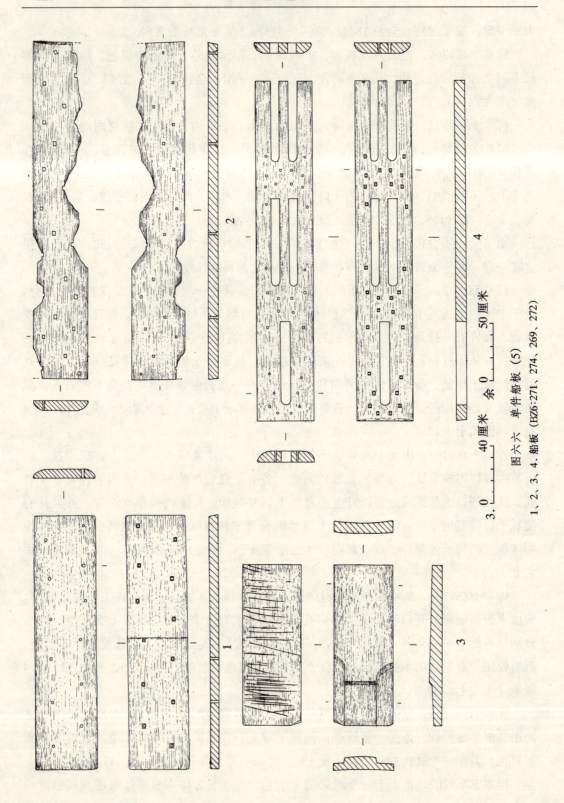

图六六　单件船板 (5)
1、2、3、4. 船板 (BZ6:271、274、269、272)

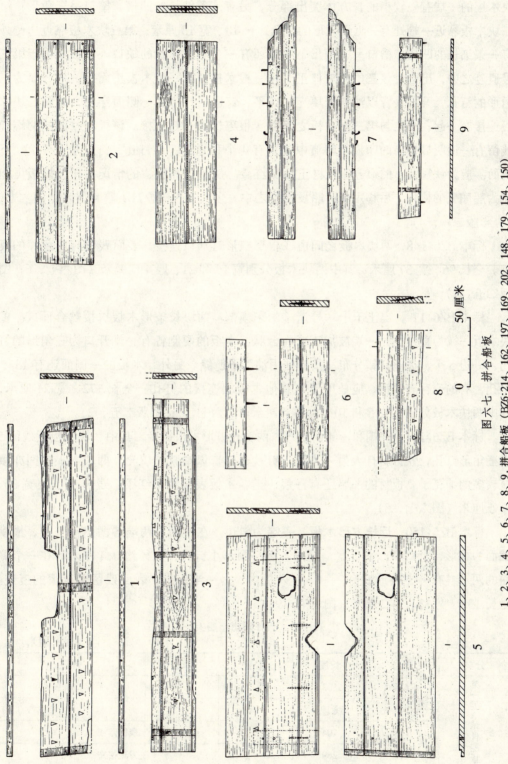

图六七 拼合船板 (BZ6:214、162、197、169、202、148、179、154、150)

1、2、3、4、5、6、7、8、9. 拼合船板

块木板的一端有一较小的长方体突出部分，另有一条细长的凹槽，槽口呈三角形；第二块木板靠近一端处有一近于圆形的穿孔，长 18、宽 13 厘米；第三块木板靠近边侧外有一条细长的凹槽，槽口呈三角形，中部还有一个呈三角状的缺口。该板出土于第三号遗迹之中，出土时该三角形缺口正卡住一根木桩。第一块木板正面有一排开口为三角形的钉孔，开口处皆以油腻子填充、抹平，钉道斜打，从一侧面穿出，将第二块木板连接在一起；第二与第三块木板之间以 4 根枣核形铁钉连接。该板材整体的两端皆残留有一道明显横向的印痕，印痕中分别有 4 个和 6 个圆形钉孔，钉道垂直于上、下两面。应为铁箍留下的痕迹。板材正面髹红漆。从制作和髹漆的情况分析，该板可能原为船舶上的构件，后移用于造船设施之中。全长 163、宽 71、厚 4 厘米（图六七，5；彩版二一，4）。

标本 BZ6:148，两块木板之间由 3 根枣核形钉加以连接。表面残留有蓝色漆的痕迹。全长 96、宽 37 厘米，其中两块木板分别宽 16 和 21、厚 4.5 厘米（图六七，6；图版二五，1）。

标本 BZ6:179，出土于十一号遗迹的东南部。两块长条形木板拼接舱合而成。整块木板一端为直边，另一端被加工成卷云状。木板的两侧各有一排开口为三角形的钉孔，一边 5 个，彼此交错分布。接缝处用油腻子舱缝。另外，木板的一侧面还有 13 个小孔，有的残存有铁钉，应是用于与其他木板相连接的钉孔。全长 172、宽 21 厘米，其中两块木板分别宽 9.5 和 10.5、厚 4 厘米（图六七，7；图版二五，2）。

标本 BZ6:154，一端和一侧面已残。两块长方形木板拼接，其中一块木板上残留 5 个三角形钉孔，铁钉斜打入另一木板，钉孔开口皆以油腻子填充。两块木板中间亦填充较多的油腻子。板材的一端还有箍痕一道。木板表面髹有红漆。残长 97、残宽 36、厚 5 厘米（图六七，8）。

标本 BZ6:150，近长方形木板，一端为斜边。在一面上两端各凿出一长槽，槽横截面为梯形，上口窄，下口宽，槽内各有一圆形小钉孔，直径约 0.4 厘米。在一个侧面的两端各有一枣核形铁钉，一半钉入板内，另一半伸出。表面残留髹蓝漆的痕迹。全长 133、宽 18、厚 2 厘米（图六七，9）。

表一〇　六作塘出土船板一览表

（单位：厘米）

分类		编号	长度	宽度	厚度	备注
第一类 单件船板		125	163	残 15	7	
		140	残 195	20	8	
		143	104	22~23	3	残留蓝漆
		147	269	13.6~15.8	3	刀刻铭文

（续表）

分类	编号	长度	宽度	厚度	备注
	152	78.5	28	4	残留蓝漆、带圆孔
	153	残 227	残 27	6	残留蓝漆、黑漆，
	160	160	17	5	残留红漆
	163	200	20	5.5	残留蓝漆
	166	残 201	21	7	
	167	残 193	10	5	带榫头
	168	82.5	残 10	5	
	172	残 131	16.5	3	残留蓝漆、带榫头
	173	111	19	4.5	残留蓝漆
	174	241	30.5	3	
	175	70	27.5	3.5	带槽
	176	残 90	17	3	
	177	65.5	12	3	
第一类　单件船板	178	135.6	25.8	2.4	
	181	残 113	11.5	5	
	186	290	22	3	
	195	155	14	3.5	
	198	160	20.6	6.5	残留蓝漆
	199	残 72.2	残 17.7	8.1	残留蓝漆
	203	216	22.5	4	残留蓝漆
	204	177.5	28.5	4	
	205	177	38	3	残留蓝漆
	207	383	26	3	刀刻铭文
	208	536	24	6.2	
	209	361	22	6.5	残留蓝漆
	211	330	22	6	残留蓝漆
	212	残 304	19	6	
	250	残 104	11.2	2.8	刀刻铭文
	260	218	22	5.3	残留蓝漆
	269	113.6	43.2	8.8	
	271	136.8	33.6	5.1	
	272	183	30.6	5.7	
	274	181.2	29.7	5.4	

（续表）

分类	编号	长度	宽度	厚度	备注
第一类　单件船板	337	81.4	残 12.4	1.8	残留红漆
	387	245.1	20.3	6.5	
	474	120.9	19.7	3.6	残留蓝漆
	475	78.6	10.7	2.3	残留蓝漆
	478	残 281.1	15.2	6.6	
	482	残 114.8	残 14.4	残 3.3	
	487	残 52.4	15.1	2.4	
第二类　拼合船板	148	96	37	4.5	残留蓝漆
	150	133	18	2	残留蓝漆、带槽、
	154	残 97	残 36	5	残留红漆
	157	残 211	残 11	3	
	158	97	残 12	4	
	162	166	44	3.5	
	169	150	46	5	
	179	172	21	4	
	182	116	15	2	
	197	263	残 33	4	残留红漆
	202	163	71	4	残留红漆
	214	253	残 40	4	

（三）圆盘

8 件。结构形状相同，圆形，在中心位置有一圆形穿孔。仅大小有所区别。均为黑色木料。其用途可能为滑轮，也可能为船用绞盘的构件（彩版二二，1）。

标本 BZ6:61，侧面中间有使用后留下的凹槽。直径 58.1，厚 6.2，孔径 8.9 厘米（图六八，1）。

标本 BZ6:63，侧面中间微凹。直径 31.3、厚 4.2、孔径 6.7 厘米（图六八，2）。

标本 BZ6:64，侧面中间微凹。直径 16.6、厚 4.6、孔径 5.3 厘米（图六八，3）。

表一一　六作塘出土木圆盘一览表

（单位：厘米）

编号	直径	厚度	孔径
61	58.1	6.2	8.9
62	37.7	4.4	6.8
63	31.3	4.2	6.7

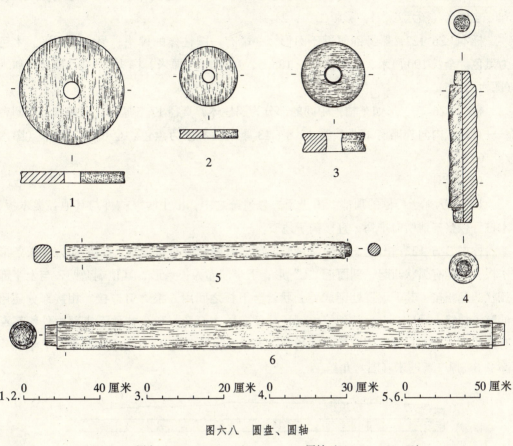

图六八　圆盘、圆轴

1、2、3. 圆盘（BZ6∶61、63、64）　　4、5、6. 圆轴（BZ6∶71、132、70）

（续表）

编号	直径	厚度	孔径
64	16.6	4.6	5.3
65	16.4	4.3	4.3
66	26	3.9	5
67	20.3	4.3	5.2
68	22.6	4.3	6.1

（四）圆轴

3 件。可能为船上绞车或其他用于转动的设备构件。

标本 BZ6∶71，形如车轴。中间的部分为圆柱体，直径 12 厘米，表面有明显有绳索勒痕。两端皆近于圆台——直径从内向外略有缩小。两端直径分别为 7～5.9、8.5～6.6 厘米。木色为黑色。该轴的两端皆能插入 BZ6∶61 号圆盘中心的圆孔，推测两者原为同一绞盘上的构件，用于绞绕绳索。全长 59.4、中间直径 12，两端直径分别为 6.6 和 8.2 厘米（图六八，4；彩版二二，2）。

标本 BZ6：132，器身剖面近于圆形，一端有一圆柱体的榫头，另一端面平。木色为黑色。全长 190 厘米，其中器身长 185.5、直径 11.5 厘米，榫头长 4.5、直径 8 厘米（图六八，5）。

标本 BZ6：70，形如车轴，中间的部分为圆柱体，直径 17.5 厘米，两端皆近于圆台——直径从内向外略有缩小，为 13.8～13 厘米。木色为黑色。全长 312 厘米（图六八，6）。

（五）门框

1 件。为船上门框的顶部。出土于二号遗迹之中，出土时该构件与其他各类木板、木桩等较整齐地横向排列，直接铺于地表。

标本 BZ6：122，出土于二号遗迹的南部。由两部分拼接而成。上半部为一长条形木板，一侧有弧状凸起，剖面近"L"形；下半部亦为长条形，其顶端微凹，与上半部弧状凸起相接，其下端三处刻成卷云状。上下板之间用 6 根方钉连接。相接部分还用油腻子抹缝。另外，上半部长板内侧还残留有 4 个钉孔。整个构件下半部内外侧都髹有黑漆，上半部只有外侧髹漆。残长 232 厘米，上半部宽 14.5、厚 4 厘米，下半部残高 9.5、厚 7.5 厘米（图六九）。

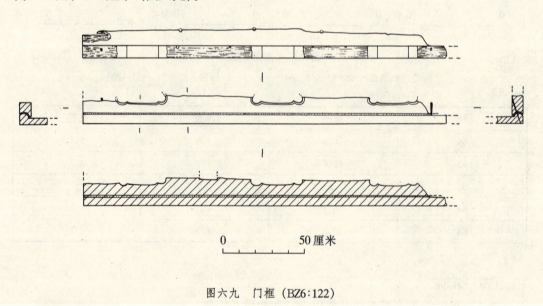

0　　　　　　　50厘米

图六九　门框（BZ6：122）

（六）其他构件

1．门窝

1 件。

标本 BZ6∶94，略有残缺。中间有一圆窝，直径 7.5、深 3.8 厘米，圆窝及其周围均有磨痕。圆窝两侧各有一横向钉孔，其中一个内铁钉仍存。一侧还有一个竖向钉孔，孔内也残留有铁钉。长 24.8、宽 10.4、厚 6.4 厘米（图七〇，1；图版二六，1）。

2．雕花构件

1 件。

标本 BZ6∶93，残。正面边缘有凸起边框，宽 3.2 厘米，边框内高浮雕出牡丹花形。表面髹有红漆。残长 18、残宽 18、厚 4 厘米（图七〇，2；彩版二三，1）。

3．杆状构件

3 件。可能为船上使用的栏杆。

标本 BZ6∶73，柱状，上部为圆柱体；下部剖面为方形，呈方台状。木色为黑色，坚硬。全长 22 厘米，其中圆柱体长 14.4、直径 4 厘米，方台部分长 7.6，底面边长 5.6 厘米（图七〇，3）。

标本 BZ6∶86，柱状，顶面为八边形，其余部为圆柱体。木色为黑色。全长 22 厘米，圆柱体部分长 15.4、直径 2.4 厘米（图七〇，4）。

标本 BZ6∶98，一端为圆柱体，长 46.2、直径 4 厘米，一端近长方体，但四面皆下凹，形如枕状。长 24.9、宽厚皆为 5.3 厘米；两端之间还有一连接段，近长方体，但与圆柱体相接的部分，削成多面状，长 3.5、宽厚皆为 4.3 厘米。木色为黑色。全长 75 厘米（图七〇，5；彩版二三，2）。

4．枷形构件

1 件。

标本 BZ6∶99，平面近梯形，一端宽 19.5、另一端宽 22.8 厘米。中部为半圆孔，孔径 19 厘米，在正面，圆孔两侧各有一长方形凹槽，一个长 10.7，宽 6、深 4.5 厘米；另一个长 9、宽 7、深 4.5 厘米。在侧面，圆孔两侧还各有一长方形穿孔，两侧对穿，且与正面凹槽位置相应。一个穿孔长 5.2、宽 2 厘米，另一个穿孔长 5.4、宽 2 厘米。木色为黑色，质地坚硬。全长 68、厚 7.5 厘米（图七〇，6；彩版二四，1）。

5．础形器

1 件。可能为安插旗幡之类的底座。

标本 BZ6∶60，形似圆形柱础，平顶，束腰，底部微凹。腹部上、下各饰一道弦纹，腰部饰一凸弦纹和一凹弦纹。除底部外，表面皆较光滑。中部有圆形穿孔，上口直径 3.6、下口直径 2.4 厘米。木色为黑色。通高 5.8、最大径 13 厘米（图七〇，7；图版二六，2）。

6．"卜"字形构件

1 件。

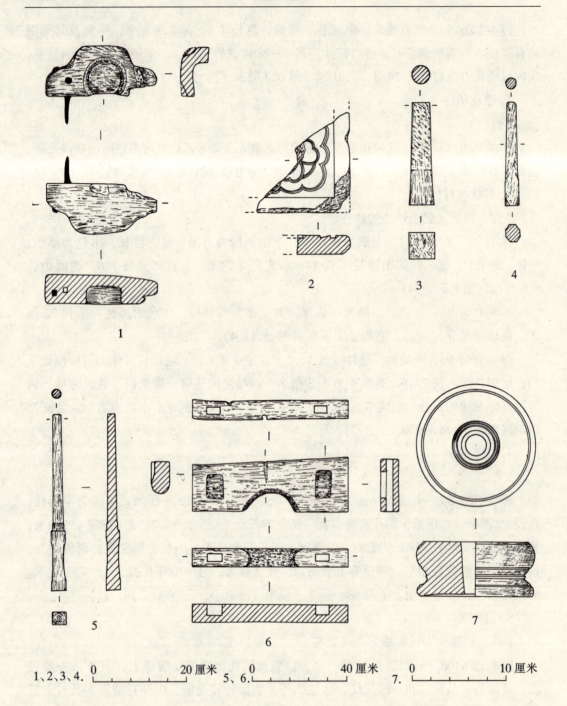

1、2、3、4.　　0　　　　　　20厘米　　0　　　　　40厘米　　0　　　　　10厘米
5、6.　　　　　　　　　　　　7.

图七〇　其他船用构件（1）

1.门窝（BZ6：94）　2.雕花构件（BZ6：93）　3、4、5.杆状构件（BZ6：73、86、98）　6.枷形构件（BZ6：99）　7.础形器（BZ6：60）

标本 BZ6:133，由一根整木加工而成，长条形。中部侧面突出，已残，残宽 24 厘米。正面有 8 个钉孔，钉道垂直向下钉穿背面，开口皆凿成方形，其中两个钉孔内仍残留有部分铁钉。木色为黑色，通长 130.5、宽 10、厚 7 厘米（图七一，1）。

7. 带槽构件

2 件。

标本 BZ6:136，长条状，两端成斜坡。斜坡上各有两个对称的长方形穿孔，孔长 3、宽 2 厘米。顶面偏于一侧有一道长方形浅槽，长 8.8、宽 6、深 2 厘米。顶面长 92、底面长 102、宽 10.5、厚 7 厘米（图七一，2）。

标本 BZ6:116，长条形，顶面共凿有三处长条形凹槽，凹槽内凿痕明显。其中两个凹槽处于一条直线上，分处两端，一端凹槽长 84.6、宽 3.1、深 4 厘米；另一端凹槽长 34.4、宽 2.8、深 2.3 厘米。第三条凹槽与这两条凹槽平行，一边残，长 112.8、残宽 3、深 4.3 厘米。底面平。器身有 4 个钉孔，其中两个铁钉仍存。通长 153.2、宽 8.6、高 8.1 厘米（图七一，3）。

8. 带榫头构件

3 件。加工精细，表面平整、光滑，且雕刻出云状槽口。

标本 BZ6:114，中部为长方体木板，两侧对称地刻出云状槽口，深 1.1 厘米，一面槽口内用墨书写有“左九”两字。两端各有一榫头，一端呈“L”形，长 24.4、宽 7.6、厚 3.1 厘米，上有一长方形穿孔，孔长 1.6、宽 1.1 厘米；另一端残。榫头部分髹有黑漆。残长 152.3、宽 13.6、厚 5.4 厘米（图七一，4）。

标本 BZ6:113，中部为长方体木板，两侧对称地刻出云状槽口，深 1.1 厘米。两端各有一榫头，已残。残长 97.2、宽 14.6、厚 5.5 厘米（图七一，5）。

标本 BZ6:117，中部为长方体木板，两侧对称地刻出云状槽口，深 1.4 厘米。中部一侧有长条状凸出的榫头，榫头顶部呈弧形，长 111.2、宽 2.9、厚 3.1 厘米。两端各有一长方体榫头，一端榫头长 22、宽 7.2、厚 3.1 厘米，上有一长方形穿孔，孔长 2.1、宽 1.2 厘米，榫头前端髹有红漆；另一端残。残长 140.2、宽 18.5、厚 7.9 厘米（图七一，6；彩版二四，2）。

9. 桅杆构件

1 件。

标本 BZ6:128，整体为长条状，由一根整木制成，全长 245 厘米。顶端有一个剖面近方形的榫头，长 8.4、宽 7、厚 6.5 厘米。除榫头外，整体可分为前、后两段，前半段近似方柱，后半段形如长方形木板。方柱全长 113 厘米，前部宽 14、厚 9.7 厘米，后部宽 18、厚 16.4 厘米。方柱前半部开 3 个较长的长方形穿孔，分布呈“品”状。前一个长 21.7、后两个长 23.1 厘米，宽度皆为 3.5 厘米。在每个孔内的前端，皆有弧形

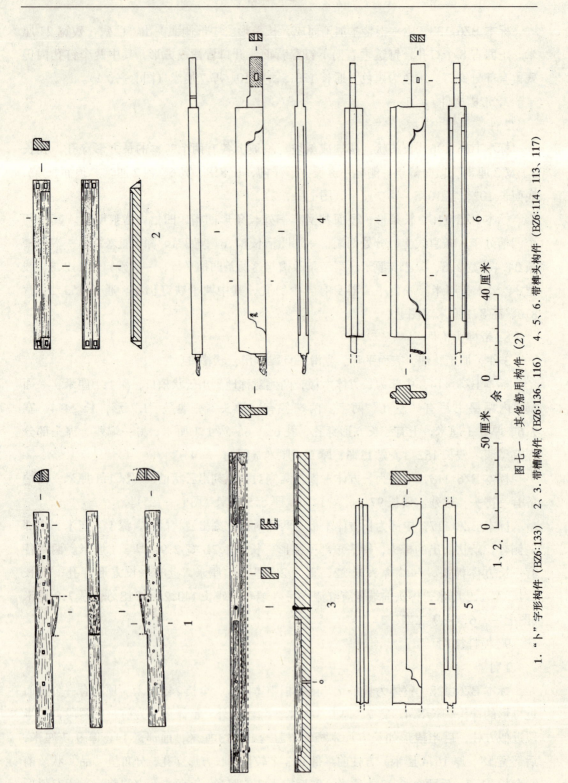

图七一　其他船用构件 (2)

1. "卜" 字形构件 (BZ6:133)　2、3. 带槽构件 (BZ6:136、116)　4、5、6. 带榫头构件 (BZ6:114、113、117)

曲槽。方柱侧面各开两个圆形穿孔，直径 2.7 厘米，分别穿过前后两排长孔。后半段从前至后宽度渐大，厚度渐薄，前端宽 18、厚 9 厘米，后端宽 19.8、厚 4 厘米。

器身有左右两排大钉孔，大钉孔之间还有若干较小的钉孔。方柱部分的钉是从正面向背面钉，而长板部分是从背面向正面钉。而且，长板部分上的大钉孔皆凿出方形也孔口，制作精细，在其侧面和背面有两道宽约 4 厘米较明显的箍状勒痕，方柱部分的前端也隐约有一道箍状勒痕，说明这三处地方原有铁箍加固（图七二，1；图版二六，3）。

10. 三角形构件

1 件。结构复杂，制作精细。出土时与标本 BZ6：701 号舵杆相距较近，两者在结构上和功能上可能有较紧密的联系。

标本 BZ6：332，整体近三角形。顶面靠近头部一端凿有一圆形穿孔，孔道开口较大，斜向，底面出口较小，直径 7～9.8、深 15 厘米。顶面靠近中部还有一长方形穿孔，孔道亦斜向，底面出口近梯形，开口长 9、宽 4、深 33 厘米。另外在两孔中部有一

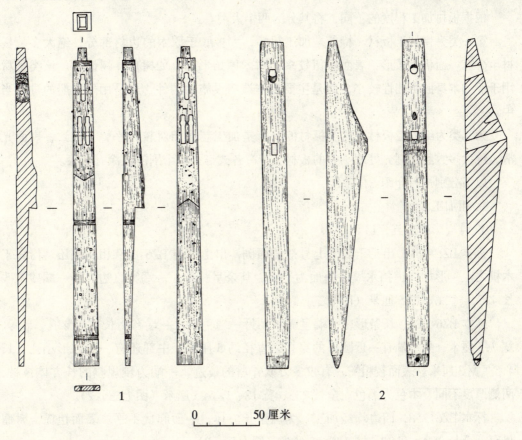

1　　　　　　　　　　　　　　　　　　　2

0　　　　　50 厘米

图七二　其他船用构件（3）

1. 桅杆构件（BZ6:128）　2. 三角形构件（BZ6:332）

个开口近椭圆形的未穿孔，开口长 5.5、宽 3、深 10.5 厘米。尖尾中部有一圆形钉孔，铁钉仍存。木色为黑色。全长 251.5、高 32、厚 18 厘米（图七二，2；图版二七，1、2）。

五　板材与方材

在木质类文物中，除了上述用具、造船设施构件和船用构件以外，还有相当一部分木料，从表面分析，较难说明其性质和用途，但其又是该遗址中很重要的遗物，我们将其作为出土木材来介绍。照木材行业约定俗成的分类方法，板材是指宽度超过其厚度 2 倍（含 2 倍）以上的木材；而方材是指宽度低于其厚度 2 倍的木材。根据上述标准统计，六作塘共出土各种板材 212 件，方材 17 件。

（一）板材

根据板材加工程度的不同，将其分为两个大类。

第一类为粗加工板材。特点是加工粗糙，大多属于原木的边材部分，绝大多数板材至少有一面仍为弧形，表面保留较多的树木原始形态，如树皮、树瘤等。该类板材用于船舶本身的可能性较小，而是主要用作造船设施的构件，或是用于造船的过程当中。

第二类为细加工板材。这类板材的特点是加工制作相对较为平整、细致，表面光滑，绝大多数经过刨光处理。有的板材上带有各式钉孔，个别的还涂有彩漆。

以下分别进行介绍。

1. 粗加工板材

42 件（彩版二五，1）。

标本 BZ6∶331，出土于二十七号遗迹西侧，出土时与 BZ6∶329 相互叠压，倚靠于木桩之上，形如一道挡水墙。一面为平面，其余呈弧形，一端为直边，另一端残。残长 435、宽 26、厚 5 厘米（图七三，1）。

标本 BZ6∶324，长条形，一端呈弧状，另一端稍斜。一端有一长方形穿孔，长 9、宽 7.5 厘米；另一端有一近圆形的穿孔，直径约 5 厘米；中部还有一长方形小孔，长 4.5、宽 3 厘米。表面较粗糙，有较多刀砍斧凿的痕迹。一端为较规整的长方体板材，两侧厚度不同。木色为黑色。全长 235、宽 18、厚 7.5 厘米（图七三，2）。

标本 BZ6∶258，四边均经加工。为扁平长方体，平面起伏不平。表面粗糙，树瘤仍存。全长 268、宽 22、厚 5.5～7 厘米（图七三，3）。

标本 BZ6∶515，为一长条状木板，横截面近扇形，正面为弧形。正面凿有 5 个钉孔。其中一孔内方形铁钉仍存，尾部弯曲钩住背面；另有两个孔中亦留有残断的铁钉，

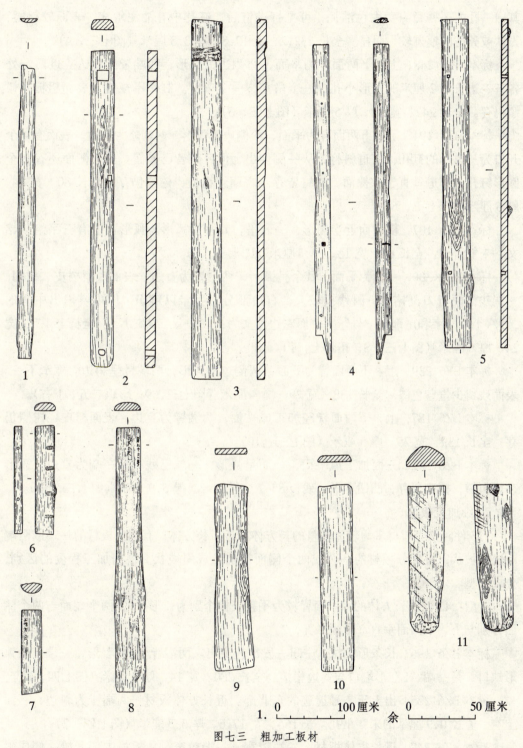

图七三　粗加工板材

1、2、3、4、5、6、7、8、9、10、11. 粗加工板材（BZ6：331、324、258、515、248、194、107、300、239、187、352）

其中一孔内还残留有黄白色油泥，可见打进钉后，钉孔中有油泥填充。表面较粗糙，刀砍或斧凿的痕迹较为明显。全长232.2、宽12.8、厚3.8厘米（图七三，4）。

标本 BZ6:248，上、下两面皆为平面，两侧边为弧形，两端皆为直边。近两端处各有一边长为2厘米的方形小孔，一个凿穿，一个未穿。制作不规整，表面粗糙，树瘤仍存。全长242、宽21、厚5厘米（图七三，5）。

标本 BZ6:194，上、下两面皆为平面，两侧边为弧形，两端略为斜边。表面有4个开口为三角形的钉孔，钉道斜打，从一侧伸出，但钉道皆已暴露。另一侧面还有2个圆形钉孔，钉道垂直于该侧面，铁钉皆存。表面较粗糙，树瘤仍存。全长80、宽14、厚6厘米（图七三，6）。

标本 BZ6:107，横截面近半圆形，一面平，其余呈弧形。弧形面上有三字烙刻铭文，未能辨识。全长63、宽15、厚7厘米（图七三，7）。

标本 BZ6:300，一面为平面，其余呈弧形，两端皆为直边，表面残留树皮、树瘤。一端残留两行刀刻铭文，因残损较大，右边部分文字难以辨识，仅可辨识出中间的"百八十"三字和尾部的"号"字；而左边铭文为："'一'三丈二尺。"全长194.5、宽24、厚6厘米（图七三，8；拓片七，1）。

标本 BZ6:239，上、下两面皆为平面，两侧边为弧形，两端皆呈斜边。宽窄不一。表面残留少量蓝色漆。全长138、宽29、厚4厘米（图七三，9；彩版二五，1右）。

标本 BZ6:187，上、下两面皆经加工成平面，两端皆为直边。表面树皮、树瘤仍存。全长139、宽25、厚5厘米（图七三，10）。

标本 BZ6:352，三面加工成平面，一面呈弧形，一端已残，另一端为直边，弧形表面粗糙，树瘤仍存，凸凹不平。残长85.7、宽22.3、厚5.9厘米（图七三，11）。

2. 细加工板材

113件。该类板材多为较为规整的长方体或近于长方体；有部分板材的一端或两端削成斜坡状，有部分板材的一个或两个侧面被加工成斜坡状。根据加工程度的区别，分成三型。

A型：43件。长方体的六个面皆较为平整（极个别为弧形面），两个端面与两个侧面分别与上、下两面垂直（彩版二五，2）。

标本 BZ6:196，长条形板材，中间一段比较突出。两端皆呈"L"形，一端有一弧形缺口，另一端"L"形端口与斜边相接。全长280、宽14、厚4厘米（图七四，1）。

标本 BZ6:225，出土于二号遗迹的东北部。近长方体板材，两端皆为斜边，一面上有一直径0.9厘米的未穿小孔。长166、宽17.6、厚3.5厘米（图七四，2）。

标本 BZ6:247，近长方体板材，一端较宽，一端较窄。从板材中部开始一侧成斜边。全长276、宽12～20、厚3厘米（图七四，3）。

标本 BZ6:223，近长方体板材，两端皆略呈斜边，一侧呈弧形。全长 144、宽 19.2、厚 3.2 厘米（图七四，4）。

标本 BZ6:221，较规整的长方体板材，但一端稍宽，一端稍窄。全长 134、宽 21.6～23.2、厚 4 厘米（图七四，5）。

标本 BZ6:180，较规整的长方体板材。全长 156、宽 24.5、厚 3.2 厘米（图七四，6）。

标本 BZ6:161，近长方体板材。两端皆为斜边，两侧亦为斜边。表面残留少量红漆。全长 138.5、宽 25～28、厚 5 厘米（图七四，7）。

标本 BZ6:156，原为较规整的长方体板材，但一端被截锯出一个弧形缺口。木板一面偏于一侧有 4 个并排的火焰形钉孔开口，在一侧面上有 4 个与之相对应的圆形钉孔出口。全长 96、宽 26、厚 3 厘米（图七四，8；彩版二五，2 下）。

标本 BZ6:134，较规整的长方体板材，表面钻有两排直径约 1 厘米的钉孔，一排为 4 个，另一排为 5 个，交错分布。钉道与上、下两面垂直。木色为黑色，表面残留有石灰痕迹。全长 171，宽 22.2，厚 6.3 厘米（图七四，9）。

标本 BZ6:240，较规整的长方体板材，一端加工成阶梯状，可能为榫头。全长 116.8、宽 24、厚 4 厘米（图七四，10）。

标本 BZ6:141，出土于二号遗迹的西北部。主体为一平面近梯形的木板，其一端为斜边，另一端截锯成"L"形，可能为榫头。长 12.6、宽 6.4、厚 3 厘米。木板一端有一个直径较大的圆孔，直径 6.3 厘米，

1

0　　　　　　　　　10厘米

拓片七　粗加工板材、粗加工方材的刀刻铭文

1. 粗加工板材的刀刻铭文（BZ6:300）

2. 粗加工方材的刀刻铭文（BZ6:327）

2

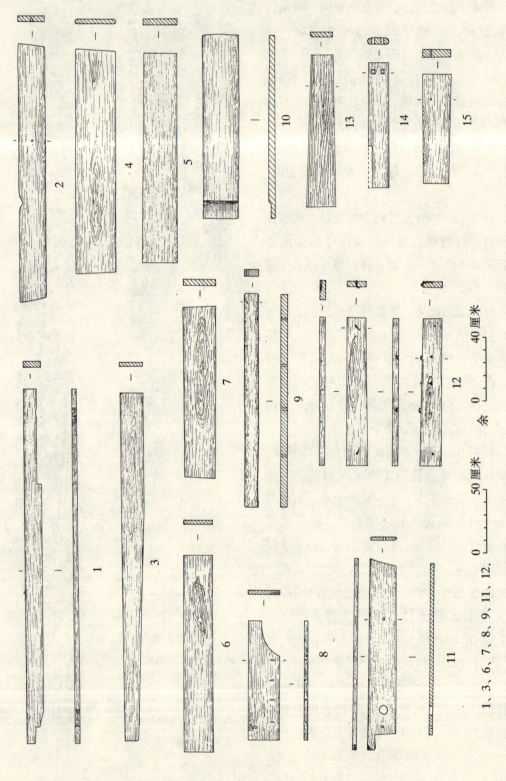

图七四　A型细加工板材（BZ6:196、225、247、223、221、180、161、156、134、240、141、488、227、230、231）

1、3、6、7、8、9、11、12.

圆孔开凿的较为粗糙。另外，木板上还有两个直径 0.9 厘米的圆孔，可能为钉孔。全长 154、宽 22.8、厚 3 厘米（图七四，11）。

标本 BZ6:488，近长方体板材，一侧为斜边。板材一面的两端各有一个钉道垂直向下的钉孔，两者之间还有 3 个开口为三角形、钉道斜打的钉孔，在一侧面有与之对应的 3 个圆形钉孔出口。5 根铁钉皆存。表面残留油腻子的痕迹。全长 117、宽 15.5～17.2、厚 4.8 厘米（图七四，12）。

标本 BZ6:227，近长方体板材，一侧斜边。斜边处加工出一道与斜边平行、极细的"L"形槽口，槽口宽仅 0.1 厘米。面上有一圆形钉孔，钉道垂直向下。长 97.6、宽 19.6、厚 4.8 厘米（图七四，13）。

标本 BZ6:230，较规整的长方体板材，一角残，顶面呈弧形，其余皆为平面，制作规整。一端有两方形穿孔，边长 3.2 厘米。全长 80、宽 13.2、厚 4 厘米（图七四，14）。

标本 BZ6:231，近长方体板材，一侧为斜边，面上有一圆形钉孔，钉道垂直向下。全长 70、宽 18.6、厚 5.5 厘米（图七四，15）。

B 型：19 件。板材的一端或者两端削成斜坡状，

标本 BZ6:171，两端皆加工成斜坡状，一端微缺。表面光滑，一面髹有红漆。全长 139、宽 20、厚 2.5 厘米（图七五，1）。

标本 BZ6:246，近长方体板材，两端皆削为坡面，粗糙不平，刀砍斧凿的痕迹明显。全长 104.8、宽 17.6、厚 4.8 厘米（图七五，2）。

标本 BZ6:216，长条形，一端被加工成斜坡状。一面较平，一面厚薄不均。全长 93.6、宽 13.8、厚 2.5～6 厘米（图七五，3）。

标本 BZ6:263，较规整的长方体板材，一端加工斜坡状，不甚规整。正面近中间有 2 个垂直向下的圆形钉孔，靠近一侧还有 1 个钉道斜打的钉孔，钉道从一侧面穿出，该侧面另有 6 个圆形钉孔，钉道皆垂直于该侧面，钉孔内铁钉皆存。反面残存 3 个开口近三角形的钉孔开口，钉道斜打，在另一侧面上有对应的 3 个圆形钉孔出口。全长 120.5、宽 11、厚 5 厘米（图七五，4）。

标本 BZ6:241，除两端皆削为坡面外，整体为规整的长方体板材。全长 131.2、宽 19.2、厚 3.5 厘米（图七五，5）。

标本 BZ6:144，两端皆加工为斜坡状，斜坡形状近于半圆形。一侧面有一弧形缺口。表面残留较多黄白色油泥或石灰的痕迹。全长 65、宽 16.8、厚 2.6 厘米（图七五，6）。

标本 BZ6:183，长条形，一端被加工成斜坡状。表面有 3 个垂直向下钉穿的钉孔，其中两个钉孔中铁钉仍存。全长 110.7、宽 10.3、厚 4.1 厘米（图七五，7）。

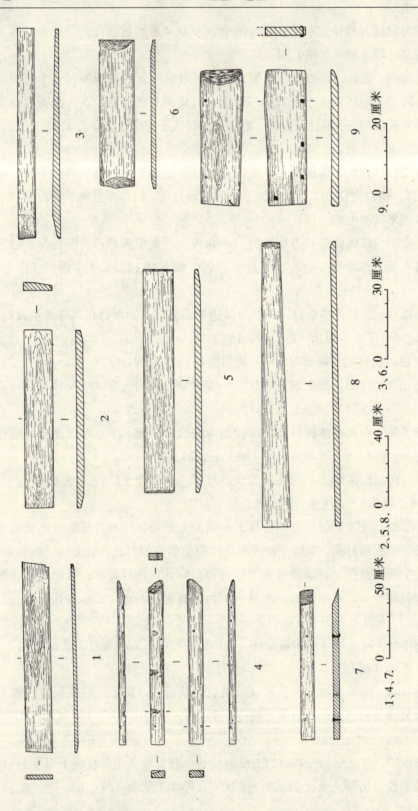

图七五　B 型细加工板材

(BZ6:171、246、216、263、241、144、183、219、275)

标本 BZ6:219，长条形，一端较宽。表面残留髹黑漆的痕迹。全长 167、宽 10.4～17.2、厚 3.5 厘米（图七五，8）。

标本 BZ6:275，近长方体木板，一侧面已残，一端略呈斜边。板上钉有四颗垂直向下的铁钉。木板一端有一裂缝，其中以油腻子填充。全长 40、宽 12.8、厚 2.4 厘米（图七五，9）。

C 型：10 件。板材的一侧或两侧面加工成斜坡状，横截面呈梯形。

标本 BZ6:170，长条形，一侧面略成斜坡状。一端较宽。木板两头均被加工成阶梯状，可能为榫头。在斜坡状的侧面上有一个长方形的未穿孔，长 6、宽 1、深 3.5 厘米。木板表面残留有白色的石灰痕迹。全长 158、宽 15～21、厚 5 厘米（图七六，1）。

标本 BZ6:252，近长方体板材，一角略残，两侧皆略呈斜坡状。上、下两面平，两侧面较粗糙。全长 134.8、宽 24.8、厚 3.6 厘米（图七六，2）。

标本 BZ6:138，长条形木板，两侧皆加工为斜坡状，横截面为梯形。上、下两面基本为平面，但厚薄略有不均。木色为黑色。底面较多刀砍斧凿的痕迹。全长 250、上底宽 16.5、下底宽 21，厚 8 厘米（图七六，3）。

标本 BZ6:233，近长方体板材，一侧削出两个斜面，横截面呈不规则的五边形。一端较直，一端稍斜。全长 121.2、宽 20.8、厚 4 厘米（图七六，4）。

标本 BZ6:149，近长方形木板，一侧面略成斜坡状。一端被截锯去一块，呈"L"形；另一端为直边。两端各有一直径约 1 厘米的圆形钉孔，钉道垂直于上、下两面。表面残留有髹黑漆的痕迹。全长 144、宽 19、厚 3 厘米（图七六，5）。

标本 BZ6:137，两侧与两端皆加工成斜坡状。底面靠近头部处有一直径 6 厘米的圆窝。木色为黑色。顶面长 264、底面长 290 厘米，一端比另一端略宽，分别为 37 和 44、厚 6 厘米（图七六，6；图版二八，1）。

标本 BZ6:217，四边均经加工，一侧为直边，一侧为斜边，两端皆为直边。加工并不平整，砍、凿痕迹较为明显。长 61.8、一边宽 11.8、一边宽 24、厚 3.6 厘米（图七六，7）。

另外，在这类板材之中，有部分板材已残损，难以归入前述各型，共 41 件。部分介绍如下。

标本 BZ6:165，长条形，一端和一侧面已残。中间钉有大致平行的 6 个耙钉。木板上还有两排垂直向下的钉孔，一排 2 个，另一排 5 个，分布于耙钉之间，有的钉孔内残留有铁钉。木板表面残留较多黄白色油腻子。全长 158、最宽处 19.5、厚 5 厘米（图七七，1）。

标本 BZ6:485，长条形，两端与一侧皆残，但仍可看出一端呈直边，另一端加工成斜边。正面有 4 个垂直钉穿正、反两面的钉孔，其中两个孔口凿成方形，3 个孔内铁

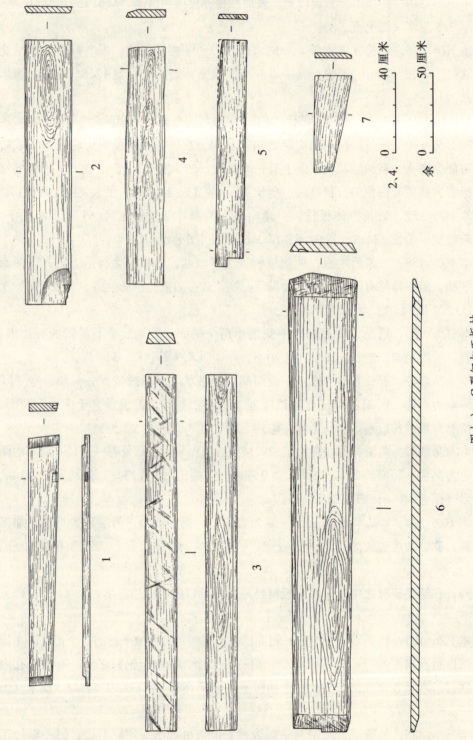

图七六　C型细加工板材

(B26:170、252、138、233、149、137、217)

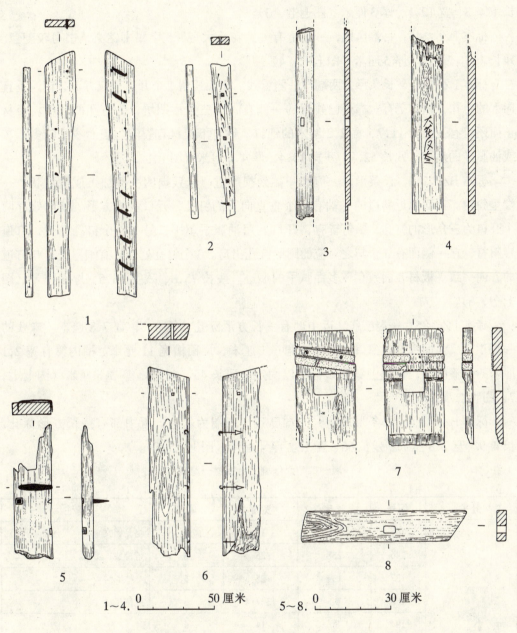

图七七　残损板材

（BZ6：165、485、213、145、461、266、85、226）

钉仍存。正面已残损的一侧残存两个三角形钉孔开口。表面残留石灰和较多刀砍的痕迹。残长98.4、残宽13.2、厚4.6厘米（图七七，2）。

标本BZ6：213，主体为扁平的长方体木板，中部有一长方形穿孔，长5.1、宽2.2厘米。一端已残，另一端有长方体榫头，榫头残长9.8、宽12.1、厚1.5厘米。整体残长 124.3、宽 12.1、厚 3 厘米（图七七，3）。

标本 BZ6:145，一端已残，一面上有"大花反大三"5 字墨书铭文，书写较随意。残长 116、宽 22、厚 5 厘米（图七七，4）。

标本 BZ6:461，长条形，两端与一侧皆残。正面残留 1 个开口凿成方形、钉道垂直向下的钉孔，铁钉仍存；靠近已残损的一侧有一个三角形凹坑，为钉孔的开口。板材正面还钉有一个长 11.7、宽 2.2 厘米的钯钉。钯钉下板材有裂隙。表面残留较多石灰或油腻子的痕迹。残长 52.4、残宽 13.4、厚 4.4 厘米（图七七，5）。

标本 BZ6:266，长条形，一侧和一端残损严重，未残损的一侧加工成斜坡状，一端呈斜边。正面靠近斜边的一端有一个垂直向下的钉孔，开口凿成方形。背面残存两个开口为三角形的钉孔，铁钉皆存，开口处用油腻子填平，另有一个钉孔已残，钉道皆斜打，在一侧面有 3 个与之对应的圆形钉孔出口。3 个钉孔处皆打有细墨线，与钉道的方向一致。板材表面残存较多油腻子的痕迹。残长 73.8、残宽 16.5、厚 6 厘米（图七七，6）。

标本 BZ6:85，一端已残。近中部有一长方形穿孔，长 8.7、宽 7.8 厘米。未残的一端正、反两面都刻有槽口，正面槽宽 6.1 厘米，反面槽宽 11 厘米。槽内箍有宽 2.1 厘米的铁箍两道，铁箍上钉有铁钉加以固定。残长 45、宽 24、厚 3.6 厘米（图七七，7；图版二八，2）。

标本 BZ6:226，长条形木板，一端已残，一端为斜边。近中部有一长方形穿孔，长 4.9、宽 2.8 厘米。残长 66、宽 12、厚 4 厘米（图七七，8）。

表一二　六作塘出土板材一览表

（单位：厘米）

分类	编号	长度	宽度	厚度	备注
第一类　粗加工板材	107	63	15	7	烙刻铭文
	146	238	25	8	带榫头、带孔
	187	139	25	5	
	188	93	13～14	5	残留黑漆
	194	80	14	6	
	206	204	24	3.5	
	218	150	残 24	4.8	残留黑漆
	235	140.4	残 28.8	7.2	
	236	190.5	22.3	6.3	
	237	89.4	24.3	3.2	
	239	138	29	4	残留蓝漆

（续表）

分类	编号	长度	宽度	厚度	备注
	243	118	24.5～27.5	3.7	
	244	150.4	27.2	4.4	残留黑漆
	248	242	残21	5	
	256	197	19	4	
	257	176.7	9.6	9.7	
	258	268	22	3.5～7	
	259	185	残28	8.5	
	261	残225.8	残16	9.3	刀刻铭文、带榫头
	278	153.8	残15.8	2.8	
	283	93.8	15.9	4.8	带方孔、残留黑漆
	284	103.8	残18.6	5.4	
	285	残104.6	21.2	2.7	
第一类 粗加工板材	291	58.4	21.3	5.9	残留黑漆
	293	残132.2	残26.7	残6.2	
	300	194.5	24	6	刀刻铭文
	309	72	残30.9	9.6	
	311	60	22.8	10.2	残留黑漆
	322	172.7	12.8	6.3	残留黑漆
	324	235	18	7.5	
	329	491	16.2	3.4	带榫头，带孔
	330	498	残26	7	
	331	残435	26	5	
	338	134.9	11.6	2.2	刀刻铭文
	352	残85.7	22.3	5.9	
	353	残188.4	残17.7	残9.2	残留黑漆
	355	98.1	26.4	6.8	残留黑漆
	464	残158.6	残11.4	残3.7	
	465	148.7	残17.4	6.9	
	477	残187.3	残20.3	残5.8	
	491	161.4	残14	4.3	
	515	232.2	残12.8	3.8	

（续表）

分类		编号	长度	宽度	厚度	备注
第二类 细加工板材	A型	134	171	22.2	6.3	
		141	154	22.8	3	带榫头，带圆孔
		142	105	17～19	3	
		155	142	28	5	
		156	96	26	3	
		159	113	22	4	残留红漆
		161	138.5	28	5	残留红漆
		180	156	24.5	3.2	
		189	160	23	3.6	
		190	136	24.5	4	残留黑漆
		191	135.4	23.2	2.8	
		192	143.2	34.4	3.8	
		196	280	14	4	
		200	115	19	5	
		220	132	28	3.2	
		221	134	21.6～23.2	4	
		223	144	19.2	3.2	
		224	132	24.8	2.7	残留红漆
		225	166	17.6	3.5	
		227	97.6	19.6	4.8	
		229	130.2	26	2.8	
		230	80	13.2	4	
		231	70	18.6	5.5	
		232	173.2	25.6	3.8	
		240	116.8	24	4	
		242	134.4	24	3.6	
		247	276	12～20	3	
		249	44.5	16	4.8	
		254	112.5	19	3.6	
		255	137.9	21.6	4.2	
		265	49.2	12.8	3.2	残留黑漆

（续表）

分类		编号	长度	宽度	厚度	备注
第二类 细加工板材	A型	268	40.6	12.6	4－5.6	
		287	60	11.2	3.6	
		306	32	12~21.6	6	
		316	53.1	31	7.2~8.4	
		462	58.5	14.7	1.9	
		469	95	7.9	2.4	
		484	46.2	10.8	5.8	
		488	117	17.2	4.8	
		494	残91.2	22.5	8.8	
		495	64.4	21	3.4	
		498	60.5	18.4	6.6	
		499	29.7	14.3	3.6	
	B型	144	65	16.8	2.6	
		171	139	20	2.5	残留红漆
		183	110.7	10.3	4.1	
		193	137.2	残23	4.3	
		216	93.6	13.8	2.5~6	
		219	167	10.4~17.2	3.5	
		220	132	28	3.2	残留黑漆
		241	131.2	19.2	3.5	
		246	104.8	17.6	4.8	
		262	138	5~21	3	
		263	120.5	11	5	
		275	40	残12.8	2.4	
		280	102.5	13.3	2.9	
		281	143.4	14.9	2.4	
		292	120.6	15.8	3.3	残留蓝漆
		480	71.1	16.4	1.6	残留红漆
		481	120.5	9.9	6.2	
		486	81.9	15.4	2.3	
		489	66.5	12.7	3.3	

（续表）

分类		编号	长度	宽度	厚度	备注
第二类　细加工板材	C 型	137	290	31~44	6	
		138	250	16.5~21	8	
		149	144	19	3	残留黑漆
		170	158	15~21	5	带榫头、带孔。
		217	61.8	11.8~24	3.6	
		222	137.6	25.2	4.8	
		233	121.2	20.8	4	
		245	134	19	3.5	
		252	134.8	24.8	3.6	
		469	95	7.9	2.4	
	部分残损的板材	85	残 45	24	3.6	带长方形孔，带槽
		124	111.3	残 17.4	8.1	
		145	残 116	22	5	墨书铭文
		164	残 109	残 13	3	带长方形孔
		165	残 158	残 19.5	5	
		182	116	残 15	2	
		184	残 137	残 15.5	3.7	
		185	25.4	12.3	5	
		210	残 376	残 18	6	
		213	124.3	12.1	3	
		226	残 66	12	4	
		228	137.6	残 16	2	
		234	129.2	残 18.8	2.6	残留红漆，带圆孔
		264	残 86.7	9.7	5.7	带长方形孔
		266	残 73.8	16.5	6	
		276	残 94.1	残 12.4	残 3.8	
		277	残 174.3	残 11.9	2.8	
		279	残 133.8	残 13.4	3.2	
		282	残 140.2	残 12.7	残 3.2	残留黑漆
		286	119.8	残 10.4	2.9	残留黑漆
		288	残 166.9	残 16.4	3.7	

（续表）

分类		编号	长度	宽度	厚度	备注
第二类　细加工板材	部分残损的板材	295	52.6	残 21.6	2.4	
		296	残 101	残 20.2	残 3.3	
		299	残 209.4	20.3	3.4	
		334	残 149.4	残 13.3	残 4.8	
		335	114.8	残 12.6	3.2	
		461	残 52.4	残 13.4	4.4	
		463	残 93.8	残 10.7	3.2	残留红漆
		466	残 95.8	残 14.4	2.7	残留蓝漆
		467	残 130.8	残 18.4	残 3.8	残留黑漆
		468	残 182.2	残 12.4	3.4	残留黑漆
		470	残 75.8	17.3	1.6	
		471	残 134.3	残 12.6	2.9	
		472	残 79.2	残 15.7	4.3	
		473	残 97.8	残 11.2	3.3	
		476	60.2	残 11.8	1.5	残留黑漆
		479	残 61.5	残 18.3	残 3.4	残留蓝、黑漆
		483	75.3	残 10.7	3.1	
		485	残 98.4	残 13.2	4.6	
		490	残 106.4	15.3	3.2	
		492	残 150.2	35.1	4.6	

（二）方材

根据方材加工程度的不同，分为两类：

第一类为粗加工方材。4 件。特点是加工程度低且较粗糙；表面刀斧砍凿的痕迹明显，无刨光处理。

标本 BZ6∶325，长条形，上、下两面加工成平面，两侧仍保留树木原始的弧形，树瘤、节疤仍存。一端比另一端稍宽。两端各有一个长方形穿孔，孔道分别向中部倾斜，一个开口长 18、宽 6 厘米；另一个长 17、宽 6.5 厘米。全长 267、宽 13～15、厚 9.5 厘米（图七八，1；图版二九，右）。

标本 BZ6∶303，长条形，顶面呈拱形，保持树木的原始形态，树瘤、节疤仍存，其余几面经过加工已成平面。木色为黑色。全长 45、宽 13.6、厚 10 厘米（图七八，

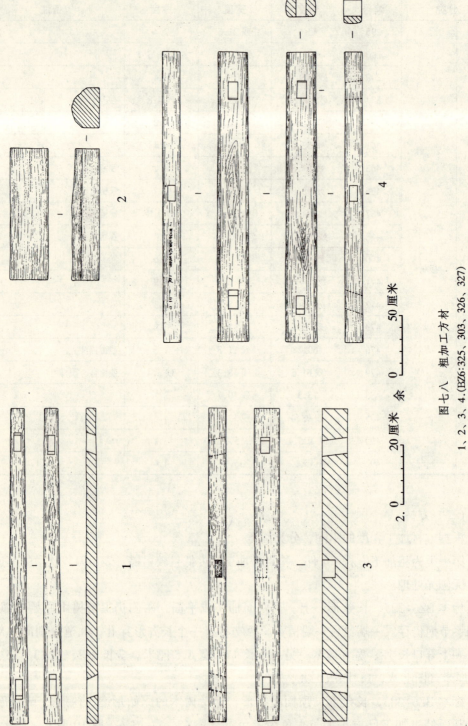

图七八　粗加工方材
1、2、3、4.(BZ6:325、303、326、327)

2)。

标本 BZ6：326，长条形方材，一端稍薄。底面保持树木的原始形态，残留较多树瘤、节疤，其余几面皆加工成平面。顶面中部凿有一个长方形未穿孔，应为榫孔，长15、宽 6、深 11.5 厘米。侧面两端各有一个长方形穿孔，孔道分别向两端略斜，开口皆长 13、宽 7 厘米。全长 265、宽 22.5、厚 14.7~15.5 厘米（图七八，3；图版二九，左）。

标本 BZ6：327，长条形，上、下两面加工成平面，两侧仍保留树木原始的弧形，树瘤、节疤仍存。两端各有一个长方形穿孔，孔道分别向两端倾斜，一个开口长 16、宽 7.5 厘米；另一个长 15、宽 9 厘米。侧面中部有一个长方形穿孔，垂直穿过两侧，开口长 13.5、宽 7.4 厘米。侧面残留较多刀砍的痕迹，一侧面上带有一行刀刻铭文"…万三千三百六十五号… 一尺 …'｜'三"，其中部分文字模糊难以辨识。全长 245、宽 28、厚 15.5 厘米（图七八，4；拓片七，2；图版二九，中）。

第二类为细加工方材。13 件。这类方材的特点是加工制作较为平整、表面光滑，经过较为细致的刨光处理。

标本 BZ6：201，背面和一侧面已残，正面有两个垂直向下钉穿的钉孔，开口皆凿成方形，孔内铁钉仍存。一侧面亦有一开口为方形的钉孔，垂直钉穿另一侧面，铁钉亦存。全长 65.4、残宽 11.4、厚 6 厘米（图七九，1）。

标本 BZ6：215，长条形方材，一侧已残。一端为直边，一端削成斜坡状。正面有三个垂直向下的钉孔，开口皆凿成方形。表面残留油腻子的痕迹。全长 111.5、宽 12、厚 9.6 厘米（图七九，2）。

标本 BZ6：305，一侧残损，两端粗糙，可能亦残损。一面有 5 个钉孔，开口为三角形（其中 3 个已残），钉道斜打，一侧面有与之对应的圆形钉孔出口。该侧面还有一个方形的穿孔，垂直穿过两侧面。表面残留较多油腻子的痕迹。全长 91.2、残宽 12.9、厚 12.6 厘米（图七九，3）。

标本 BZ6：130，长条形。木色为黑色。一端近于方柱体，两侧加工成斜坡状，横截面为梯形，方柱部分长 51、上下底分别宽 8.5 和 12、高 9 厘米；方柱顶端还带有一个横截面近方形的榫头，榫头长 10、边长 8 厘米；另一端呈板材状，两侧也加工成斜坡状，横截面为梯形，长 105、上下底分别宽 8.5 和 12、厚 5 厘米。整体全长 166 厘米（图七九，4）。

标本 BZ6：127，长条形，残。中间偏一侧有凹槽，长 29、宽 4、深 4.5 厘米，槽内钉有两枚铁钉。表面残留有石灰，背面粗糙不平，上残留有三条横向的、宽约 2.3 厘米的钉道。残长 123.5、宽 15、残厚 9 厘米（图七九，5）。

标本 BZ6：302，长条形方材，表面靠近两端处各有一圆形钉孔，钉道斜打，一侧

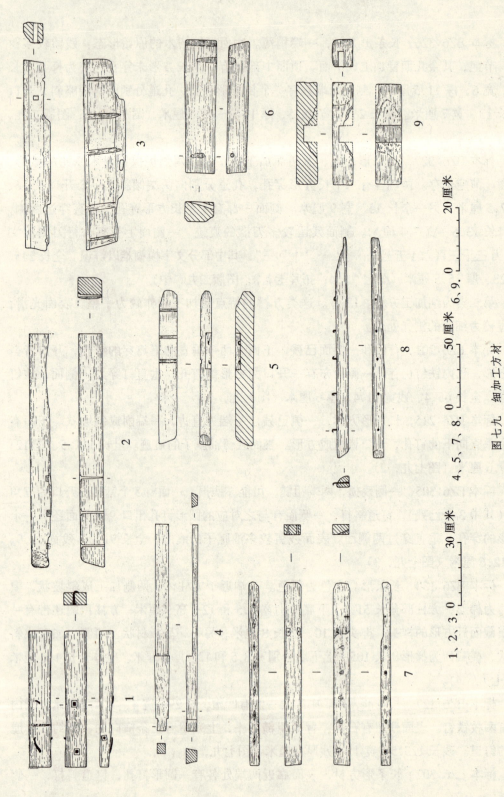

图七九　细加工方材

(BZ6:201、215、305、130、127、302、321、357、95)

1、2、3.

4、5、7、8.

6、9.

面有与之对应的圆形钉孔出口。木色为黑色。全长42.4、宽10.8、厚6.4厘米（图七九，6）。

标本BZ6:321，长方体，一端残，另一端略呈斜边。方材正面有两个垂直向下的钉孔，开口皆凿成长方形。背面有6个近火焰形的钉孔开口，钉道斜打，一侧面有与之对应的圆形钉孔出口。表面粗糙，树瘤、节疤仍存。全长147、宽14、厚8厘米（图七九，7）。

标本BZ6:357，长条形，两面为平面，一面为弧形，横截面为扇形。一端为斜坡状，一端近尖状。一平面上有7个圆形钉孔，其中5个铁钉仍存，钉道垂直向下，从弧形面上伸出。弧形表面粗糙不平，树瘤、节疤明显。全长177、宽11、厚9厘米（图七九，8）。

标本BZ6:95，近于长方体，中部横向开有一个较宽的长方形凹槽，宽5.6、残深1.3厘米。木色为黑色。全长32、宽8.8、厚6.8厘米（图七九，9）。

六 其他

（一）木牌

1件。

标本BZ6:703，顶端和一侧微残。整体扁平，上半部呈宝顶状，下半部近于大半圆形。正面中部偏下位置有一方形框，框内有篆书文字。铭文局部略残，尚未能辨识。残高8.3、残宽7.3、厚0.8厘米（图八〇，1；拓片八；图版三〇，1）。

（二）木墩

1件。

标本BZ6:69，剖面为不甚规整的八边形。顶部略小，表面尚平，但残留有锯痕，宽约23.2、厚20厘米；底部稍大，宽约24、厚22厘米。通高21.8厘米（图八〇，2；图版三〇，2）。

（三）块状器

1件。

标本BZ6:72，总体近似于长方体，但一端较宽，一端稍窄，且一端被截锯去一块，因而呈"L"的阶梯状。顶面为斜面，略有残损，上面横向凿有两道细长的槽口，一道宽0.6、深1.6厘米；另一道宽0.5、深1厘米。木色为黑色，质地坚硬。全长30厘米（图八〇，

0 3厘米

拓片八 木牌表面的刀刻铭文（BZ6:703）

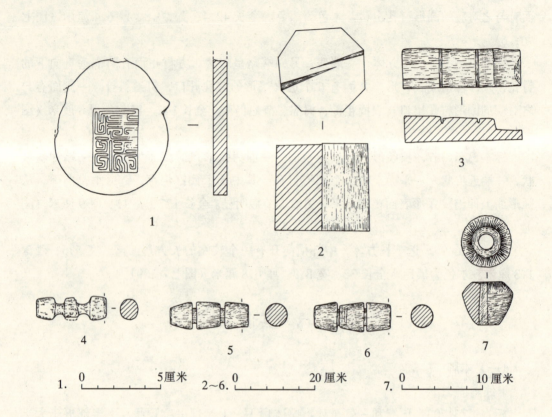

图八〇　其他

1. 木牌（BZ6：703）　2. 木墩（BZ6：69）　3. 块状器（BZ6：72）　4、5、6. A型浮子（BZ6：57、58、59）
7. B型浮子（BZ6：110）

3；图版三〇，3）。

（四）浮子

4件。根据造型的不同，分为两型。

A型：3件。造型较复杂。

标本BZ6：57，表面磨损较大。连接段显得较细、较长。全长18厘米，其中第一个圆台长4.4、两端直径分别为4和5.6厘米；第二个圆台略残，长3.6厘米；第三个圆台长4.8、两端直径分别为5.6和3.8厘米。连接段皆长2.8、直径分别为2.8和2.4厘米（图八〇，4；图版三〇，4右）。

标本BZ6：58，加工细致，光滑规整。全长20厘米，其中第一个圆台长6，两端直径分别为5.6和6.4厘米；第二个圆台长6、两端直径分别为5.2和6.4厘米；第三个圆台长5.6、两端直径分别为6.4和3.8厘米。连接段皆长1.2、直径3.6厘米（图八〇，5；图版三〇，4左）。

标本 BZ6∶59，经过细致加工，光滑规整。全长 19.4 厘米，其中第一个圆台长 5.8、两端直径分别为 5.2 和 7.2 厘米；第二个圆台长 6、两端直径分别为 5.8 和 7.2 厘米；第三个圆台长 6、两端直径分别为 7.2 和 5.6 厘米。连接段皆长 1.2、直径 4 厘米（图八〇，6；图版三〇，4 中）。

B 型：1 件。造型简单。

标本 BZ6∶110，如念珠，剖面为圆形，顶面平，折肩，斜腹，平底，中间有圆孔。直径 6.4、孔径 1.1、高 5.4 厘米（图八〇，7）。

第四章　遗物——铁质类

一　综述

铁质器物的出土数量仅次于木质器物，是明代铁质造船工具的一次较为集中的展示。按照其性质，有铁质工具和铁质用具两大类。特别是铁质工具，种类较多、制作精良，它们是明代宝船厂在建造船舶过程中广泛使用的主要造船工具。

铁质用具种类也不少，它们绝大多数安装、使用于木器之上，起到固定、加固、连接、勾挂、保护、装饰等多种作用，是建造船只不可缺少的重要材料。

有一点需说明：在铁质工具中，有一部分是农用工具和生活工具。它们之中的部分器物，可能未必是用来制造船只的，而是在造船过程中用于其他方面工作的工具。同时，由于作塘这一特殊的遗存，在长期敞开的过程中，必然有一些后期的遗物坠入塘内，其时代也可能晚于明代时期。为了保证塘内遗物的完整性，我们在整理这些铁器时，有选择的介绍其中的一部分器物。

在众多铁质器物中，有一些残损过大，或器形特殊，其用途和性质尚不能明确。将它们放在"其他铁质器物"这一部分中加以介绍。

二　铁质工具

38件。按其作用的对象来划分，有造船工具、农用工具和生活工具三类。

（一）造船工具

33件。有斧、凿、刀、冲、錾、铁尖木杆笔形器、剔刀、钻、锯等9种。

1.铁斧

3件。纵剖面的形状有所区别。有的纵剖面形状为倒立的等腰三角形，厚度从上至下逐渐收窄，至刃达到最薄；有的纵剖面的上半部近似于腰部略束的长方形，下半部才为倒立的等腰三角形，厚度从上至下逐渐收窄，至刃达到最薄。

标本BZ6：900，较为宽厚。从斧背部至斧刃部宽度逐渐加大，刃部最宽。顶部近

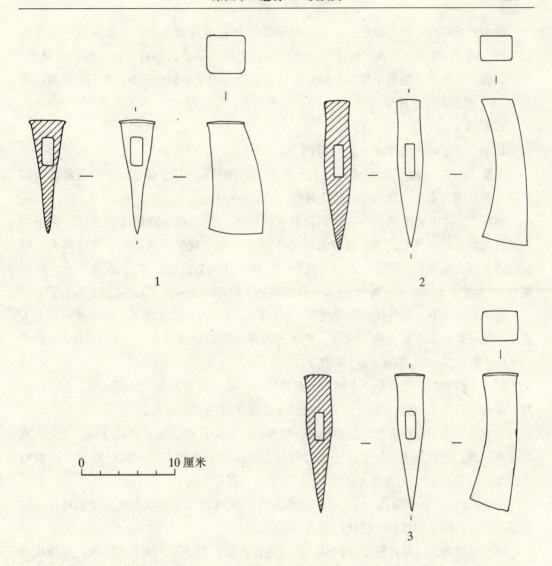

图八一　铁斧

1、2、3.（BZ6：900、901、902）

于方形，宽 4.2、厚 4 厘米，边缘有外溢。刃口为弧形——中间凸出，锋利。两侧面皆为弧形面。侧面上部开长方形銎孔用于插柄，长 3、宽 1.4 厘米。全长 12、刃部宽 6 厘米（图八一，1；彩版二六，1 右）。

标本 BZ6：901，较为细长。从斧背部至斧刃部宽度逐渐加大，刃部最宽。顶部为长方形，宽 3.5、厚 2.6 厘米，边缘没有外溢现象。刃口为斜边，略呈弧形，锋利。两侧面皆为弧形面。侧面中部偏上位置开长方形銎孔用于插柄。长 3.4、宽 1.1 厘米。全长 15.6、刃部宽 5 厘米（图八一，2；彩版二六，1 中）。

标本 BZ6:902，较为细长。从斧背部至斧刃部宽度逐渐加大，刃部最宽。顶部为长方形，宽 4、厚 3.2 厘米，边缘有外溢现象。刃口为斜边，略有残损，但仍很锋利。两侧面皆为弧形面。侧面中部偏上位置开长方形銎孔用于插柄。长 3、宽 1.1 厘米。全长 14.8、刃部宽 4.2 厘米（图八一，3；彩版二六，1 左）。

2. 铁凿

10 件。根据銎孔形状的不同，分两型。

A 型：6 件。顶部为圆形銎孔，上大下小，形似喇叭，用于插柄。銎孔是将凿顶部延打、然后围合而成，交接处在銎孔背后（图版三一，1）。

标本 BZ6:904，木柄仍存。木柄近似于圆柱体，前端有一圆锥体的舌部，用于插入铁凿的銎孔。铁凿较细长。开口孔径 2.2 厘米。凿身较窄，从上至下宽度渐大，厚度渐薄，至刃部最宽、最薄。刃口为弧形——中间比两边凸出。全长 28.4 厘米，其中柄长 16、直径 3.6 厘米；凿长 12.4、刃部宽 2.2 厘米（图八二，1；彩版二六，2）。

标本 BZ6:905，较细长。顶缘较厚，略外凸，开口孔径 2.4 厘米。凿身较窄，上下宽度基本一致；厚度从上至下渐薄，至刃部最薄。刃口略呈弧形。全长 16.8、刃部宽 1 厘米（图八二，2；图版三一，1 左 1）。

标本 BZ6:903，开口孔径 2 厘米。凿身较窄，从上至下渐宽，厚度渐薄，至刃部最宽、最薄。刃口为直边。全长 12.2、刃部宽 5 厘米（图八二，3）。

标本 BZ6:906，较细长。顶缘较厚，略外凸，开口孔径 2 厘米。凿身较窄，上下宽度基本一致；厚度从上至下渐薄，至刃部最薄。由于多次击打，刃部已略偏。刃口略呈弧形。全长 14.2、刃部宽 1 厘米（图八二，4；图版三一，1 右 1）。

B 型：4 件。顶部銎孔上大下小，形似漏斗，开口为长方形或方形。銎孔是将凿顶部延打、然后围合而成，交接处在銎孔背后。

标本 BZ6:912，总体较宽、较短。开口为长方形，宽 3.6、厚 1.2 厘米。凿身从上至下宽度基本一致，厚度渐薄，至刃部最薄。刃口为弧形——中间比两边凸出。全长 9.6、刃部宽 2.8 厘米（图八二，5；图版三一，2 右）。

标本 BZ6:911，总体较宽。开口长方形，宽 3.2、厚 1.8 厘米。从顶部銎孔至底部刃口的宽度较为接近，仅略有收窄；厚度渐薄，至刃部最薄。刃口略呈弧形。全长 13.4、刃部宽 2.6 厘米（图八二，6；图版三一，2 左）。

标本 BZ6:910，总体较宽。銎孔宽 3.6、厚 1.6 厘米。凿身从上至下宽度渐大，厚度渐薄，至刃部最宽、最薄。刃口为弧形——中间比两边略凸出。全长 16.8、刃部宽 3.2 厘米（图八二，7）。

标本 BZ6:909，较细长。开口为长方形，孔口宽 2、厚 1.8 厘米。凿身上部较窄，宽度基本一致；厚度从上至下渐薄，至刃部最薄。刃口为弧形——中间比两边凸出。

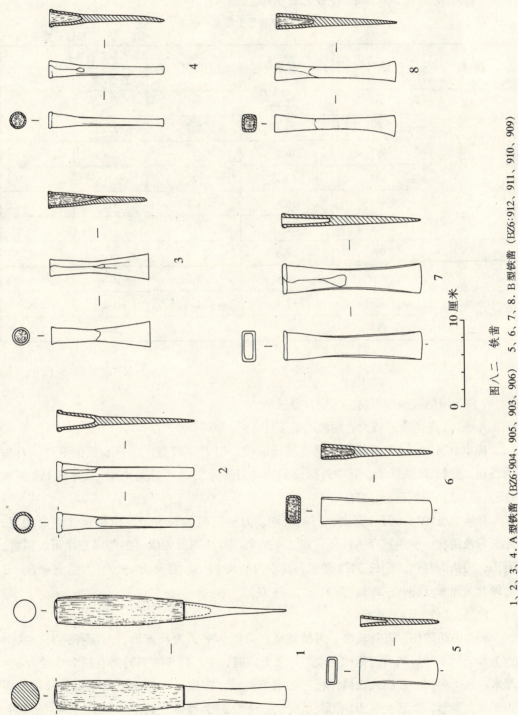

图八二　铁凿

1、2、3、4. A型铁凿（BZ6:904、905、903、906）　　5、6、7、8. B型铁凿（BZ6:912、911、910、909）

全长14.8、刃部宽2.4厘米（图八二，8）。

表一三　六作塘出土铁凿一览表

分类	编号	长度	刃宽	銎孔	
				直径/宽	厚
A型	903	12.2	5	2	
	904	28.4	2.2	2.2	
	905	16.8	1	2.4	
	906	13.2	1	2	
	907	16.4	1.1	2.6	
	908	15	1.2	2	
B型	909	14.8	2.4	2	1.8
	910	16.8	3.2	3.6	1.6
	911	13.4	2.6	3.2	1.8
	912	9.6	2.8	3.6	1.2

3. 铁刀

7件。根据造型和用途的区别，分三型。

A型：2件。器形较大，两者形制接近。

标本BZ6:914，刀背较直，略有高低起伏，刀刃亦较直，略有残损的缺口。刀头为斜边。全长34.4厘米，其中刀柄长11.4、刀身长23、刀身宽4.8、刀背厚1.2厘米（图八三，1；图版三二，1右）。

标本BZ6:913，刀身宽大，刀柄较细。刀柄剖面为长方形，由尾至前逐渐加宽；尾部弯成钩状，前端残存一铁环，宽2.4厘米。刀身剖面为倒立的等腰三角形，弧背，直刃，刀头为直边。全长34.2厘米，其中刀柄长14.5、刀身长19.7、刀身宽4.6、刀背厚0.8厘米（图八三，2；图版三二，1左）。

B型：2件。器形较小。

标本BZ6:916，刀身较窄，刀柄较宽。刀柄部平面为长方形，两面各夹有一块剖面为梯形的木片。铁质刀柄和两块木片之上，前、中、后等距离皆凿有三个直径为0.4厘米的圆形穿孔，皆插入铁销，将三者牢牢夹紧，构成一个完整的刀柄。刀身横截面为等腰三角形，弧背，弧刃，刀头呈尖状。全长27.4厘米，其中刀身长16.4、宽1.9、背厚0.4厘米；刀柄长11、宽2.6、厚0.4厘米（图八三，3；图版三二，2）。

标本BZ6:915，刀柄的铁质部分剖面为长方形，从后至前略有收窄，长7.8、后部

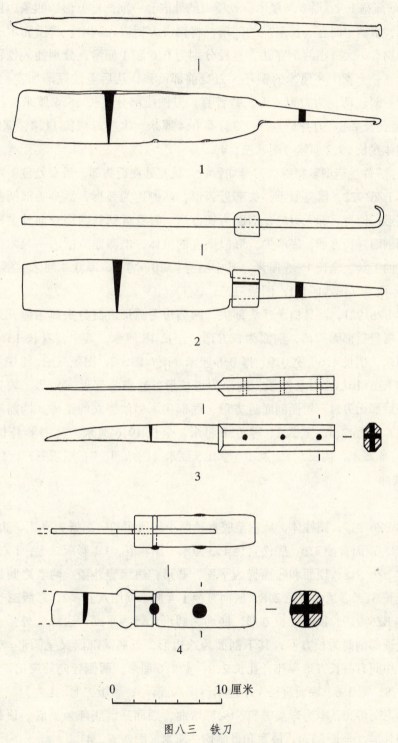

图八三 铁刀

1、2.A型铁刀（BZ6：914、913） 3、4.B型铁刀（BZ6：916、915）

宽2.1、前部宽1.9、厚0.4厘米。铁质刀柄外嵌套一剖面近方形、四条边棱皆磨圆的木质刀柄，木柄中间有一长条形的凹槽，将铁质刀柄嵌入其中。铁质和木质刀柄中部和前部分别有一大一小两个穿孔，直径分别为0.6和1厘米，分别插入铁销。刀柄最前部还套有一个宽1.8厘米的铜环。刀身前部已残，从后至前逐渐加宽。一侧较厚，为刀背，一侧较薄，为刀刃，刃、背皆直。刀铁质部分残长15.4厘米，其中刀柄长7.6、刀身残长7.8、刀身最宽3、刀背厚0.4厘米，木质刀柄长11.4、宽厚皆为2.8厘米，整体残长19.2厘米（图八三，4）。

C型：3件。造型较特殊，刀身如舌状。最宽处在近头部，最窄处位于器身中部。

标本BZ6:922，器身似矛，头部近弧形，两侧边为弧形，器身头部两侧开刃，剖面为枣核形；器身后部无刃口，剖面为长方形。器身近柄处两侧皆向外突出，形成尖角。器柄剖面近长方形，底部尖，形似倒立的锥体，推测原应插入一只木质柄，合为一件完整的工具。全长15.5厘米，其中器身长10、宽3、厚0.4厘米，柄长5.5、宽1、厚0.4厘米（图八四，1；图版三三，1右）。

标本BZ6:921，器身似矛，头部尖，两侧边为弧形。器身头部两侧开刃，剖面为枣核形；器身后部无刃口，剖面为长方形。全长18厘米，其中器身长13.4、宽3.2、厚0.4厘米，柄长4.6、宽0.9、厚0.6厘米（图八四，2；图版三三，1中）。

标本BZ6:1013，器身似矛，剖面为枣核形，器身头部近三角形，较尖，两侧开刃；器身后部无刃口。器柄剖面近方形，底部尖，形似倒立的锥体。柄前端残留一只环形铁套，直径2.4、宽2.2、厚0.1厘米。全长19.6厘米，其中器身长13.1、宽2.2、厚0.5厘米，柄长6.5、宽1、厚0.5厘米（图八四，3；图版三三，1左）。

4. 铁冲

4件。

标本BZ6:917，圆柱体，从顶至底直径渐小。顶面和底面皆为平面，边缘皆外溢。全长21.8、顶面直径3.6、底面直径1.3厘米（图八五，1；彩版二七，1右）。

标本BZ6:918，顶面和底面皆为平面，圆形，边缘皆外溢。两者之间的部分为八面体。全长31.2、顶面直径2.8、底面直径1.4厘米（图八五，2；彩版二七，1中）。

标本BZ6:919，顶面近长方形，底面为圆形，皆为平面，边缘皆外溢。两者之间的部分近顶部剖面为长方形，其下剖面为八边形，近底部剖面又呈圆形。距顶面1.8厘米处，中间有一长方形穿孔，孔长2.8、宽1.6厘米。两侧皆向外突出。全长29.6、顶面长4.8、宽3.6、底面直径1.7厘米（图八五，3；彩版二七，1左）。

标本BZ6:920，本为弯头方钉。头部弯曲，顶面平，底部为平底。顶部和底部边缘皆略有外溢。全长33.4、最宽和最厚均2厘米（图八五，4）。

5. 铁錾

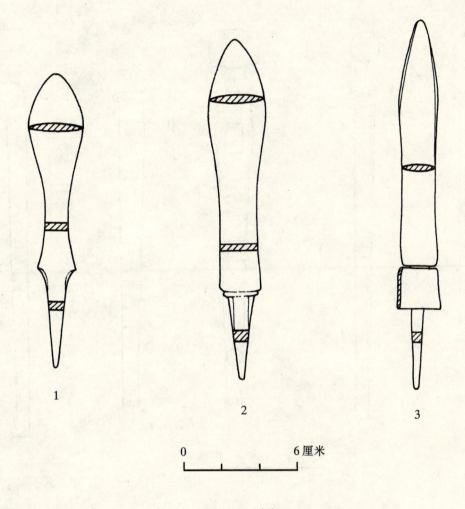

图八四　C型铁刀

1、2、3.（BZ6：922、921、1013）

4件。其中，一件保存较完整，三件残。

标本 BZ6：923，残长 28.2 厘米，其中器杆长 18.4、最大直径 1.6 厘米，器尾长 9.8、宽 3.8、厚 0.8 厘米（图八六，1）。

标本 BZ6：924，残长 31.5 厘米，其中器杆长 20.7、最大直径 1.8 厘米，器尾长 10.8、宽 4.2、厚 0.6 厘米（图八六，2）。

标本 BZ6：925，头部形如箭头，尖利、坚硬，剖面为半圆形。中部形如箭杆，剖面呈圆柱形，从前至后直径渐大。后部较扁，形似燕尾，剖面为长方形。器杆上套有一个直径 4.6、厚 0.2 厘米的铁质圆环。全长 35.2 厘米，其中尖头长 2、宽 1.2、厚 0.6 厘米，器杆长 25.2、最大直径 1.6 厘米，器尾长 8、宽 4.6、厚 0.8 厘米（图八六，

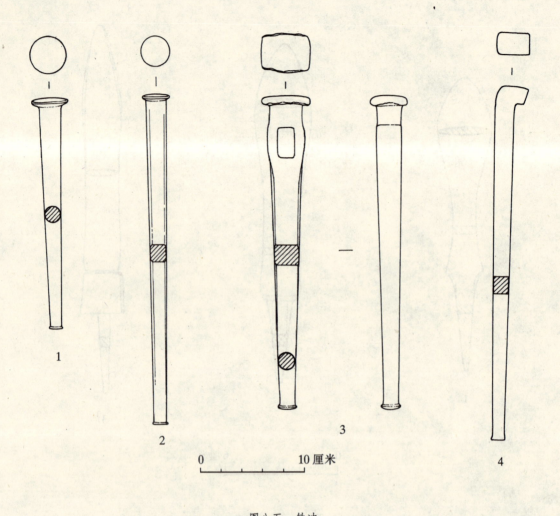

图八五　铁冲

1、2、3、4.（BZ6：917、918、919、920）

3；图版三三，2）。

标本 BZ6：953，仅残存前段。头部尖利、坚硬，剖面近半圆形，但一面中部略下凹。头部之后还残存一段器杆，剖面为圆形。残长 10 厘米，其中尖头长 3.8、宽 1.1、厚 0.6 厘米，器杆残长 6.2、直径 0.9 厘米（图八六，4）。

6.铁尖木杆笔形器

1件。

标本 BZ6：926，整体像笔。最前端为一尖头铁套，形似笔尖，其尾端中空。其后为一近似于圆柱体的木杆，中部直径 1.9 厘米，略粗于两端。木杆中部面上纵向、等距离地刻有三道细长的凹槽，长 7.6、宽 0.3~0.4、深 0.3 厘米，木杆尾部套有一直径

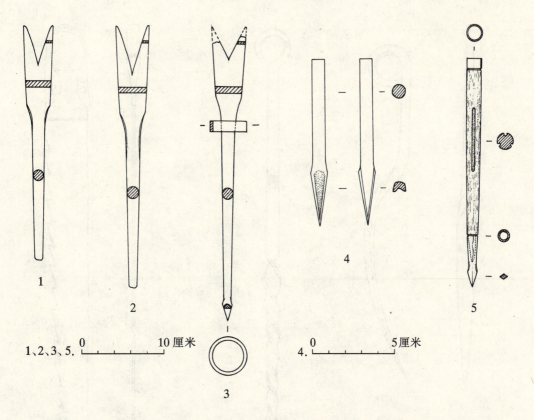

图八六　铁鏊、铁尖木杆笔形器

1、2、3、4.铁鏊（BZ6:923、924、925、953）　5.铁尖木杆笔形器（BZ6:926）

2、高1.3、厚不足0.1厘米的铁环。全长27.6、铁套长6.2、木杆长24厘米（图八六，5；图版三三，3）。

7.剔刀

1件。

标本BZ6:927，前半段形似柳叶，头部尖，中间下凹、两侧高出；后半段为柄，剖面为方形，尾部弯曲成环。全长28.4厘米，其中勺状部分长19、宽1.7、厚0.2厘米，柄长9.4、宽0.8、厚0.8厘米（图八七，1；图版三四，1）。

8.铁钻

1件。

标本BZ6:931，下半部为螺旋形的钻头，从下往上其直径逐渐加大；上半部为柄，其剖面为长方形，尾部弯曲成圆环状。全长48.4厘米，其中钻头部分长30、柄长18.4、钻头最大径1.7、尾环直径3.2厘米（图八七，2；图版三四，2）。

9.铁锯

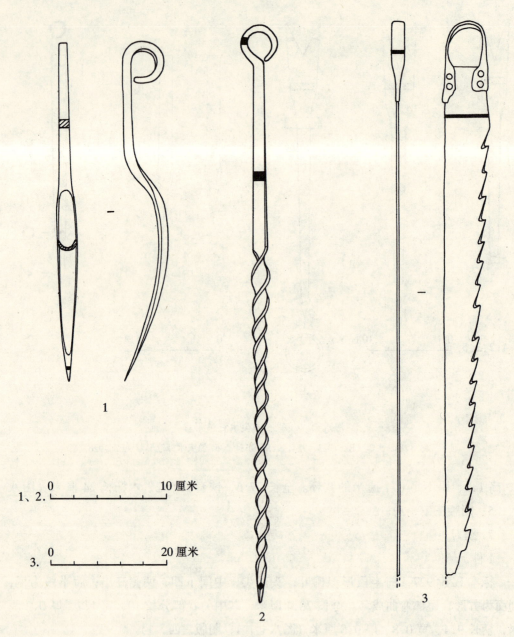

图八七　剔刀、铁钻、铁锯

1. 剔刀（BZ6:927）　　2. 铁钻（BZ6:931）　　3. 铁锯（BZ6:934）

2件。

标本 BZ6:934，由锯片和手柄两部分连接而成。锯片前部亦残，直背，齿口，从柄至前宽度逐渐收窄。柄呈"U"形，用4颗圆形铁钉与锯片连接。残长94厘米，锯片残长86.4、最宽处7.6厘米，柄长14.1，宽7.8厘米（图八七，3；图版三四，3）。

（二）农用和生活工具

共有镰刀、铁耙、铁铲3种，计5件。

1. 镰刀

2件。

标本BZ6∶936，刀身较细。弧背，弧刃，刀头部较直。背缘一侧加厚。刀面不平。最宽处在中部。从背至刃厚度逐渐减薄。銎孔较短。圆形，中空，上、下相通。底部有一圈环形加厚。全长22.8、刀最宽处1.7、刀背厚0.3、銎孔径3厘米（图八八，1；图版三五，1）。

标本BZ6∶937，刀身形似弯月，较宽。弧背，刃亦呈弧形，但较直。刀头部略斜。刀最宽处在中部，两边皆稍窄。从背至刃厚度逐渐减薄。銎孔较长。圆形，中空，上、下相通。全长22、刀最宽处2.6、刀背厚0.3、銎孔最大径2.8厘米（图八八，2；图版三五，2）。

2. 铁耙

2件。

标本BZ6∶945，耙头前端呈三角状，前宽后窄；后端为圆柱形銎孔。木柄为圆柱体，不甚规整，前端插入耙头的銎孔。全长56厘米，其中铁质耙头长12.4、宽10.4厘米，木柄直径2.7厘米（图八八，3；图版三六，1）。

标本BZ6∶944，耙头呈三角状，前宽后窄。柄前端剖面为长方形，向后宽度和厚度逐渐加大，至后部剖面变为圆形。柄尾孔用铁汁封口。长22厘米，其中耙头长3.8、宽9.6、厚0.15厘米，柄长18.2、最大径2.4厘米（图八八，4；图版三六，2）。

3. 铁铲

1件。

标本BZ6∶943，铲身较薄，平面近梯形，前宽后窄，前端外弧。柄较长、稍厚于铲身，剖面为长方形，尾部弯曲成环状。全长28厘米，其中铲身长7.4、宽7.4、厚0.1厘米，柄长20.6、宽1.4、厚0.6厘米（图八八，5）。

三 铁质用具

共包括铁环、铁钩、铁箍、条形加固件、铁镈、斗形铁套、铁钉等7种。

（一）铁环

8件。大小不一。其中6件带有环头铁钉；另两件可能环头钉已缺失（图版三七，1）。

标本BZ6∶961，仅存铁环，整环剖面皆为长方形。环径7.2、环本身宽1.4、厚

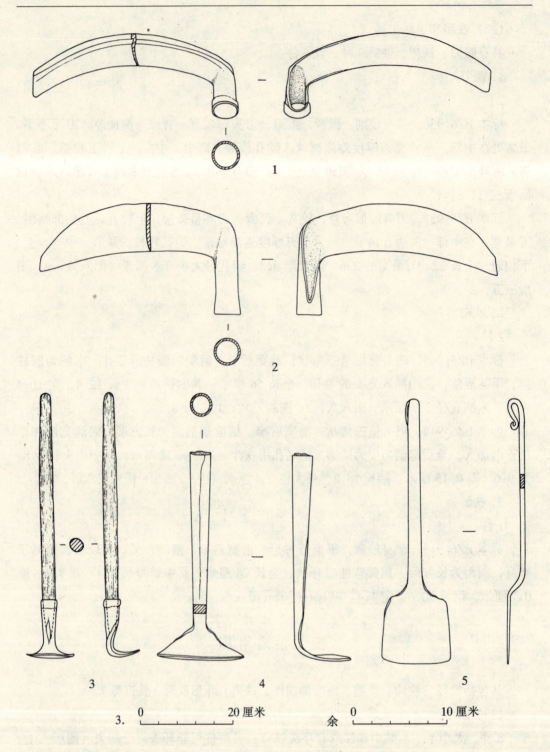

图八八　农用和生活工具

1、2. 镰刀（BZ6:936、937）　3、4. 铁耙（BZ6:945、944）　5. 铁铲（BZ6:943）

0.3厘米（图八九，1）。

标本BZ6:955，由铁环和环头钉两部分组成。铁环剖面为圆形。环头钉由一根铁条对折制成。头部较厚，至钉脚逐渐减薄。环径5.8、环本身直径0.7、钉长7.9厘米（图八九，2；图版三七，下排左）。

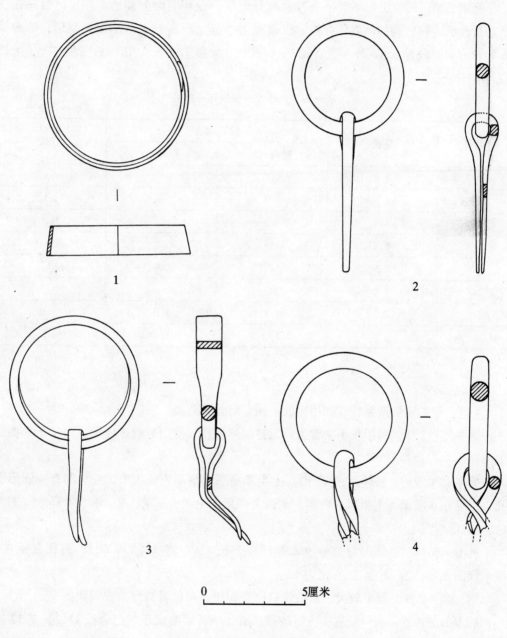

图八九 铁环

1、2、3、4.（BZ6:961、955、962、959）

标本 BZ6：962，由铁环和环头钉两部分组成。铁环大部分剖面为长方形，但约有四分之一段剖面为圆形，环头钉正安装于该段上。环头钉由一根铁条对折而成，从头至脚厚度较一致。环径6.6、环本身宽0.3～1.2、厚0.3～0.6、钉长6.7厘米（图八九，3；图版三七，下排右）。

标本 BZ6：959，由铁环和环头钉两部分组成。铁环剖面为圆形。环头钉由一根铁条对折而成，两钉脚如螺旋状缠绕，仅残存上半部。环头钉头部剖面为圆形，钉脚剖面为长方形。环径6.6、环本身直径1、钉残长4.4厘米（图八九，4；图版三七，上排右）。

表一四　六作塘出土铁环一览表

（单位：厘米）

编号	环径	铁环本身		钉长
		宽/直径	厚	
955	5.8	0.7		7.9
956	6.2	0.7		7.1
957	6.6	0.8		残3
958	8.6	1		残5.8
959	6.6	1		残4.4
960	3.2	0.3		
961	7.2	1.4	0.3	
962	6.6	0.3～1.2	0.3～0.6	6.7

（二）铁钩

4件。根据它们造型特点和用途的不同，可分为两类。

第一类：2件。器形较小，皆为专门打制的铁钩，使用时通过环头钉固定于木器的表面。

标本 BZ6：950，整体呈"L"形。上半部扁平，剖面为长方形，近头部有一圆形穿孔，直径0.6厘米。下半部为弯钩，剖面为圆形。全长6、宽3.9、厚0.4厘米（图九〇，1；图版三七，2右）。

标本 BZ6：951，器形与 BZ6：950相同。全长4.9、宽3.4、厚0.3、圆孔直径0.7厘米（图九〇，2；图版三七，2左）。

第二类：2件。器形较大，系由铁钉改造而成。尾部皆被弯曲成钩状。

标本 BZ6：929，由一根直头方钉改造而成，下部弯曲成环状。全长41.2、宽12厘米；方钉本身原长77、最宽2.6、最厚2.4厘米（图九〇，3；图版三七，3右）。

标本 BZ6：928，由一根弯头方钉改造而成，整体弯曲近"L"形。弯头方钉的尖头

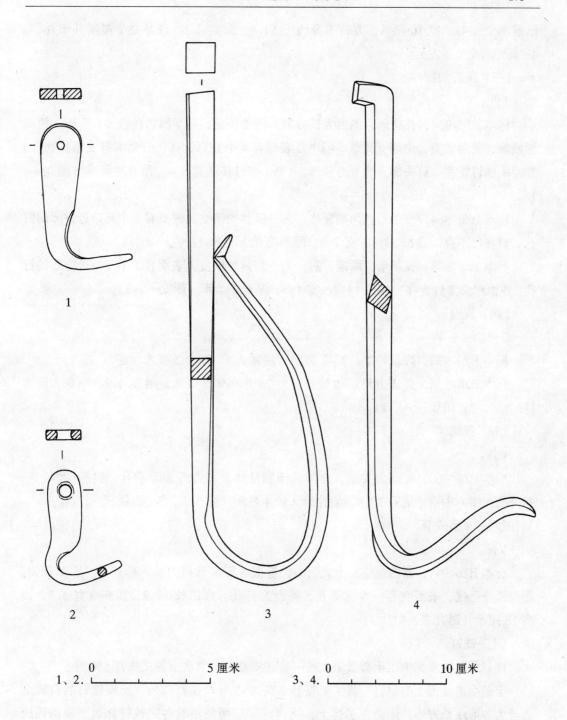

图九〇 铁钩

1、2. 第一类铁钩（BZ6：950、951） 3、4. 第二类铁钩（BZ6：929、928）

已残。全长 41、宽 16 厘米，方钉本身残长 50.4、最宽 2.2、最厚处 2 厘米（图九〇，4；图版三七，3 左）。

（三）条形加固件

3 件。

标本 BZ6:954，长条形，剖面为长方形。因受挤压，后半段扭曲近 "W" 形。两端皆残缺，前端较直，尾端呈叉形。前半段表面有 4 个圆形钉孔，分为两排交错排列，4 颗圆头铁钉皆存，钉头部直径 0.6 厘米。（残）长 116、宽 8.4、厚 0.9 厘米（图九一，1）。

标本 BZ6:964，长条形，两端皆残，为一极薄的铁皮。表面有 4 个开口近方形的钉孔，钉皆已不存。残长 23.4、宽 2.8、厚不足 0.1 厘米（图九一，2）。

标本 BZ6:965，长条形，两端皆残，为一较薄的铁皮。表面有 3 个开口近方形的钉孔，3 根弯头方钉皆存。残长 14.7、宽 1.3、厚 0.1 厘米（图九一，3）。

（四）铁箍

2 件。

标本 BZ6:932，残仅一半。直径 32.4、箍宽 2.1、厚 0.5 厘米（图九二，1）。

标本 BZ6:933，近正方形。边长分别为 24.8、27.2 厘米，箍宽 3.2、厚 0.3 厘米（图九二，2；图版三八，1）。

（五）铁镈

1 件。

标本 BZ6:963，底部为尖底，整体近于圆柱体。顶部开圆形銎孔，侧缘加厚，一圈外凸。器内中空。通高 18.4、銎孔最大径 4 厘米（图九二，3；图版三八，2）。

（六）斗形铁套

1 件。

标本 BZ6:949，器内中空，上大下小，近似斗形。顶部为长方形开口。底部较钝。器身部分已残，表面残存一个方形孔，可能为钉孔。底部长 19.2、顶部残宽 5.7、残高 13 厘米（图九二，4）。

（七）铁钉

铁钉是此次发掘中出土数量最大的一类铁质器物，共出土各式铁钉 550 件。

宝船厂遗址出土的铁钉，除了钯钉和 BZ6:996 号环头钉以外，所有铁钉的钉脚剖面皆为方形或长方形，因而在总体上，明代宝船厂所使用的各式铁钉都属于我国传统的方钉。进一步看，在方钉当中，除了枣核形钉以外，其主要的区别皆在于头部造型的不同，因此，我们主要根据宝船厂出土铁钉头部的变化，将其分为直头钉、弯头钉、扁头钉、圆头钉、锤头钉、环头钉等 6 种，再加上枣核钉和钯钉，共有 8 种铁钉。

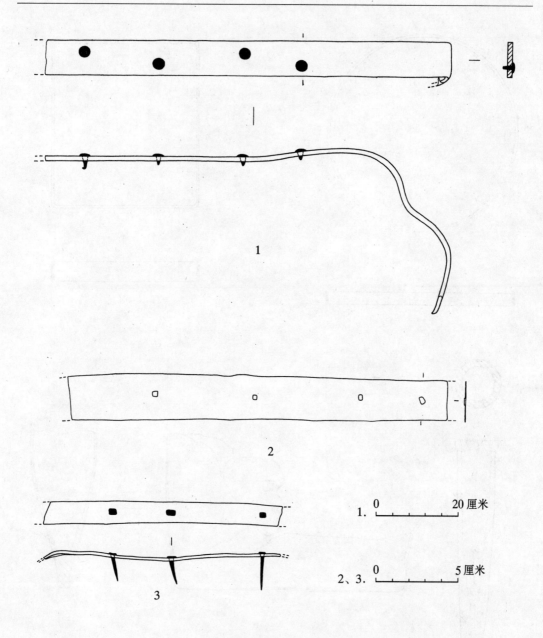

图九一　条形加固件

1、2、3.（BZ6：954、964、965）

值得指出的是，此次出土的每种类别中的每颗钉的规格，皆各不相同。即使大小相近的铁钉，在长度、宽度、厚度、直径等方面总是存在着一定的差异，不能完全一致。

1. 直头钉

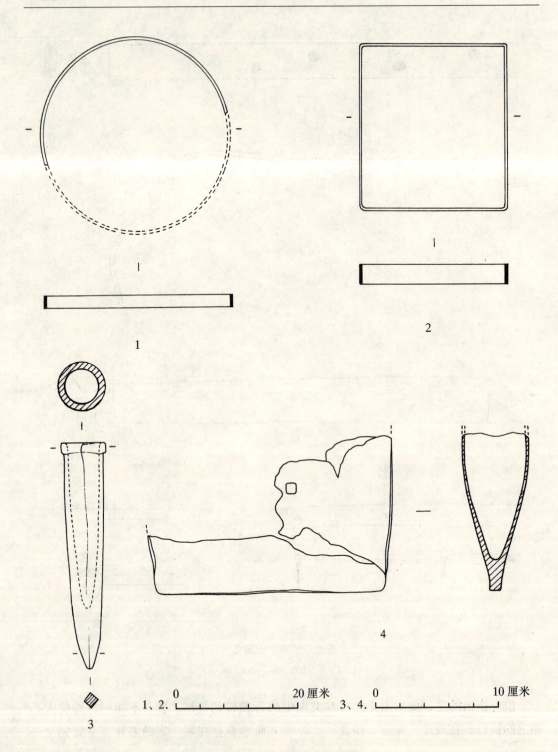

图九二　铁箍、铁镈、斗形铁套

1、2.铁箍（BZ6：932、933）　3.铁镈（BZ6：963）　4.斗形铁套（BZ6：949）

作为单件共出土 135 件，另外在出土的木质器物上还残存较多的直头钉。它们的特点是：整体为一根直铁条，顶部大多数为平顶，也有小部分为坡形顶。顶端或接近顶端的部位最宽、最厚，从上至下宽度与厚度逐渐收缩，至底部呈尖状。

此次出土的直头钉不仅数量较多，而且大小差别很大。

其中最长的达 77 厘米，最短的只有 7.2 厘米。根据它们长度的不同，大致可以划分为 7 种规格。

① 长度 77 厘米。出土 1 件。

标本 BZ6:929，顶端略呈坡形。全长 77、最宽 2.6、最厚 2.4 厘米。这不仅是所有直头钉中最长的一件，而且是所有出土铁钉中最长的一件。它已被改造为铁钩，请见前文铁钩部分的介绍。

② 长度 56.2~58.7 厘米。发现 4 件，均捆扎于 BZ6:948 整捆铁钉之中。具体请见后文 BZ6:948 介绍。

③ 长度 36~41 厘米。出土 4 件。

标本 BZ6:968，平顶，全长 41、最宽、最厚 1.6 厘米（图九三，1；图版三九，1 左 1）。

④ 长度 26.5~33.5 厘米。出土 5 件。

标本 BZ6:969，平顶，全长 26.5、最宽 1.2、最厚 1.1 厘米（图九三，2；图版三九，1 左 2）。

⑤ 长度 20~24.5 厘米。出土 16 件。

标本 BZ6:970，平顶，全长 20、最宽和最厚均为 1 厘米（图九三，3；图版三九，1 左 3）。

⑥ 长度 15.1~17.9 厘米。出土 34 件。

标本 BZ6:971，坡顶，全长 17.9、最宽 1、最厚 0.9 厘米（图九三，4；图版三九，1 左 4）。

⑦ 长度 7.2~13.3 厘米。出土 71 件。

标本 BZ6:972，坡顶，全长 13.3、最宽 0.65、最厚 0.6 厘米（图版三九，1 左 5）。

标本 BZ6:973，坡顶，全长 8.4、最宽 0.6、最厚 0.55 厘米（图九三，5；图版三九，1 左 6）。

标本 BZ6:974，顶部略呈圆形，最宽、最厚处位于顶部稍下位置。这是直头钉中长度最小的一件。全长 7.2、最宽 0.5、最厚 0.5 厘米（图九三，6）。

2. 弯头钉

作为单件共出土 101 件，另外在出土的木质器物上还残存较多的弯头钉。它们的特点是：顶端头部向一侧弯曲，从上至下宽度与厚度逐渐收缩，至底部呈尖状。

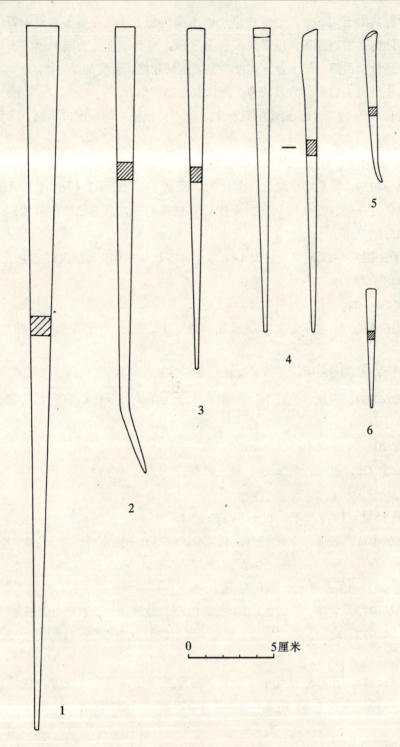

图九三　直头钉

1、2、3、4、5、6.（BZ6：968、969、970、971、973、974）

此次出土的弯头钉与直头钉一样，不仅数量多，而且大小差别同样很大。其中最长的 58.6 厘米，最短的 6.8 厘米。根据它们长度的不同，大致可以划分为 7 种规格。

① 长度 50.4（残）~58.6 厘米以上。出土 3 件，其中 2 件捆扎于 BZ6:948 整捆铁钉之中。请见后文 BZ6:948 介绍。

标本 BZ6:928，残长 50.4、最宽 2.2、最厚 2 厘米。它已被改造为铁钩，请参见前文铁钩部分的介绍。

② 长度 33.4（残）~41.2（残）厘米。发现 3 件。

标本 BZ6:920，残长 33.4、钉脚最宽和最厚处均为 2 厘米。它可能已被改造为铁冲，请参见前文铁冲部分的介绍。

标本 BZ6:975，全长 35、钉脚最宽 2、最厚 1.9 厘米（图九四，1）。

③ 长度 30~32.6 厘米。出土 2 件。

标本 BZ6:976，全长 32.6、钉脚最宽 1.7、最厚 1.6 厘米（图九四，2；图版三九，2 左 1）。

④ 长度 19.5~23.5 厘米。出土 17 件。

标本 BZ6:977，全长 20.9、钉脚最宽、最厚 1.2 厘米（图九四，3；图版三九，2 左 2）

⑤ 长度 13.5~17.5 厘米。出土 34 件。

标本 BZ6:978，全长 16、钉脚最宽 0.9、最厚 0.8 厘米（图九四，4；图版三九，2 左 3）。

⑥ 长度 6.8~11.5 厘米。出土 42 件。

标本 BZ6:979，全长 9.4、钉脚最宽 0.8、最厚 0.7 厘米（图九四，5；图版三九，2 左 4）。

标本 BZ6:980，全长 6.8、钉脚最宽 0.5、最厚 0.45 厘米（图九四，6；图版三九，2 左 5）。

3. 扁头钉

此次共出土扁头钉 9 件，BZ6:981~BZ6:989。另外在出土的木质器物上也残存有少量扁头钉。它们的特点是：顶端头部直立，但被敲击成扁平状。除扁头外，从上至下宽度与厚度逐渐收缩，至底部呈尖状。

出土的扁头钉大小相对接近，大致可分为 3 种规格。

① 长度 14.5~14.8 厘米。出土 2 件。

标本 BZ6:981，全长 14.5 厘米，其中扁头长 1.5、宽 1.2、厚 0.3 厘米，钉脚长 13，最宽、最厚 0.7 厘米（图九五，1；图版四〇，1 左 1）。

② 长度 8.2~12.2 厘米。出土 5 件。

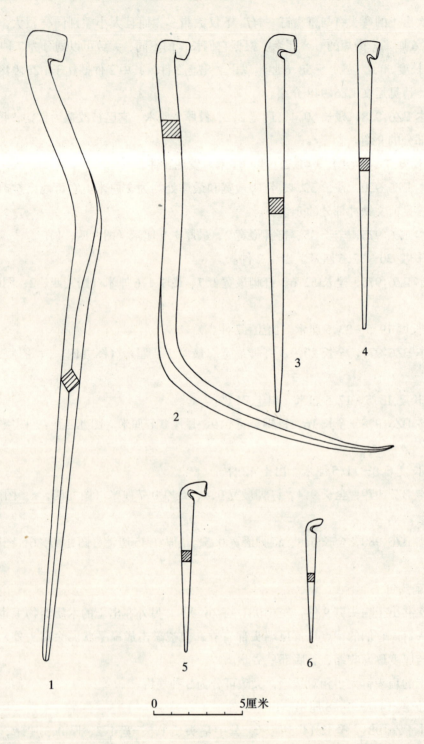

图九四　弯头钉

1、2、3、4、5、6.（BZ6：975、976、977、978、979、980）

标本 BZ6∶983，全长 12 厘米，其中扁头长 1.4、宽 1.9、厚 0.3 厘米，钉脚长 10.6、钉脚最宽 0.8、最厚 0.7 厘米（图九五，2；图版四○，1 左 2）。

标本 BZ6∶986，全长 10.2 厘米，其中扁头长 1.9、宽 1.1、厚 0.3 厘米，钉脚长 8.3、钉脚最宽处均为最厚 0.6 厘米（图九五，3；图版四○，1 左 3）。

③ 长度 5.7（残）～6.3 厘米。出土 2 件。

标本 BZ6∶989，钉脚尖部略残。残长 5.7 厘米，其中扁头长 0.8、宽 1.1 厘米、厚 0.1，钉脚长 4.9、钉脚最宽 0.5、最厚 0.4 厘米（图九五，4；图版四○，1 右 1）。

4. 圆头钉

作为单件共出土 3 件，BZ6∶992、993、994。另外在 BZ6∶954 号条形加固件上发现有 4 颗较大的圆头钉。它们的特点是：头部带有蘑菇状的圆形钉帽。钉脚部分与其他方钉一致，从上至下宽度与厚度逐渐收缩，至底部呈尖状。

标本 BZ6∶994，钉帽顶部较平，钉脚尖部已折弯。全长 4.7 厘米，其中钉帽长 0.5，直径 2.4 厘米，钉脚长 4.9、最宽、最厚 0.5 厘米（图九五，5）。

标本 BZ6∶993，钉脚尖部略残。残长 4.4 厘米，其中钉帽长 0.4，直径 1.8 厘米，钉脚残长 4、最宽和最厚 0.5 厘米（图九五，6；图版四○，2）

标本 BZ6∶992，全长 5.1 厘米，其中钉帽长 0.5、直径 1.8 厘米，钉脚长 5.4、最宽最厚处均为 0.5 厘米（图九五，7）。

5. 锤头钉

出土 1 件，BZ6∶991。

标本 BZ6∶991，顶部为一个有 18 个面的多面体，形似古代的锤头。钉脚剖面为长方形，从上至下宽度与厚度逐渐收缩，至底部呈尖状。在钉脚上还有一个长方形的穿孔，长 0.5、宽 0.2 厘米。全长 8.2 厘米，其中头部长 1.3、宽和厚 1.5 厘米，钉脚长 6.9、最宽 0.7、最厚 0.6 厘米（图九五，8；图版四○，3）。

6. 环头钉

作为单件共出土 5 件。另外，在出土的铁环和铁钩上还发现有配套使用的环头钉。根据环头钉制作方法的不同，可将其分为两型（图版四一，1）。

A 型：钉的一端弯曲成环状，另一端呈尖状，为钉脚。出土 2 件。

标本 BZ6∶1000，整体近似于一根弯头钉，但其头部弯曲成环状。钉脚从上至下宽度、厚宽逐渐收缩，至底部呈尖状。全长 10.3 厘米，其中环头长 1.3、宽 1.6 厘米，钉脚长 10.1、最宽 0.7、最厚 0.6 厘米（图九五，9）。

标本 BZ6∶996，这是此次发掘中出土的唯一一根钉脚剖面近于圆形的铁钉。其大部分钉脚粗细较一致，直至近底部才收缩为尖状。全长 8.9 厘米，其中环头部直径 2、钉脚长 6.9、直径 0.7 厘米（图九五，10；图版四一，1 左 1）。

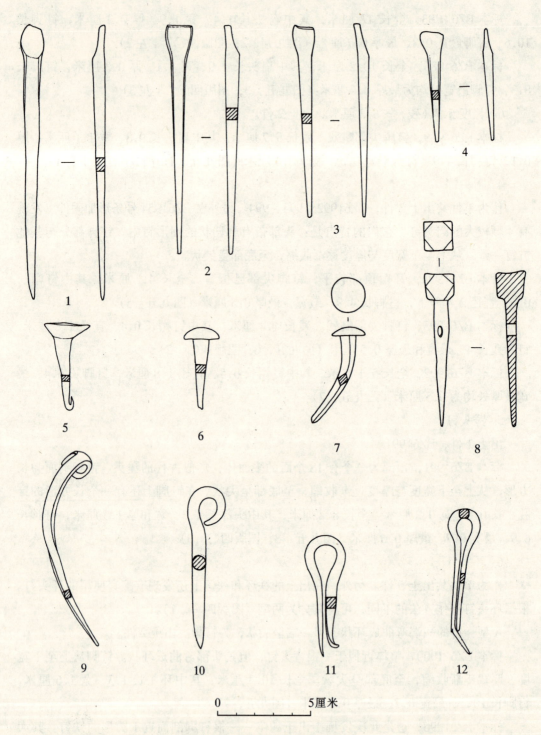

图九五　扁头钉、圆头钉、锤头钉

1、2、3、4.扁头钉（BZ6：981、983、986、989）　5、6、7.圆头钉（BZ6：994、993、992）　8.锤头钉
（BZ6：991）　9、10.A型环头钉（BZ6：1000、996）　11、12.B型环头钉（BZ6：998、999）

B型：整颗钉由一根铁条对折而成，顶端较宽、呈环状，两根钉脚皆内收，并拢在一起。前文铁环上所带的环头钉皆为此型。作为单件出土3件。

标本BZ6：998，全长6.2厘米，其中环头直径2.2、钉脚长4厘米（图九五，11；图版四一，1右1）。

标本BZ6：999，两根钉脚一根稍长，一根较短。全长7.6厘米，其中环头长2.5、宽1.8厘米，钉脚长6.7厘米（图九五，12；图版四一，1左2）。

7. 枣核形钉

4件。在出土的拼接板材上不少带有枣核形钉。其特点为横截面为方形或长方形，两端皆成尖头状，形似枣核。

标本BZ6：1001，全长17.8、最宽0.9、最厚0.7厘米（图九六，1）。

标本BZ6：1002，全长12.7、最宽0.5、最厚0.4厘米（图九六，2）。

标本BZ6：1003，全长12.6、最宽0.6、最厚0.6厘米（图九六，3；图版四一，2）。

标本BZ6：1004，全长11.3、最宽0.5、最厚0.5厘米（图九六，4）。

8. 钯钉

292件。另外，在出土的板材上还发现有实际使用的钯钉。其特点为整体为一块扁平的铁片，两端逐渐收窄成尖头，将尖头弯曲成近90°，与中间部分基本保持垂直状态。

钯钉主要用于木板的拼缝或开裂处，起连接和紧固的作用。从形态分析有所区别，有部分显得较为细长，从中间到两端，宽度的变化较为平缓；另有部分显得较为肥宽，从中间到两端，宽度的变化较为急剧。

钯钉数量较多，大小也存在着差异。根据其铁片总长度的不同，可分为5种规格（钯钉的全长是指铁片的总长度，即钉身再加上两个钉脚的长度，因为铁钉钉脚可在钉身任意部位弯曲）。

① 长度在25厘米以上。2件。皆残。

标本BZ6：1005，大部仍存，一只钉脚残损。残长23.1、最宽2.9，其中钉脚长4.3厘米（图九七，1；图版四二，1左2）。

② 长度19.4~22.1厘米。29件。

标本BZ6：1007，全长22.1、最宽1.9厘米，其中两只钉脚分别长3.7和4.5厘米（图九七，2；图版四二，1左4）。

标本BZ6：1008，全长21.2、最宽2.5厘米，其中两只钉脚分别长4.2和5.1厘米（图九七，3；图版四二，1左3）。

③ 长度15.4~18.1厘米。258件。

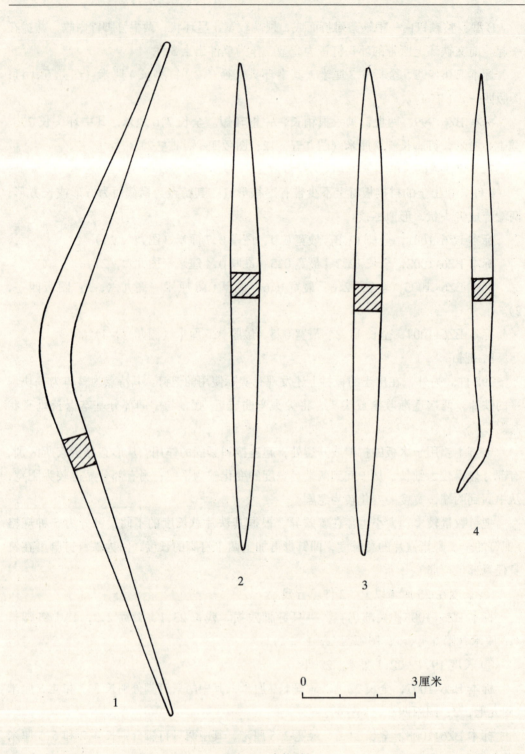

0　　　　　　　3厘米

图九六　枣核形钉

1、2、3、4．（BZ6：1001、1002、1003、1004）

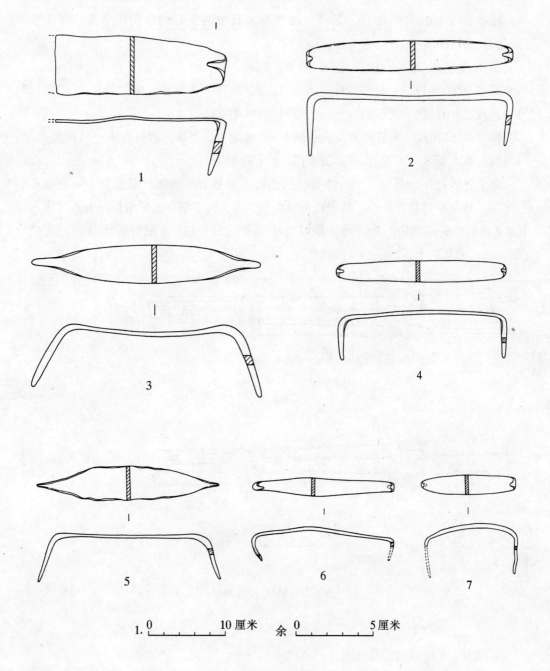

图九七 钯钉

1、2、3、4、5、6、7.（BZ6:1005、1007、1008、1009、1010、1012、1011）

标本 BZ6:1009，全长 17.2、最宽 1.3 厘米，其中两只钉脚皆长 1.9 厘米（图九七，4；图版四二，1 左5）。

标本 BZ6：1010，全长 16、最宽 2.1 厘米，其中两只钉脚分别长 2.8 和 3.3 厘米（图九七，5；图版四二，1 左 6）。

④ 长度 9.4（残）～12.1（残）厘米。3 件。

标本 BZ6：1012，一钉脚微残。残长 12.1、最宽 1.3 厘米，两钉脚中一只长 1.7、另一只残长 0.6 厘米（图九七，6；图版四二，1 右 2）。

标本 BZ6：1011，一钉脚微残。残长 9.4、最宽 1.3 厘米，两钉脚中一只长 2.7、另一只残长 0.5 厘米（图九七，7；图版四二，1 右 1）。

除上述铁钉外，还发现了一件整捆的铁钉，编号 BZ6：948。出土于十一号遗迹的东南部。该捆铁钉共有 6 根，其中直头钉 4 根，弯头钉 2 根。由两根棕绳分别牢牢地捆扎。4 根钉的头部朝向一端，另 2 根钉的头部朝向另一端。6 根钉皆无使用过的痕迹（图九八；彩版二七，2）。

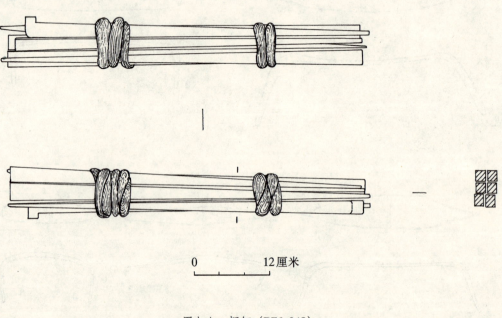

0   12厘米

图九八　捆钉（BZ6：948）

经实测，6 根钉的长度分别为：

① 弯头钉，长 58.6、最宽 2、最厚 1.9 厘米。

② 弯头钉，长 55.2、最宽和最厚处均为 2 厘米。

③ 直头钉，长 57、最宽 2.2、最厚 2.1 厘米。

④ 直头钉，长 58.3、最宽和最厚处均为 2 厘米。

⑤ 直头钉，长 56.2、最宽 2、最厚 1.9 厘米。

⑥ 直头钉，长 58.7、最宽 2.1、最厚 2 厘米。

四 其他

在众多铁质器物当中，有一些器形较为特殊和少见，对于它们的具体用途和性质目前还不能肯定。

（一）叉形器

1 件。

标本 BZ6：941，整器形如鹿角。横截面为长方形，但最宽、最厚的部分位于中部，向两端皆逐渐收窄、变薄。两叉相对，均向同一方向弯曲；另一端亦呈尖状，但向两叉的相反方向弯曲。全长 35.2、中部最宽处 1.9、厚 1.5 厘米（图九九，1；图版四二，2）。

（二）带链铁条

1 件。

标本 BZ6：938，铁条扁平，除顶端近圆形以外，其余大部分为长方体，上下宽窄一致。顶端中部有一圆形穿孔，穿以铁链；铁链残存 5 节，每节皆环绕成 "8" 字形。铁条全长 20.1、顶端宽 3.6、下部宽 2、厚 0.6 厘米，铁链残长 16.5 厘米（图九九，2；彩版二八，1）。

（三）"U" 形器

5 件。器身坚硬，缺乏弹性（彩版二八，2）。

标本 BZ6：939，为一条折弯成 "U" 形的铁条，其一端开有一个近圆形的穿孔，孔径 0.7 厘米。孔中带有一只对折而成的环头铁钉，另一端弯曲成环状。器高 8、宽 13.4 厘米，铁条本身宽 2.5、厚 0.4 厘米，环头钉长 19 厘米（图九九，3）。

标本 BZ6：946，整体呈 "U" 字形，顶端较宽、较薄，中间下凹，呈马鞍状；其下两个尖脚皆向外撇，呈 "八" 字形。全长 17.8、两脚跨度 11.6 厘米，"U" 形器本身最宽处 1.5、最厚处 0.8 厘米（图九九，4；彩版二八，2 左）。

标本 BZ6：952，整体呈 "U" 字形，顶端较宽，两侧肩部各有一近三角形的突出部分。下半部两只脚中，一只已残，另一只为尖脚，但已折弯，与上半部呈 90°。全长 9.2、两脚现跨度 4.6 厘米，"U" 形器本身最宽处 1、最厚处 0.9 厘米（图九九，5）。

标本 BZ6：966，整体呈 "U" 字形，两脚与顶端的折角近于直角。一脚已残，另一脚为尖脚。全长 6.1、两脚现跨度 5.3 厘米，"U" 形器本身最宽处 0.7、最厚处 0.6 厘米（图九九，6）。

（四）"L" 形铁条

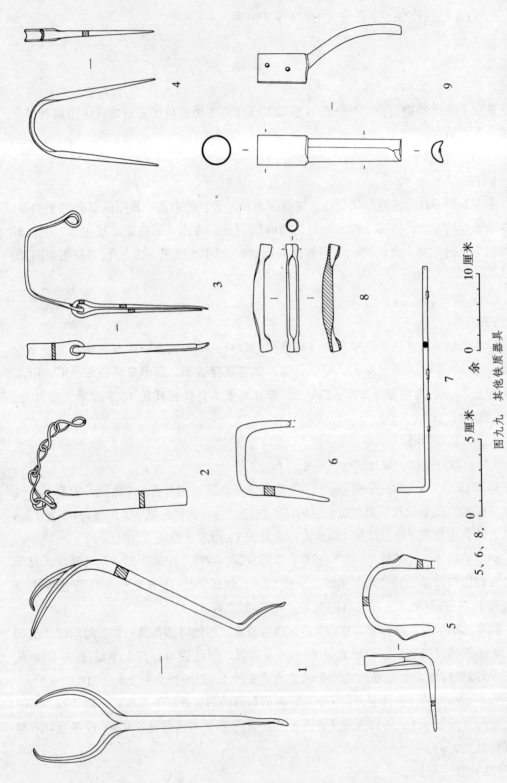

图九九　其他铁质器具

1. 叉形器（BZ6∶941）　2. 带链铁条（BZ6∶938）　3、4、5、6. "U" 形器（BZ6∶939、946、952、966）　7. "L" 形铁条（BZ6∶967）　8. 条形带孔器（BZ6∶942）
9. 带銎残件（BZ6∶940）

1件。

标本 BZ6:967，整体呈"L"形，铁条剖面为圆形。铁条表面带有 4 个乳丁形突起。全长 30.5、宽 4.2、铁条直径 0.6 厘米。（图九九，7）

（五）条形带孔器

1件。

标本 BZ6:942，整体呈"一"字形，中部略拱起，剖面近圆形，两端各有一个圆形穿孔，两孔相对。全长 7.2、孔径 0.8 厘米（图九九，8）。

（六）带銎残件

1件。

标本 BZ6:940，残存銎孔和部分柄状物。銎孔圆形，中空，两端相通，表面带有 4 个圆形钉孔，两两相对。柄状物弯曲成弧形，由较薄的铁皮制成，内空。残高 19.6 厘米，其中銎孔高 6.8、孔径 4 厘米，柄状物残高 12.8 厘米（图九九，9）。

第五章 遗物——陶瓷类

一 综述

陶瓷质地的器物共 355 件。其中，陶器 52 件，有夹砂陶和泥质陶两类，泥质陶中又包括了灰陶、红陶、褐陶和釉陶 4 种；瓷器 303 件，表面釉色不同，有绿釉、黄釉、米色釉、酱釉等，同时还有青白瓷、青瓷和青花瓷等。

陶瓷器制作较为粗糙，装饰简单，甚至还有略有变形。多为普通的民窑产品。种类有壶、罐、韩瓶、研钵、碗、碟、盘、杯、三足炉等，其中的大部分都是与造船工匠的生产和生活直接相关的实用器物。以陶质韩瓶和各类瓷碗的数量最多，分别有 42 件和 284 件，占到出土陶瓷器总量的 11.8% 和 80%。在少量瓷碗上发现残留有油泥的痕迹，说明除了生活用品外，当时也有部分瓷碗被当作工具在使用。

在一些瓷碗的底部有墨书文字，它们大多为姓氏或较特殊的符号，字迹草率、写划随意，应为当时工匠为自己使用的器皿所做的记号。

需要说明的是：六作塘是一处敞开式的特殊类型的古代文化遗存，发掘前塘内积满了松软的淤泥，后代的物品极易混入其中，其中部分青花瓷器即出土于淤泥层的中上部，有可能是后代落入塘中的，这和部分铁质工具存在着同样的情况。从青花瓷器的装饰风格来判断，其中有部分属于明代中晚期至清代早期的遗物。

二 陶器

50 件。其中夹砂陶 2 件，泥质陶 48 件。主要器形有韩瓶、罐、盆、壶、炉、网坠、范等。

（一）韩瓶

42 件。完整的 23 件，仅存底部、无法复原的 19 件。其中，未施釉的 8 件，施釉的 34 件。器形基本一致。口部稍有区别。有敛口和侈口，部分器物的口部还微有平沿。在 23 件完整的韩瓶当中，根据口、颈部的不同，分为两型。

A 型：侈口，颈部内束。出土 1 件。

标本 BZ6：842，方唇，侈口，束颈，溜肩，弧腹中部较直，其下斜收，平底微凹。制作粗糙，器表轮制痕迹明显，且略有变形。褐色陶胎，除外底外，器内外皆满施褐色釉。口径 5.6、底径 5.2、最大腹径 10.3、高 18.2 厘米（图一〇〇，1；图版四三，1）。

B 型：子母口，在颈部形成一个盘状突出部分。出土 22 件。

标本 BZ6：844，方唇，子母口，颈部有一盘状突出，溜肩，弧腹中部较直，其下斜收，平底微凹。制作粗糙，器表轮制痕迹明显，且略有变形。褐色陶胎，器内外未见施釉。口径 4.3、底径 5.9、最大腹径 13.7、高 20.6 厘米（图一〇〇，2）。

标本 BZ6：845，方唇，子口母，颈部有一盘状突出，溜肩，弧腹中部较直，其下斜收，平底。制作粗糙，器表轮制痕迹明显。褐色陶胎，器内外未见施釉。口径 4.1、底径 4.7、最大腹径 9.5、高 17.3 厘米（图一〇〇，3）。

标本 BZ6：846，方唇，子母口，颈部有一盘状突出，溜肩，弧腹较直，其下斜收，平底微凹。制作粗糙，器表轮制痕迹明显。褐色陶胎，器内外满施褐釉。口径 5.2、底径 4.7、最大腹径 10.5、高 18.7 厘米（图一〇〇，4；图版四三，2）。

表一五　六作塘出土韩瓶一览表

（单位：厘米）

分类	编号	口径	底径	最大腹径	高
A 型	842	5.6	5.2	10.3	18.2
B 型	825	4.6	5.4	10.5	19.3
	826	4	4.5	9.4	15.5
	827	4.4	4.6	10.2	17.1
	828	3.9	4.4	10.1	16.1
	829	4.5	5	9.9	18
	830	4.4	4.5	10.3	18.1
	831	4.7	4.6	11	19.2
	832	4.2	4.6	10.2	17.8
	833	4.6	5.3	11.2	19.9
	834	4.5	4.4	10.3	19.3
	835	4.2	5	10.7	18.3
	836	3.6	4.7	11.2	19.7
	837	4.8	4.9	11	21.6
	838	3.8	4.5	10.4	18.9

（续表）

分类	编号	口径	底径	最大腹径	高
B型	839	4	4.4	9.4	16.5
	840	4.6	4.9	11	18.5
	841	4.3	4.6	9.7	17.8
	843	4.2	5.1	10.7	17.5
	844	4.3	5.9	13.7	20.6
	845	4.1	4.7	9.5	17.3
	846	5.2	4.7	10.5	18.7
	847	4.1	4.6	10.3	17.2

（二）罐

2件。

标本 BZ6:1203，圆唇，侈口，束颈，斜肩，鼓腹，圜底。下腹部至底部压印斜线纹。灰陶。口径10.4、高7.6厘米（图一〇〇，5；图版四三，3）。

标本 BZ6:1201，方唇，直口，颈部较高，上腹稍鼓，下腹斜收，颈、腹交界处饰凸弦纹一道。褐色陶胎，器内满施褐色釉，器表仅口沿及腹部中部施釉。口径10.1、底径6、高9.2厘米（图一〇〇，6；图版四三，4）。

（三）盆

1件。

标本 BZ6:899，方唇，直口，斜腹内收，底部微凹。陶胎为褐色。表面施青黄色釉，器内满施褐色釉，器外仅施及上腹部。口径27.6、底径18.1、高9.2厘米（图一〇〇，7；图版四四，1）。

（四）壶

1件。

标本 BZ6:824，尖唇，侈口，颈部较高，微束颈，斜肩，鼓腹，圜底。腹部一侧有短流，流口高度不及壶口。上腹部压印斜线纹，从腹部中部至圜底部拍印横条纹。褐陶。口径8.3、高13.8厘米（图一〇〇，8；图版四四，2）。

（五）三足炉

1件。

标本 BZ6:848，圆唇，敞口，束颈，鼓腹，平底，有三个兽蹄形足。口沿上饰凹弦纹一道，腹部装饰有一圈乳丁形突起，部分已模糊不清。制作粗糙，表面凸凹不平。灰陶。口径9.2、底径6、高6.6厘米（图一〇〇，9；图版四四，3）。

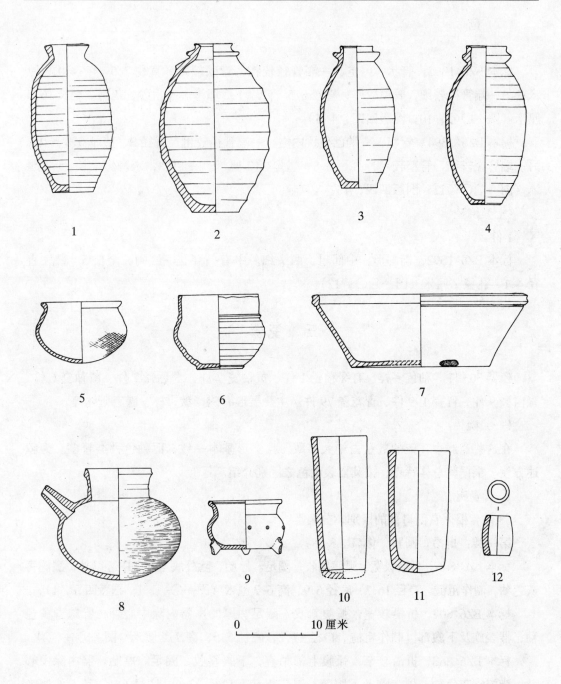

图一〇〇　陶器

1.A型韩瓶（BZ6：842）　　2、3、4.B型韩瓶（BZ6：844、845、846）　　5、6.陶罐（BZ6：1203、1201）　　7.陶盆（BZ6：899）　　8.陶壶（BZ6：824）　　9.三足炉（BZ6：848）　　10、11.陶范（BZ6：1393、1394）　　12.网坠（BZ6：1392）

（六）范

2 件。

标本 BZ6：1393，管状，内空，一端管径较粗，管壁较薄，直径 7.5、壁厚 0.8 厘米；另一端管径较细，管壁较厚，直径 6.5、壁厚 1.3 厘米。夹粗砂，灰陶。全长 16.3 厘米（图一〇〇，10；图版四四，4 右）。

标本 BZ6：1394，管状，一端已残，内空。一端管径较粗，直径 8、壁厚 0.9 厘米；另一端管径较细，管壁较厚，直径 6.3、壁厚 1.2 厘米。夹粗砂，灰陶。全长 15.2 厘米（图一〇〇，11；图版四四，4 左）。

（七）网坠

1 件。

标本 BZ6：1392，椭圆形，中部粗，两头细。中有一穿孔。红陶。全长 5、最大直径 4.1、孔径 2 厘米（图一〇〇，12）。

三　瓷器

瓷器 303 件。釉色多样，有绿釉瓷 1 件、黄釉瓷 7 件、米色瓷 2 件、酱釉瓷 6 件、青白瓷 9 件、青瓷 199 件、青花瓷 79 件。主要器形有碗、盘、杯、碟、研钵等。

（一）碗

在这些瓷器中，碗的数量占绝大多数，且器形基本一致，而釉色种类繁多。为叙述方便，根据其总体特点，按其器表釉色之区别介绍。

1. 青瓷碗

68 件。根据它们口部的区别，分两类。

第一类：折沿，圆唇，侈口。3 件。

标本 BZ6：806，折沿较宽，弧腹斜收，圈足。厚胎，除外底与内底中心以外，满施青灰色釉。制作粗糙。口径 16.7、底径 6.9、高 6.7 厘米（图一〇一，1；图版四五，1）。

标本 BZ6：807，折沿较宽，弧腹斜收，圈足。厚胎。器内除中心外，皆施青黄色釉；器表施及下腹部。制作粗糙。口径 17.2、底径 5.5、高 7.2 厘米（图一〇一，2）。

标本 BZ6：858，折沿较窄，弧腹上部稍直，下腹斜收，圈足。厚胎。器内除中心外，皆施青灰色釉；器表施及下腹部。制作粗糙。口径 17.6、底径 6.1、高 6.6 厘米（图一〇一，3）。

第二类：无沿。65 件。根据腹部的差异，分为三型。

A 型：10 件。圆唇，侈口，深腹，上腹较直，下腹斜收，圈足。

标本 BZ6：803，除外底和内底中心外，满施青绿色釉，釉上带有较大的开片。制

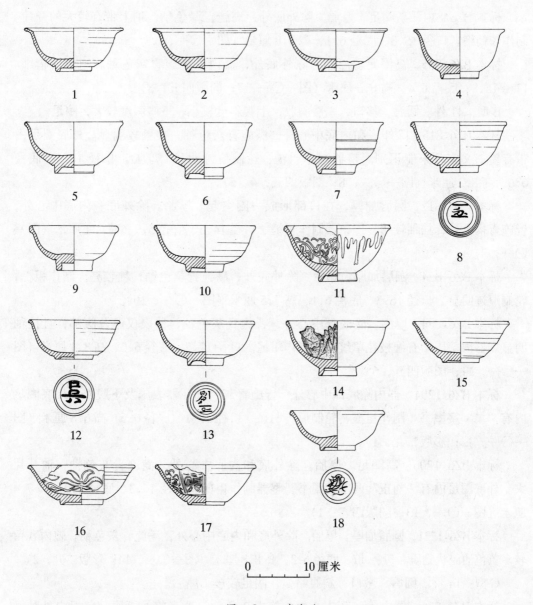

0   10厘米

图一〇一 青瓷碗

1、2、3. 第一类青瓷碗（BZ6:806、807、858）   4、5、6、7. 第二类 A 型青瓷碗（BZ6:803、804、814、855）

8、9、11、12、13、14. 第二类 B 型青瓷碗（BZ6:815、817、854、884、1204、1206、1221）   15、16、17、

18. 第二类 C 型青瓷碗（BZ6:810、888、894、1205）

作较精细。厚胎。口径 15.2、底径 6.8、高 8.2 厘米（图一〇一，4；图版四五，2）。

标本 BZ6:804，高圈足。厚胎。除外底外，满施青灰色釉，釉上带有较大的开片。制作较粗糙，表面轮制痕迹明显，局部还残存按捺的痕迹。口径 16.3、底径 6.4、高 8.3 厘米（图一〇一，5）。

标本 BZ6:814，高圈足。厚胎。除外底外，满施青绿色釉，釉上带有较大的开片。制作较精细。口径 15.8、底径 6.1、高 8.8 厘米（图一○一，6）。

标本 BZ6:855，高圈足。厚胎。除外底外，器内外满施青灰色釉。制作较精细。口径 15.8、底径 6.4、高 8.3 厘米（图一○一，7；图版四五，3）。

B 型：41 件。圆唇，侈口，弧腹斜收，上腹斜度较小，下腹斜度较大，圈足。

标本 BZ6:815，除外底和内底中心外，满施青灰色釉，挂釉较明显。外底圈足内带有墨书文字，未能识别。整器制作粗糙，轮制痕迹明显。厚胎。口径 16.5、底径 6.6、高 8.2 厘米（图一○一，8；图版四五，4、5）。

标本 BZ6:817，圆唇加厚，在口部形成一圈突起。厚胎。除外底和内底中心外，皆施青褐色釉，挂釉较明显。整器制作粗糙。口径 14.6、底径 5.9、高 7.1 厘米（图一○一，9）。

标本 BZ6:854，圆唇加厚。厚胎。除外底外，满施青黄色釉，釉较亮，制作粗糙，轮制痕迹明显。口径 16.3、底径 6.1、高 7.5 厘米（图一○一，10）。

标本 BZ6:884，厚胎。除底部中心外，皆施青灰色釉，器表仅施及腹部，且挂釉明显。器内壁压印有缠枝花草纹饰。制作粗糙。口径 17.7、底径 6.6、高 8.4 厘米（图一○一，11；图版四五，6）。

标本 BZ6:1204，器内除底部中心外，皆施青灰色釉，器表施及下腹部。外底圈足内有"吴"字墨书。制作粗糙，轮制痕迹明显。口径 15.1、底径 6.5、高 6.8 厘米（图一○一，12；彩版二九，1）。

标本 BZ6:1206，高圈足。厚胎。除外底和内底中心外，满施青灰色釉，釉开片大。外底圈足内有"刘正"两字的墨书。整器制作粗糙。口径 16.3、底径 5.9、高 7.4 厘米（图一○一，13；图版四六，1）。

标本 BZ6:1221，圆唇加厚。厚胎。除外底和内底中心外，满施青灰色釉。碗内残留较多黄色油泥状物质。口径 17、底径 6.3、高 8.8 厘米（图一○一，14；彩版二九，2）。

C 型：14 件。圆唇，敞口，斜腹略弧，圈足较矮。厚胎。

标本 BZ6:810，器内除底部中心外，施青灰色釉，器表施及下腹部，但内外釉已剥蚀殆尽。制作粗糙，轮制痕迹明显。口径 16.5、底径 6.2、高 6.7 厘米（图一○一，15）。

标本 BZ6:888，器内除底部中心外，皆施青绿色釉，亮度高，器表施及下腹部。器内壁压印有花卉纹。整体制作粗糙，轮制痕迹明显。口径 18.1、底径 6.7、高 6.5 厘米（图一○一，16；图版四六，2）。

标本 BZ6:894，除外底和内底中心外，皆施青灰色釉，剥蚀较严重。器内底部中心一圈凸弦纹，器内壁浅刻出蝴蝶形装饰，蝴蝶之间以双竖线分隔。整器制作粗糙，轮制痕迹明显。口径 16.4、底径 6.1、高 6 厘米（图一〇一，17；图版四六，3）。

标本 BZ6∶1205，除外底和内底中心外，皆施青黄色釉，表面挂釉较明显。外底圈足内有墨书，似为符号。制作粗糙，轮制痕迹明显。口径 15.8、底径 5.9、高 6.2 厘米（图一〇一，18；图版四六，4）。

另外，在残损无法复原的青瓷碗底中，有不少碗底的圈足内有墨书痕迹：

标本 BZ6∶1210，底部有墨书"化"字（图版四六，5）。

标本 BZ6∶1211，底部有墨书，残存约一半，为"徐"字（图版四六，6）。

标本 BZ6∶1212，底部有墨书"周"字（图版四七，1）。

表一六　六作塘出土青瓷碗一览表

（单位：厘米）

分类		编号	口径	底径	高	备注
第一类		806	16.7	6.9	6.7	
		807	17.2	5.5	7.2	
		858	17.6	6.1	6.6	
第二类	A 型	801	15.3	6.4	7.7	
		802	15.3	6.1	7.2	
		803	15.2	6.8	8.2	
		804	16.3	8.4	6.3	
		808	15.5	6.4	7.6	
		812	16.6	5.8	8.1	
		813	15.9	5.9	8	
		814	15.8	6.1	8.8	
		818	16.7	6.7	7.8	
		855	15.8	6.4	8.3	
	B 型	811	16.1	6	7.5	
		815	16.5	6.6	8.2	底部有墨书
		816	17.2	5.7	6.9	
		817	14.6	5.9	7.1	
		819	15.9	6.2	7.4	
		853	15.4	6.2	7.1	
		854	16.3	6.1	7.5	
		857	14.9	5.8	6.5	
		859	16.4	6.1	7.7	
		861	15.3	5.8	6.5	

（续表）

分类		编号	口径	底径	高	备注
第二类	B型	862	14.7	5.9	7.1	
		863	15.6	5.7	7.4	
		864	15.3	5.6	7.5	
		865	16.9	6.2	7.4	
		866	16.4	5.9	7.5	
		867	17	6	7.5	
		868	17.1	6	7.1	
		869	16.5	5.6	7.3	
		870	16.3	6.1	7.2	
		871	15.3	5.6	6.9	
		872	17	5.9	7.3	
		873	16	6.6	6.5	
		874	15.3	5.9	6.6	
		875	16.1	5.7	7.1	
		876	16.3	5.9	7.3	
		877	15.3	5.7	7.3	
		878	15.8	5.6	7.6	
		879	16.3	5.9	7.1	
		880	16.2	6	7	
		881	15.6	6	7.4	
		882	16.2	6	7.3	
		883	15.9	5.6	7.8	
		884	17.7	6.6	8.4	
		885	16.5	6.6	7.5	
		1200	15.1	5.9	6.5	
		1204	15.1	6.5	6.8	底部有墨书
		1206	16.3	5.9	7.4	底部有墨书
		1207	16.1	5.8	6.6	
		1209	16.5	6.1	7.4	
		1221	17	6.3	8.8	内底残留较多油泥
		1222	15.6	6.3	6.6	

（续表）

分类		编号	口径	底径	高	备注
第二类	C型	810	16.5	6.2	6.7	
		852	16.9	6.3	6.1	
		886	16.5	6.5	7.1	
		887	16.7	6.6	6.7	
		888	18.1	6.7	6.5	
		889	15.9	6.4	5.9	
		890	16.1	6.1	6.2	
		891	16.5	5.7	6.7	
		892	16.1	5.7	6.8	
		893	16.5	6.3	6.3	
		894	16.4	6.1	6	
		895	15.9	6.4	6	
		896	16.2	5.8	5.7	
		1205	15.8	5.9	6.2	底部有墨书

2. 绿釉碗

1件。

标本 BZ6:849，圆唇，侈口，上腹稍直，下腹斜收，圈足，圈足上部内束，形成一道凹槽。厚胎，器表无釉，器内施翠绿色玻璃釉，且带有较大的开片。内底有 3 点支烧的痕迹。口径 17.4、底径 6.4、高 7.1 厘米（图一〇二，1；彩版二九，3）。

3. 黄釉碗

7件。可复原 3 件，无法复原 4 件。

标本 BZ6:805，圆唇，侈口，深弧腹，圈足器。器口为花口，器表刻出条形花瓣装饰，近口部饰凹弦纹一道。器内壁有刻划。厚胎。除外底和内底中心外，器内外皆施淡灰黄色釉。口径 19.4、底径 7.2、高 9.7 厘米（图一〇二，2；图版四七，2）。

标本 BZ6:851，圆唇，侈口，弧腹斜收，圈足。厚胎，除外底和内底中心外，器内外皆施土黄色釉。口径 16、底径 6.3、高 6.6 厘米（图一〇二，3）。

标本 BZ6:898，圆唇，敞口，斜腹，圈足，内底中心微凹。厚胎，器内外皆施淡黄色釉。口径 24.8、底径 8.7、高 6.7 厘米（图一〇二，4；图版四七，3）。

4. 米色釉碗

2件。

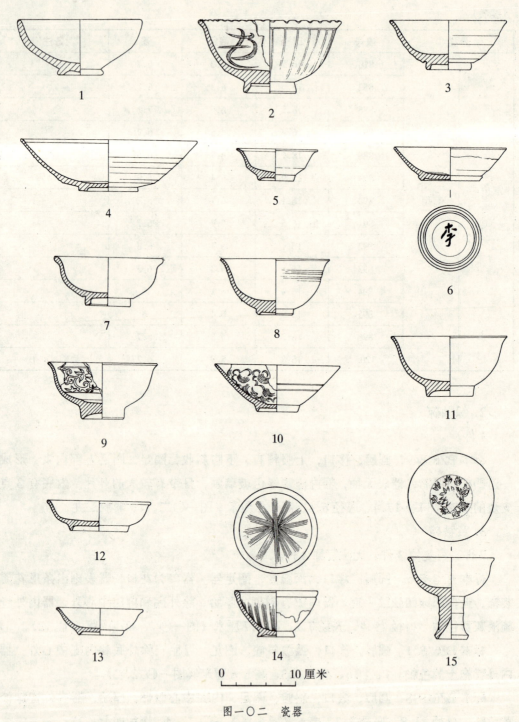

图一〇二　瓷器

1．绿釉碗（BZ6：849）　2、3、4．黄釉碗（BZ6：805、851、898）　5．米色釉碗（BZ6：800）　6、7．酱釉碗（BZ6：822、1200）　8、9、10、11．青白釉碗（BZ6：856、897、1208、860）　12、13．盘（BZ6：809、820）　14．研钵（BZ6：1202）　15．高足碗（BZ6：821）

标本BZ6:800，圆唇，敞口，折腹，圈足。除外底外，整器内外皆施米色釉，釉上有细小的开片。口径11.6、底径5、高4.1厘米（图一〇二，5；图版四七，4）。

5. 酱釉碗

6件。可复原3件。

标本BZ6:822，圆唇，敞口，斜腹，矮圈足。制作粗糙，轮制痕迹明显。薄胎，器内大部分施酱色釉，器表釉仅施及上腹部。器外底有一墨书"李"字。口径15.4、底径8.7、高4.1厘米（图一〇二，6；图版四七，5）。

标本BZ6:823，与BZ6:822器形完全一致。外底亦带有"李"字墨书。口径15.6、底径8.9、高4.4厘米（图版四七，6）。

标本BZ6:1200，圆唇，侈口，弧腹上部较直、下腹斜收，圈足。厚胎。器内满施酱色釉，器表釉施及下腹部。口径15.2、底径5.8、高6.6厘米（图一〇二，7；图版四八，1）。

6. 青白釉碗

9件。可复原4件。

标本BZ6:856，圆唇，侈口，深弧腹，圈足。厚胎，除外底外，器内外满施青白色釉。制作精细。口径15.1、底径5.9、高7.4厘米（图一〇二，8；图版四八，2）。

标本BZ6:897，圆唇，侈口，深弧腹斜收，高圈足，内底中心微凹。器内饰一周剔地划花装饰。厚胎，除外底外，器内外满施青白色釉。制作精细。口径15.6、底径6.1、高7.6厘米（图一〇二，9；图版四八，3）。

标本BZ6:1208，尖唇，敞口，斜腹，圈足，内底中心微凹。薄胎，器内有云气纹划花装饰。除外底外，器内外满施青白色釉。制作精细。口径17.2、底径5.8、高6.5厘米（图一〇二，10；图版四八，4）。

标本BZ6:860，圆唇，侈口，深弧腹，高圈足。厚胎，除外底外，器内外满施青白色釉。制作精细。口径15.8、底径6.3、高8厘米（图一〇二，11）。

7. 青花碗

17件。根据口沿的不同，分两类。

第一类：无沿。3件。

标本BZ6:1239，圆唇，撇口，深弧腹，圈足。除外底圈足内之外，器内外满施釉。器内口部和底部分别饰三道和两道弦纹，底部弦纹圈内绘一菊花；器表绘一周缠枝菊花和云气纹。口径15.2、底径6.7、高7.3厘米（图版四八，5、6）。

标本BZ6:1244，圆唇，侈口，深弧腹，圈足稍外撇。内外满施釉。器内底部中心绘一朵盛开的莲花；其外绘一圈水涡纹；其外绘一圈变形鱼纹，鱼纹之间以"之"字形水草填充；外口部绘一圈倒"山"字形纹饰。近口部绘山形纹，其下绘一圈如意卷云纹，下腹部绘一圈较长的莲瓣，圈足之上还饰两道弦纹。口径17.2、底径7.6、高9.5厘米（图版四九，1、2）。

标本BZ6∶1245与标本BZ6∶1244器形完全相同、纹饰也基本相同。口径17.4、底径7.6、高9.7厘米。

第二类：有沿。14件。根据器腹的差异，分三型。

A型：7件。侈口，圈足。弧腹较直，部分器物近于直腹。

标本BZ6∶1225，尖圆唇，沿微折，除外底圈足内无釉外，内外满施釉。器内口部和底部分别饰一圈和两圈弦纹，底部弦纹内写有一"福"字。器表从口至腹绘一周缠枝花卉，近底部还饰一道弦纹。口径9.7、底径4.1、高4.6厘米（图版四九，3、4）。

标本BZ6∶1230，方唇，折沿。除外底圈足内无釉以外，内外满施釉。器内口部和底部分别饰一圈和两圈弦纹，底部弦纹内写有一"福"字。器表从口至腹绘一周缠枝莲蓬纹，每支莲蓬周围各绘四个涡形纹，近底部还饰两道弦纹。口径15.1、底径6.6、高6.7厘米（图版四九，5、6）。

标本BZ6∶1231，尖圆唇，侈口，折沿。弧腹较直，近于直腹。内外满施釉。器内口部和底部分别饰一圈和两圈弦纹，底部弦纹内写有一字，近似于草体的"凤"字。器表从口至腹绘一周缠枝莲蓬纹，每支莲蓬周围各绘四个涡形纹，近底部饰两道弦纹。口径14.5、底径5.8、高6.4厘米（图版五〇，1、2）。

标本BZ6∶1232，尖圆唇，折沿。内外满施釉。器内口部和底部各饰两圈弦纹，底部弦纹内绘有水草纹；器表从口至腹绘卷草纹，下腹部还饰三道弦纹。口径15.3、底径5.4、高7.4厘米（图版五〇，3、4）。

标本BZ6∶1233，尖圆唇，折沿，近于直腹。内外满施釉。器内口部上下分别饰一道和两道弦纹，弦纹之间饰一城垛形纹（或为梵文符号），底部饰两圈弦纹，弦纹内绘卷草纹；器表从口至腹绘有三棵树，似为松树、柏树和梅树，松树边还有一鹤在飞舞。圈足上部和底部还分别饰有一道和两道弦纹。口径14、底径5.9、高6.8厘米（图版五〇，5、6）。

标本BZ6∶1234，尖圆唇，折沿。内外满施釉。器内口部和底部分别饰一圈和两圈弦纹，底部弦纹内绘山石花草纹；器表口部和近底部分别饰两道和四道弦纹，上、下弦纹之间绘两组花树，每组为两树夹一石。口径14.6、底径5.5、高6.6厘米（图版五一，1、2）。

标本BZ6∶1235，器形、纹饰皆与BZ6∶1233相同。口径14.4、底径5.8、高6.7厘米（图版五一，3、4）。

B型：6件。侈口，圈足。弧腹较斜。

标本BZ6∶1237，圆唇，平沿。内外满施釉。器内口部和底部分别饰两道弦纹，底部弦纹圈内绘一芭蕉立于水波之中；器表腹部绘4棵芭蕉树。口径14.5、底径5.6、高6.3厘米（图版五一，5、6）。

标本BZ6：1241，尖圆唇，折沿，弧腹稍斜。器内底部有一圈刮釉，外底圈足内无釉，其余部位皆施釉。器内口部和底部分别各饰一圈弦纹；器表口部和近底部分别饰一道和三道弦纹，上下弦纹之间绘一周云气纹。口径14.4、底径5.4、高6.8厘米（图版五二，1、2）。

标本BZ6：1242，尖圆唇，平沿，弧腹稍斜。内外满施釉。器内口部和底部分别饰两圈弦纹，底部弦纹圈内绘一朵团叶纹；器表口部和近底部分别饰两道和三道弦纹，上下弦纹之间绘一周缠枝花卉和一周如意云纹。口径14.7、底径5.6、高6厘米（图版五二，3、4）。

标本BZ6：1236，尖圆唇，折沿，内外满施釉。器内口部和底部分别饰两道和三道弦纹，底部弦纹圈内绘乳虎；器表口部和近底部分别饰两道弦纹，上下弦纹之间两两相对绘两组乳虎和两组树石，每组树石图皆为两树夹一石。口径14.7、底径5.9、高6.8厘米（彩版二九，4；图版五二，5）。

C型：斜腹略弧。

1件。

标本BZ6：1240，尖圆唇，敞口，折沿，斜腹略弧，圈足。内外满施釉。器内口部饰一圈花草和一道弦纹，底部饰两道弦纹，弦纹内绘水草仙鹤图。器表近口部上下分别饰一道和两道弦纹，弦纹内绘"山"形折线和串点纹，器腹部绘一周折枝水草。口径14.4、底径6.2、高5.8厘米（彩版二九，5；图版五二，6）。

（二）盘

4件。两件为青瓷，两件为青花瓷。

标本BZ6：809，青瓷。圆唇，侈口，弧腹斜收，圈足。厚胎，除外底和内底中心以外，满施青灰色釉。口径14.6、底径7.9、高4.1厘米（图一〇二，12）。

标本BZ6：820，青瓷。圆唇，侈口，弧腹斜收，圈足。厚胎，除外底外，器内外满施青绿色釉。制作精细。口径12、底径6.4、高3.3厘米（图一〇二，13；图版五三，1）。

标本BZ6：1228，青花瓷。尖圆唇，敞口，斜腹，圈足。内外满施釉。器内口部饰一圈缠枝花草纹，底部绘有一朵展开的菊花，菊瓣密集排列；外底圈足内饰有两圈弦纹。口径15.1、底径6.9、高3.9厘米（图版五三，2）。

标本BZ6：1229，青花瓷。尖圆唇，敞口，斜腹，圈足。内外满施釉。器内底部中心绘有一圈圈的同心圆，其外绘一圈莲瓣，再外绘折枝花卉，每枝花卉皆以曲线加以分隔；器表腹部亦绘折枝花卉，也以曲线加以分隔，圈足上和圈足内各饰两圈弦纹。

口径 20.2、底径 13.7、高 3.4 厘米（图版五三，3）。

（三）研钵

1 件。酱釉瓷。

标本 BZ6:1202，方唇，敛口，弧腹斜收、较深，圈足。器内壁刻有放射线形的细小的凹槽。器内满施酱色釉，器表釉仅施及腹部。口径 11.6、底径 5.2、高 6.2 厘米（图一〇二，14；图版五三，4）。

（四）杯

2 件。均为青花瓷。

标本 BZ6:1223，尖圆唇，折沿；侈口，深弧腹较直，圈足。内外满施釉。器内口沿部和底部各饰一圈弦纹，底部弦纹圈内图案较模糊；器表口沿部和近底部分别饰有一道和两道弦纹，上、下弦纹之间绘有喜鹊登枝图。外底圈足内写有一个草率变形的"福"字。口径 5.1、底径 1.5、高 3.3 厘米（图版五四，1、2）。

标本 BZ6:1224，尖圆唇，折沿，侈口，深腹略斜，圈足。内外满施釉。器内口沿部和底部分别饰两圈和一圈弦纹，底部弦纹圈内绘有一朵牡丹；器表口沿部和圈足上分别饰有两道和三道弦纹，上、下弦纹之间绘有缠枝牡丹图，外底圈足内绘有两圈弦纹。口径 6.8、底径 3.4、高 3.8 厘米（图版五四，3、4）。

（五）碟

2 件。均为青花瓷。

标本 BZ6:1226，圆唇，敞口，斜弧腹，圈足。内外满施釉。器内口部和底部分别饰有一圈和两圈弦纹；器表口部和圈足上各饰一道弦纹，外底圈足内绘有一个方形框，内写"福"字。口径 11.6、底径 6.7、高 2.5 厘米（图版五四，5）。

标本 BZ6:1227，尖圆唇，侈口，弧腹，圜底。除外底周围有一圈刮釉外，内外满施釉，釉偏于灰黄色。器内口部和底部分别饰有一圈和两圈弦纹，底部弦纹圈内绘有折枝花草。口径 12.3、底径 4.1、高 3.4 厘米（图版五四，6）。

（六）高足碗

1 件。青瓷。

标本 BZ6:821，圆唇，侈口，弧腹上部较直、下腹斜收，底部为竹节形柄，柄底内凹。器内底部饰一道弦纹，弦纹内有浅细的叶形划花装饰。厚胎，除柄底外，器内外满施青绿色釉。制作精细。口径 11.8、底径 4.3、通高 10.7 厘米，其中碗高 5.3、柄高 5.4 厘米（图一〇二，15；彩版二九，6）。

第六章 遗物——其他遗物

在六作塘出土的遗物中，除了木、铁、陶瓷三大类器物以外，还有石质、砖质、棕质、蚌质、锡质以及油泥坨等其他质地的器物，由于数量较少，将其归入本章中介绍。

一 石质遗物

72件。有石球、石夯头、带孔带槽石块等。

（一）石球

70件。皆用质地坚硬的岩石凿成，器表凿痕明显。少数石球形状不甚规整。石球大小差别很大（彩版三〇，1）。根据球径的不同，大致分为5种规格。

1. 球径14.8厘米。

1件。

标本BZ6:1300，灰白色，表面凿痕较细密，球体规整。球径14.8厘米（图一〇三，1）。

2. 球径11.3~13.2厘米，6件。

标本BZ6:1301，灰白色，表面粗粝，凿痕大而粗糙，球体较规整。球径12.4厘米（图一〇三，2）。

标本BZ6:1302，青灰色，表面凿痕较细密，但球体不甚规整，部分表面近于平面。最大径13.2厘米（图一〇三，3）。

3. 球径8.4~10.8厘米，55件。

标本BZ6:1334，灰白色，表面凿痕较细密，球体较规整。球径8.8厘米（图一〇三，4）。

4. 球径4.4~5.2厘米，3件。

标本BZ6:1367，灰白色，表面凿痕较细密，球体较规整。球径5.2厘米（图一〇三，5）。

5. 球径3.6~4厘米，3件。

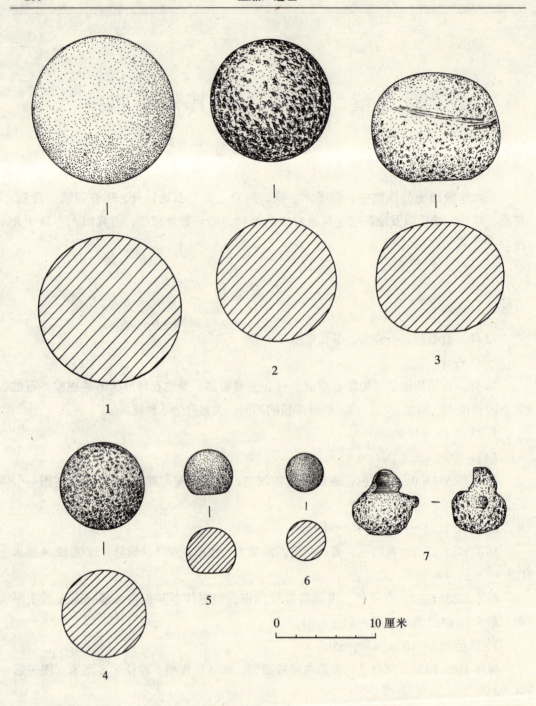

图一〇三 石球

1、2、3、4、5、6、7.（BZ6：1300、1301、1302、1334、1367、1369、1362）

标本 BZ6：1369，灰白色，表面凿痕较细密，球体较规整。球径 4 厘米（图一〇三，6）。

另外，还有 1 件石球形状极不规整。

标本 BZ6：1362，灰白色，凿痕较粗糙，表面有两处较大的突起。球径约 5.7 厘米（图一〇三，7）。

（二）石夯头

1 件。

标本 BZ6：1372，整体近于半个椭圆体，顶面平，顶面中部开一个边长 6、深 6.2 厘米的方形凹坑，凹坑底部的边长稍大于开口处。石质为沙岩，表面凿痕明显。通高 14.2、顶面直径 14.4 厘米（图一〇四，1；图版五五，1）。

（三）带孔带槽石块

1 件。

BZ6：1373，整体近于长方体，残存一半。石块中部有一圆形穿孔，孔径一端较宽。

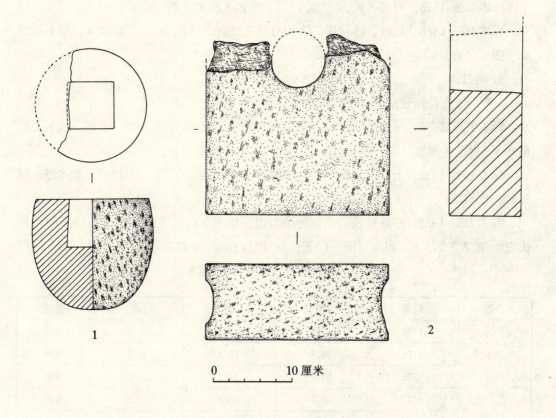

图一〇四 石夯头、带孔带槽石块

1. 石夯头（BZ6：1372）　2. 带孔带槽石块（BZ6：1373）

石块两侧中部皆内凹成槽。石质坚硬，表面粗糙，凿痕明显。残长23、宽24、厚9.6、孔径6.8~7.8厘米（图一〇四，2；图版五五，2）。

二　砖质遗物

（一）砖

14件。有青砖和红砖。

1. 长方体砖

3件。

标本 BZ6:1374，长41.3、宽21.9、厚11.7厘米（图一〇五，1）。

2. 拱形砖

8件。两侧皆弯曲成拱形，两端为斜边。

标本 BZ6:1377，青砖。长41.7、宽16.5、厚15.2厘米（图一〇五，2）。

标本 BZ6:1378，青砖。长32、宽12.3、厚8.2厘米（图一〇五，3）。

标本 BZ6:1388，红砖。已残损。表面有按捺痕迹。残长28.4、宽14.4、厚4.4厘米（图一〇五，4）。

3. 磨刀砖

3件。皆为长方形青砖改成。磨刀面平滑，下凹。

标本 BZ6:1380，一端略残。上、下、两侧等4个面皆为磨刀面，下凹。残长24、宽9.8、厚7.8厘米（图一〇五，5；图版五五，3左）。

标本 BZ6:1385，上、下、两侧等4个面皆为磨刀面，下凹。长15.7、宽8.5、厚5.5厘米（图一〇五，6；图版五五，3中）。

标本 BZ6:1387，一端略残。顶面为磨刀面，略有下凹，底部粗糙，凸凹不平。残长20、宽7.3、厚2.6厘米（图一〇五，7；图版五五，3右）。

表一七　六作塘出土砖一览表

（单位：厘米）

分类	编号	长	宽	厚	备注
长方形砖	1374	41.3	21.9	11.7	青砖
	1375	39.8	18.3	8.2	青砖
	1376	39.2	14.2	8.8	青砖
拱形砖	1377	41.7	16.5	15.2	青砖
	1378	32	12.3	8.2	青砖
	1379	31.6	10.2	6.5	青砖

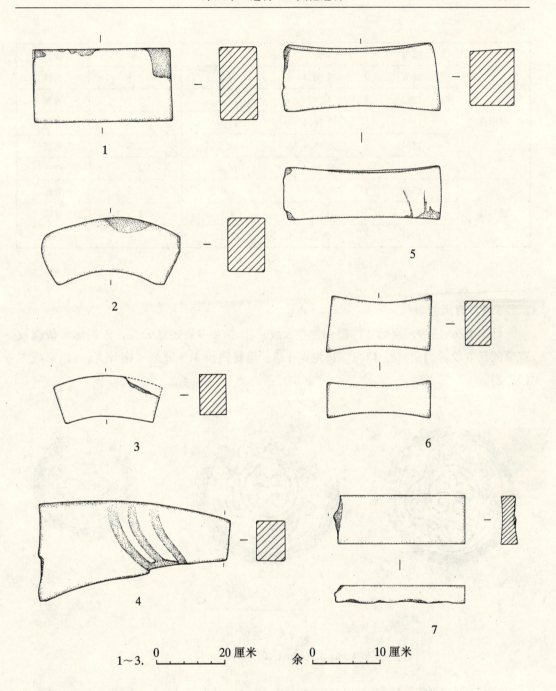

图一〇五　砖

1. 长方体砖（BZ6：1374）　　2、3、4. 拱形砖（BZ6：1377、1378、1388）　　5、6、7. 磨刀砖（BZ6：1380、1385、1387）

（续表）

分类	编号	长	宽	厚	备注
拱形砖	1381	残20.7	13.4	6.8	青砖
	1382	残17	12.5	7.1	青砖
	1383	残16.4	11.9	6.3	青砖
	1384	残16.9	12.7	7.3	青砖
	1388	残28.4	14.4	4.4	红砖
磨刀砖	1380	24	9.8	7.8	青砖
	1385	15.7	8.5	5.5	青砖
	1387	残20	7.3	2.6	青砖

（二）瓦当

3件。青黑色。

标本 BZ6：1389，当面装饰模刻如意云纹：中心为一朵如意云头，四周饰形似缠枝花草的云气纹。当面直径13.2、边轮宽1.3、当脊残长4.3厘米（拓片九，1；彩版三〇，2）。

0 _____ 10厘米

拓片九　瓦当
1、2、3.（BZ6：1389、1390、1391）

标本 BZ6：1390 与标本 BZ6：1389 纹饰相同。当面直径14.3、边轮宽1.3、当脊残长6.6厘米（拓片九，2）。

标本 BZ6：1391，当面模刻装饰凸出，高于当面。装饰纹饰为狮形兽面，口内露齿，口下有须。当面直径10.4、边轮宽1.5厘米，当脊已全部残缺（拓片九，3；彩版三〇，3）。

三　棕质遗物

67件。有棕绳63件，棕垫、棕鞋、木杆棕笔等。

（一）棕绳

64件。棕绳都用数量不等的股进行编结。一般都是3股的整数倍。其编法也有不同。棕绳的粗细差别较大，这是由所用的股数，以及每股所包含棕丝的数量决定的（彩版三一，1）。

根据编结方法的不同，可以分为两类。

第一类：使用"发辫式"编结方法。

2件。

标本BZ6：1425，用3股棕丝组成。其中两股扭结成"8"字形，第3股从"8"字的圈中穿过。形如发辫。全长160、直径4.5厘米（图一○六，1）。

第二类：使用"麻花式"编结方法。

62件。

标本BZ6：1402，用3股棕丝编成。其中的两股始终围绕着第三股旋转，而第三股也围绕着前两股，三者相互缠绕，形如麻花。全长239、直径2.5厘米（图一○六，2）。

标本BZ6：1421，用12股棕丝编成，其中每4小股组成1大股，其后的编结方法与BZ6：1402完全相同。全长540、直径3.8厘米（图一○六，3）。

表一八　六作塘出土棕绳一览表

（单位：厘米）

分类	编号	长度	直径	股数
第一类	1425	160	4.5	3
	1426	82	4.5	3
第二类	1397	500	4.4	9
	1398	195	1.8	3
	1399	306	1.8	3
	1400	280	3.7	9
	1401	285	2.7	3
	1402	239	2.5	3
	1403	419	4.4	3
	1404	360	7.9	12
	1405	1200	7.8	9

（续表）

分类	编号	长度	直径	股数
	1406	1115	5.1	9
	1407	301	4.4	9
	1408	347	4.8	6
	1409	340	1.5	3
	1410	232	4.8	3
	1411	203	3.9	9
	1412	607	4.1	9
	1413	107	4.1	9
	1414	366	1.8	3
	1415	193	4.5	9
	1416	130	1.8	3
	1417	108	4.1	9
	1418	502	3	12
	1419	180	4.5	6
	1420	168	4.1	7
第二类	1421	540	3.8	12
	1422	110	2.8	9
	1423	126	1.5	3
	1424	186	4.5	3
	1427	139	6.8	12
	1428	370	4.5	6
	1429	487	3	3
	1430	358	4	6
	1431	860	7.4	12
	1432	354	4.4	6
	1433	377	4.4	6
	1434	258	8.5	9
	1435	290	4.4	9
	1436	330	7.8	9
	1437	358	9	12
	1439	356	3.7	9

（续表）

分类	编号	长度	直径	股数
第二类	1440	124	1.2	3
	1441	163	3.8	9
	1442	170	4	9
	1443	257	4.2	9
	1444	290	4	9
	1445	250	4	9
	1446	146	3.7	9
	1447	145	4	9
	1448	225	3.6	9
	1449	215	8	6
	1450	210	4	9
	1451	280	4.3	9
	1452	140	3.4	9
	1453	77	1.3	3
	1454	81	2.8	9
	1455	73	2.4	9
	1456	203	1.4	3
	1457	180	4	3
	1458	147	1.3	3
	1459	148	1.3	3
	1460	190	1.7	3
	1461	710	6	9

（二）棕笔

1件。

BZ6：92，笔杆为木质圆柱，近前端刻出一圈凹槽，以便捆绑笔毛。笔毛由棕丝制成，由一条细棕绳绑在笔杆之上。全长44.2厘米，其中木杆长26、直径3.2、笔毛长25厘米（图一〇七，1；图版五五，4）。

（三）棕垫

1件。

标本BZ6：1438，由1根棕绳作经线，1根棕绳作纬线。经线以纬线作依托，来回缠绕28道；纬线穿过经线，来回缠绕12道，相互缠绕而成。长60、宽63.2、厚3.6

图一○六　棕绳（局部）

1. 第一类"发辫式"棕绳（BZ6:1425）　　2、3. 第二类"麻花式"棕绳（BZ6:1402、1421）

厘米（图一○七，2；彩版三一，2）。

（四）棕鞋

1件。

标本 BZ6:1462，用粗细不同的棕绳编结而成。鞋底先用一根较粗的棕绳围成底形一圈，后用稍细的棕绳来回缠绕，形成鞋底。鞋面前部和后部分开。最前端由一根棕绳从鞋底延伸出，与前端保护脚趾的鞋面相连；后部则用两根棕绳从鞋底延伸出，左、右分开，分别与鞋底中部突出的发辫式棕绳相系。全长 26.8、宽 7.9 厘米（图一○八；

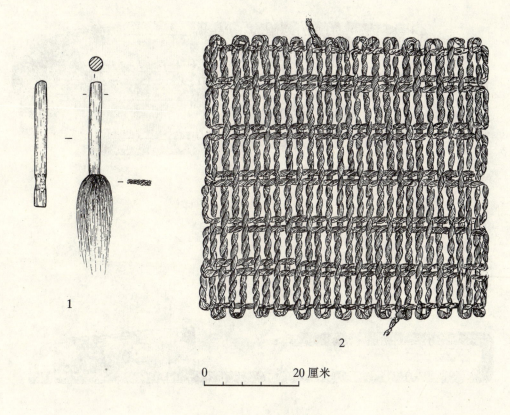

图一〇七 木杆棕笔、棕垫

1. 木杆棕笔（BZ6：92） 2. 棕垫（BZ6：1438）

彩版三一，3）。

四 蚌壳遗物

8件。基本呈方形，表面平滑，厚度为0.1厘米，应为窗格上镶嵌的透光"明瓦"（彩版三二）。

标本BZ6：1463，四角略有残损。长7.1、宽6.6、厚0.1厘米（图一〇九，1；彩版三二，1上排左1）。

标本BZ6：1464，四角略有残损。一角部有一不规则的圆形小穿孔。长7.8、宽7.2、厚0.1厘米（图一〇九，2；彩版三二，1上排左2）。

标本BZ6：1467，两角略有残损。长7.8、宽7.3、厚0.1厘米（图一〇九，3；彩版三二，1下排左1）。

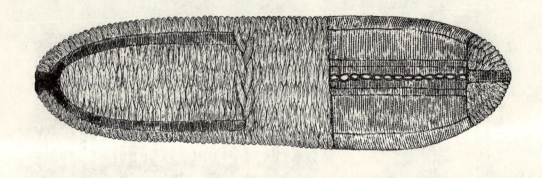

0　　　　　　5厘米

图一○八　棕鞋（BZ6：1462）

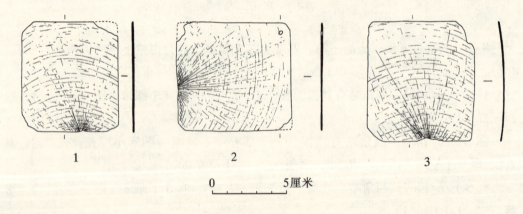

1　　　　　　　　2　　　　　　　　3

0　　　　　　5厘米

图一○九　蚌壳"明瓦"
1、2、3.（BZ6：1463、1464、1467）

表一九　六作塘出土蚌壳明瓦一览表

（单位：厘米）

编号	长	宽	厚	备注
1463	7.1	6.6	0.1	
1464	7.8	7.2	0.1	带小孔
1465	7.6	6.5	0.1	
1466	7.5	7.1	0.1	
1467	7.8	7.3	0.1	
1468	7.3	6.8	0.1	
1469	7.8	6.5	0.1	
1470	8.1	7.1	0.1	

五　油泥

4 件。表面已硬化，颜色棕黄。内部为淡黄色的硬化油泥。油泥中混合有大量呈碎屑状的纤维物质。

同时，经南京大学现代分析中心取样分析，用 X 射线衍射法检测，油泥主要成分为：方解石、蒙脱石、石英、长石，并含有非晶体；用红外光谱法检测，油泥中含有：大量的碳酸盐无机物、少量的矿物油、少量的二甲基硅油和少量的酯类有机物（详见附录三）。

标本 BZ6:1471，整体近似椭圆形，中间下凹，并有两道凹槽。近底部一侧面上残留 4 个椭圆形按捺印痕。长 29.6、宽 20.8、厚 17.2 厘米（图一一○，1；彩版三二，2左）。

标本 BZ6:1472，整体近长方体。长 23.6、宽 20.1、厚 16.4 厘米（图一一○，2；彩版三二，2右）。

标本 BZ6:1473，整体近长方体。长 21.2、宽 18、厚 14.4 厘米。

标本 BZ6:1474，整体近于椭圆形，长 24.2、宽 19.3、厚 17.3 厘米。

六　锡条

2 件。

标本 BZ6:1396，由一块锡皮卷折而成条状，粗细不一。长 7 厘米（图一一一，1）。

标本 BZ6:1395，由一块锡皮卷折而成条状，粗细一致。长 6.7 厘米（图一一一，2）。

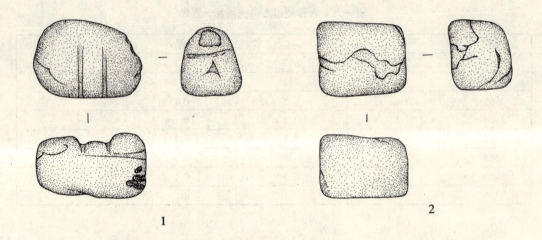

0　　　　　　　20 厘米

图一一〇　油泥

1、2. 油泥（BZ6：1471、1472）

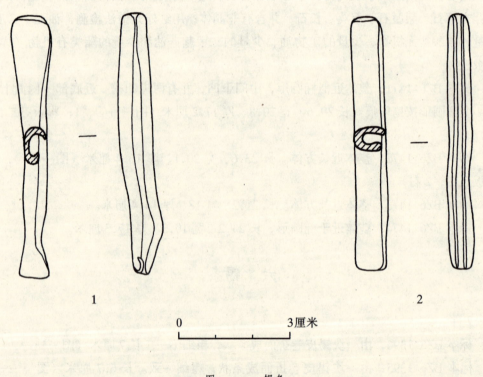

0　　　　　　　3厘米

图一一一　锡条

1、2. 锡条（BZ6：1396、1395）

第七章 结 语

一 作塘的形成

作塘，即船坞，量大体庞，是造船遗址中最主要的建筑设施遗存。同遗址内其他的建筑相比，作塘承担着最直接的造船职能，从造船框架开始，到船只的建造、完成，最后开闸、蓄水、船只入海等工序都是从作塘内开始并完成的。南京明宝船厂遗址内的作塘，以其规模巨大、排列有序的地面形态构成了遗址最重要的部分。同时，这些作塘也是在目前保存的明宝船厂遗址上最重要的实物材料。因此，它是我们研究明宝船厂遗址极为重要的遗存。

一般而言，为了船只下海、入河的方便，造船厂这类的建筑场所都会选择在邻近江海边的漫滩地区，这种区域地势低洼，地质构造一般都为松软的沙层地基，也便于开挖形成塘体。明宝船厂遗址也不例外，厂址就选择在南京城西北部秦淮河和长江之间的一片江漫滩地。目前所存的三条作塘基本呈东西走向，南北向排列，西端距长江之夹江不足 300 米，作塘的西延部分，特别是有关船只入江的船闸的情况等因现在长江防堤的存在而不得而知。整条作塘的长度也和原有的实际长度有所差异，从现有情况和较早时期的图纸材料上比较可以看出，当时作塘的长度应大于现有的实际长度。

作塘两侧堤岸局部的考古发掘和塘体内部的清理证明：宝船厂遗址中作塘的形成比较简单。首先在厂址内邻近江边的低洼地段处进行深挖，形成最原始的塘口，积土分别堆积在塘口两岸，形成最早的堤岸，其土质较为松软和细腻。塘体上宽下窄，呈倒梯形，底部也基本形成一个平面，宽为 8～14.2 米。两侧斜坡较为平整，坡度为 10°～12°。在塘内挖至一定深度时不再下挖，而是采取加高两侧塘堤的方法来加大作塘的深度和体量。在塘堤第二层发现了较为纯净的黄土层，较为平整，且较为坚实，是专为加高堤岸而夯筑的，为明显的人为夯实的遗存。黄土非本船厂范围内所有，应是特意从别处运来专门用来加固、加高堤岸的。该层现存厚度近 1 米，从实际看，其厚度当不止于此，其上部应为后世所破坏。

堤岸两侧未见有砖、石结构的护坡，而是采用了自然的土坡做为护坡。

二 塘底建筑的性质和特点

六作塘底部清理出的大量形态各异的建筑基础，是本次考古发掘中最大的收获之一。它第一次为我们揭示了造船作塘底部的真实面貌。发现的所有遗迹均为木结构建筑，且现存的都是原建筑的底部基础部分。我们现在已无法知道当时这些建筑的高度，但这些基础的存在，至少可以告诉我们，它们和造船这一工作有着密切的关系。这些遗迹分布较为密集，同时其平面形态又呈多样性，分布于作塘的底部，应特别注意的是在一些规模较大的遗迹周围大多散落有数量较多的"T"形木撑和各式木质工具。结合遗迹之间相互依存的关系和在作塘内的分布状况，我们认为，这类建筑遗迹应是当时建造船只时搭建的用来承受船体本身的"平台"的基础部分。

这次发掘，共在六作塘底部发现了34处建筑遗迹的基础。这些遗迹，都保存在底部的平面上，沿作塘东西向排列，相互之间无直接关系，相对独立。分析遗迹本身的特点，都是以各种不同的木料搭建而成，其平面结构绝大部分都是南北走向，其结构的方向和六作塘基本垂直，仅有个别的遗迹在其本身的建筑形态上表现为东西向的结构，和作塘的走向一致。从平面结构的形态进行综合分析，这些基础大致可以分为以下四种类型：第一类，一般都由竖立的木桩围成一圈，大部分围成长方形，少数围成椭圆形或近"8"字形，圈内大多铺有红色或绿色的砂石土层；第二类，主要特点是底部都有密集的底桩，上部铺设有横向或纵向的圆木，构成层层叠架的结构；第三类，主要特点是平面呈长方形，外围四周以榫卯结构围成框架，框内有红、绿垫土和底桩；第四类，相对简单，仅有横向或纵向的排木，四周并无框架。综合分析，这四类基础中，在某些结构特点上存在着互相交叉的现象。

这些有序排列的遗迹在作塘内的分布颇有特点。就其本身的结构而言，位于作塘东部地段的遗迹，其结构相对来说较为简单，一般表现为第一类和第四类遗迹为主，都是以竖桩围成长方形一圈的结构较多，圈内构造也较为简单，在平面上常常只有一圈木桩存在，有的圈内有一些东西向排列的横木。位于作塘西部的建筑遗迹，其结构相对复杂，以第二、第三类遗迹较多，结构本身也不仅仅有长方形，而表现为较多的方形，面积和范围均有明显的增加。同时，这些遗迹保存有多层木结构形态，其底部都有密集的竖桩地钉作为平面的基础，大大增强了遗迹本身的牢固程度。

从这一区别也可以看出，六作塘东西部两段存在的遗迹结构和规模上的差异，分别反映出其不同的布局和作用。至少从单个的遗迹结构来分析，结构复杂的遗迹，其承受的作用力就较多，在整个造船的过程中其起到的作用应当是比较重要的。反之，一些相对简单的遗迹，其承受的重量就会少一些。目前我们虽然无法全面了解明代当时造船的具体方式和做法，但从作塘底部发现的这些遗迹的分布和结构特点也可以分析出当时造船的一些信息，相信这些遗存的发现，对于研究造船史方面的专家会提供极为重要的资料。

同时，在作塘底部的34处重要的遗迹中，其本身的排列也有一些规律可寻，每个遗迹之间的间距并非是统一的，且有着明显的差距，相邻两个遗迹之间最近的只有1.5米，最远的有30米之多。如此大的区别，给了我们一个较为明显的信号，这些遗迹的实际作用，一方面是相互联系的，另一方面又是可以单独存在的。如果以相距30米之远的间距来分析，以此为界，左右两组的遗迹是否可以成为单独的两个或几个整体来作为造船时的设施？这还需要进一步的分析和研究。如果这两组或几组遗迹可以作为塘内相对独立存在的整体组合，是可以建造比较大型的船只的。而且从目前六作塘的长度来分析，当时在塘内至少可以同时生产两条甚至更多大型的船只。

另外，从遗迹本身的结构及其走向来分析，其本身的方向大多垂直于作塘本身，从单独的一个遗迹来推测，其本身的承重能力有明显的差别，但结合众多的遗迹以及作塘本身东西走向的特点，可以肯定：当时建造船只时的方向是东西向建造的，也就是说，船体本身是东西向的，底部众多的遗迹共同支撑着一只或者多只船体进行建造。

出土的各类建筑遗迹，不仅可以让我们对当时造船的具体做法和形式做出相关的推测。同时，也可以使我们了解到明代在造船等建筑领域所体现出的高超技术水平。从较为复杂的遗迹中可以看出，周边框架的结构都是用榫卯连接，榫卯结构也有两种，绝大多数是在框架的角部以方形卯孔垂直相接，另一类是在框架的中部以圆孔相连，这些遗迹的最大特点在于基础结构牢固异常。在有些遗迹中，周边框架有内外两层，外侧一般以条木平铺，内侧一般以木桩支撑，在有些遗迹中，内外两层之间还用短木支撑用来保持其稳定性。除了周边的框架以外，在框架内部一般都有密集的垂直打入底部地基的木桩，形成致密而有序的地桩，极大的增强了遗迹底部的坚固性和承载能力。据《营造法式》记载，此类底桩也称之为"地钉"，是中国古代建筑中经常出现一种建筑形式，特别是在地势低洼的地区进行建设，一般都采用这一建筑方法。

南京地区，虽有较多的低岗丘陵，但整体水位仍较高，地下水丰富，在一些江滩河畔进行建设，基础的稳固程度决定了该建筑能否长期利用。考古发掘证明，在六朝至明、清时期，只要是低洼的地区，其建筑的底部都有"地钉"的存在。最具代表性的是，在南京南唐时期的护龙河两侧石护岸的底部，就发现了密集而粗壮的圆木底桩。在南京明、清时期的多类建筑中，这类现象就更是普遍存在。宝船厂遗址六作塘底部发现的这类底桩现象就是当时此种建筑方式的真实反映。

三　文物的特征

（一）综述

明代宝船厂遗址出土的文物，数量丰富，种类繁多。这是国内第一次集中出土的反映明代造船业方面的珍贵文物，大大丰富了我国明代文物的宝库，该批文物基本反映了造船厂作塘内所应有的的文物种类。

在这些文物中，木器的数量最多，其次为铁器，另外还有瓷器、石器和棕质类的文物等。木质文物不仅数量多，而且其性质和用途也多种多样，我们在分析该类文物时，在客观上存在着比较大的难度，基于对造船业方面的情况不甚熟悉，因此，对部分文物的性质和用途难以认定，同时，由于遗址本身的残缺性，导致相当一部分的文物难以弄清其真实的性质与用途。

遗址中的文物，绝大部分都出土于六作塘的底部，由于塘内稀泥和积水的存在，特别是清理发掘到作塘底部的时候，其地层堆积的明确划分显得非常困难。从现场发掘及文物的实际出土情况可以界定：绝大部分的文物都出土在淤泥层的底部。作塘最底部的大量木结构建筑遗存，是直接建在底部的生土层上，即是塘内时代最早、最为原始的遗迹。大量的遗物都出土在该类建筑之中或其上。文物的出土较为分散，在作塘内底部均有发现，特别在一些较为重要的遗迹中或者其侧旁都有较多的文物存在，其中就有一些重要的木质工具类文物。同时，在厚达2～3米的积水淤泥层中。也分布着一些瓷器，如青花瓷碗等一些文物就出土于淤泥层的中部堆积中，从器形和纹饰等特征分析，这类瓷器的时代多数为明代中晚期，有些甚至可能晚到清代早期，晚于作塘底部的遗迹和文物。这些文物应是在船厂和作塘废弃以后掉入塘内的。这和史料记载造船厂在明中期以后逐渐废弃是可以相互印证的。

根据塘内出土文物的特点，我们将文物以其质地加以分类，分为木质文物、铁质文物、陶瓷质文物、石质文物和其他类文物等几大类。而在木质类文物中，按文物的性质及用途的区别分成船上构件、造船工具、造船用构件等小类，目的是为了更好地完整介绍出土的各种木质文物。需说明的是：对于木质文物的分类，只是一种便于介绍的方式，有些文物其性质和功能上是互相交叉的。

在外表形态上，文物的大小差距甚远，大至10米多长的舵杆，小至几厘米的铁钉；在文物的制作上也有较大的差异，有些文物制作规整，如舵杆、木尺、木刀、木圆盘、木轴等，有些文物制作较为粗糙，如木桨、木锤等，在一些木桨的桨叶上可以清楚地看到铁质工具加工后留下的痕迹。有些文物上至今保留的印痕可以反映出该文物原有的使用状况，如在一件木轴上，至今可以清晰地看到当时绳索牵转而留下的槽印。

（二）本质文物

木质文物中的船上构件种类较多，主要有舵杆、各类船板、圆盘、转轴等多种。这些木板中大部分，在船上的具体位置和作用不甚明确，但有一些明确的特点。各类船板中不少船板上精细地开凿出方形、圆形的小孔，用以置钉；有相当数量的木板上还保存有多种颜色的油漆，有黑色、红色、蓝色等多种颜色；有的船板至今还保存着两块或三块拼接的状态，板与板之间还存有舷缝的油泥；有的木板上还雕刻成花纹图案；几乎所有的板材上都有残留的钉孔，也有相当一部分的板材上还存有多种形状的铁钉。从钉道的位置和排列分布特点看，可以较为清楚地分析出木板之间的连接方式。

船上用具中最为重要的是出土的两根巨型舵杆，舵杆出土于六作塘的东部区域，南北斜向置于塘底部。舵杆是由一根完整的圆木加工而成，表面光滑，做工精细，质地沉实，是六作塘中发现的最大的两件文物，也是最为重要的两件文物。1957 年，在同一作塘内，也出土了一根大型舵杆，长 11.06 米，现存国家博物馆。加上本次发现的两根，在一个作塘内集中出土有三根大型的舵杆，其长度均在 10 米以上，实为罕见。同时也可以说明，当时作为造船地的第六号作塘，应是较为重要的，而且是较为繁忙的造船场所。

舵杆，作为本次考古发掘中体形最大的文物，也是船用物件中极为重要的构件。两根舵杆均为整木制成，从现有舵杆最宽处计算，原木的直径至少在 88 厘米以上，足见当时所用木料之巨大。舵杆表面制作精细、规范，杆体上可见的斜向方孔以及布满铁钉的"上川"，可以让我们进一步了解舵杆的总体形状和构造以及它的安装和使用方法，其作为重要的船用构件，对于更深入地研究所附船只的规模大小以及吃水量等问题都具有十分重要的意义。

木质文物中的造船用具最典型的有各类木刀、木尺、木桨、木锤等。其中的木刀和木尺制作精细，木刀保存基本完好。木刀主要为刮、填船板之间缝隙的油泥而制，其形制基本相同，从表面看具有明显的使用痕迹。木尺保存完整，较为规整，实际长度 31.3 厘米。正面十进位制的分格和刻度清晰，背面"魏家琴记"的刻字款清晰可见，推测是该尺的主人姓名。据明代朱载堉《乐律全书·律学新说》，明代时期的常用尺分营造尺、裁衣尺、量地尺等三种。营造尺一尺的长度与明宝钞墨边外齐。国家博物馆藏有明代宝钞 39 张，保存完好，宝钞上下墨边间的长度平均为 31.9 厘米；1956年，在山东梁山宋金河支流一沉船中发现的一把骨尺，长 31.78、宽 2.8、厚 0.25 厘米，也当为营造尺。[①] 明宝船厂遗址中出土的木尺，也属营造尺。这一发现，增加了明

---

① 国家计量总局等编：《中国古代度量衡图集》，文物出版社，1984 年，34 页。

代实用尺的实例，可以让我们明确地了解到明代当时的度量衡制度。特别重要的是，结合文献材料的记载：我们能根据木尺的准确尺寸，从中推算出船体上各种构件的长度，特别是船只本身的长度和宽度等一系列重要的数据。

木桨和木锤的制作相对较为粗糙，但形式多样。从总体分析，其器形较小，特别是木桨，应该不是在大船上实际使用的工具，很可能是在建造大船的过程中的小船上使用的。

木质文物中的造船用构件主要是一些建筑遗迹上的构件，保存较好的有体形较大的"T"形木撑以及大量的木桩和木料。该类的文物制作较随意，其中木撑大小长短不一，造型基本相同。该木撑主要用于塘底部建筑遗迹上用来支撑船体的用具，也有可能是本身用来支撑各类"平台"建筑的。木桩的数量较多，其制作更见草率随意，其形状也不甚规则。大多是利用加工后的边角木材二次加工而成，也有一些木桩还保留有树皮和树瘤，显得极为粗糙，其主要的用途也是置于建筑底部起加固作用。

从木质文物的整理中发现，在一些木桩和木工具上都有许多重要的文字材料（见图版五六）。这些文字的书写方式一般有刀刻、烙印、墨书等三种不同的方式。文字一般都竖刻在木桩的表面，少数在木桩工具的端面。文字中最常见的是表示木桩的编号、尺寸等内容。如较具代表性的有"圈字五万八千五百四十三号'○'一尺三寸'│'一丈九尺"的字样，其中"○"应表示木桩的周长，"│"应表示木桩的长度。需要说明的是，木材上铭刻的"○"和"│"是造船木料进场时所刻，代表的是木料的原始直径和长度，所以不能用这些铭文和出土的各种木质工具、用具的实际长度直接比对，因为这些工具和用具皆经过了或简或精的加工处理。这种给一根木桩进行定编的形式，可以反映出当时对造船所需木料是进行严格的管理和使用的。明代李昭祥《龙江船厂志》"会支物料"条中有这样的记载："就将根数、围长、丈尺核实开报，照数派拨，委官并提举司对验相同，方许印烙支出，赴厂验实给用等因。"[①] 这可以证明，在建造船只时，管理部门对所及材料的使用支配有着严格的制度。

在这些文字材料中，最为重要的是在木锤和木夯上发现的烙印文字"官"以及在一根木桩的顶端发现的墨书文字"干王工"。附"官"字工具的发现，从一个角度证明了这些工具是属于官营机构，"干王工"三字，顾名思义，有可能是为王室或皇家干活的意思，应是造船工人在无意中书写，但可以推测应是当时造船工人心理的真实写照。它们的发现，可以为我们判断造船遗址的性质提供重要的信息。

对遗址中出土的木质文物进行树种鉴定表明：绝大部分为杉木。在共鉴定的236个样品中，杉木为188个，占总数的79.7%；其次为柚木，为26个，占总数的11%；

---

①　李昭祥：《龙江船厂志》，江苏古籍出版社，1999年，19页。

格木为13个，占总数的5.5%；另外还有锥木4个，松木2个；柿木、娑罗双、杯裂香树种各1个。从树种在各类木质文物中的分布来看，柚木、格木都是一些细加工的板材和船板，舵杆和圆轴等一些加工精细的文物都是木质强度较硬的格木。大多数木桩和板材、船板都使用的是杉木。

（三）铁质文物

占出土文物中数量第二位的是铁质文物，从其功能上区别，大致有两类：一类是直接用来加工木料，制造各种构件的工具，较典型的有刀、斧、凿、锥、锯等，保存较为完整。大多数工具都有使用过的痕迹，有些工具上还附有木质器柄；另一类是用来加固船板等构件的用具，具体地说，就是各种形制的铁钉和钩、环等，绝大部分为形式多样的铁钉。铁钉中以长条形方头铁钉最多，除大小有差异外，其形状基本相同。同时，两端折弯的钯钉较具特点，可以反映出其在造船过程中广泛的用途。

四 遗址的时代和性质

（一）时代

对船厂遗址的年代问题，可以从以下几个方面来进行讨论。

1. 文献记载和遗址所在的位置是统一的。

在明代以及以后的一些文献中，有大量关于明代船厂的记载。最为完整记录了明代船厂的著作当为自明嘉靖三十年（1551年）担任龙江船厂主事的李昭祥撰著的《龙江船厂志》，其中记载："洪武初，即都城西北隅空地，开厂造船。"这是明代最早在南京城西北开挖建船厂的记载。这一船厂就是明代在南京建立的最早的船厂——龙江船厂。在明代以前的所有文献记载中，没有关于该地点船厂遗址的任何记录，因此，该遗址的年代上限绝对不会早于明代。书中记录的船厂的位置、地名等内容和现存的地名和位置均未发生太大的变化。这一范围就在南京城西北邻近长江东岸的大片空旷低洼的地带，相对具体地说，从北面的三叉河河口至南面的草场门一带，从城墙往西至长江之夹江这一片地带就是明代船厂的范围和大致位置所在。本次考古发掘的船厂作塘遗址就位于这一范围之内。

2. 通过对六作塘及北侧堤岸的解剖发掘，明确了当时最原始的地层堆积，在堤岸及作塘的最底部堆积中没有发现早于明代时期的遗存和文物，这和文献记载是相吻合的。

3. 六作塘中出土的大量文物从不同的角度证明了六作塘的具体年代。首先，出土文物中，有相当一部分的木质文物上都发现了不同类型和性质的文字材料。在木质材料和工具上注上文字，在李昭祥的《龙江船厂志》中有明确的记载。据《龙江船厂志·

成规》载："嘉靖二十年，带管督造主事沈启查得，会有木植，向来文移止分大次、根数，并无围圆长短。……议欲会查之时，就将根数、围长、丈尺核实开报，照数派拨，委官并提举司对验相同，方许印烙支出，赴厂验实给用等因。"这段文字记载明确告诉我们，在明代为了对造船材料进行严格的管理，在木材料上刻上标记已成为一种制度。其次，六作塘底部出土的大量的陶、瓷器也明确了遗址的年代，特别在作塘底部发现的大量瓷器具有较明确的时代特征。青瓷龙泉碗和青花碗都为明代早、中期的典型器物。

4. 碳－14 测试的结果也佐证了遗址的时代。经北京大学考古文博学院科技考古与文物保护实验室对木质文物（主要为出土的木桩）中的五个样品进行了碳－14 测定，其年代最早为 535±40 年，最近年代为 430±40 年。需要说明的是，所测年代应该为该树木死亡时的年龄。由此推断，遗址年代也为距今 600 年左右。

综合上述几个方面，发掘的六作塘及其底部建筑遗存的时代当在明代早、中期。

（二）性质

对该遗址性质的讨论，实际上是要明确本次发掘的六作塘遗存所在的遗址是属于"龙江船厂"还是"宝船厂"的问题。长期以来，对明代南京造船厂的问题始终有着一些不同的意见，史学家们根据文献资料的记载，对南京"龙江船厂"的位置、范围以及现存的船厂遗址是属于"龙江船厂"还是"宝船厂"等问题说法不一。事实上，确定该船厂遗址是属于"龙江船厂"还是属于"宝船厂"，关键的一点是要确定该船厂是不是生产明代郑和下西洋所用船只的船厂，同时，该船厂能否生产像文献记载中所说的郑和下西洋所用的如此大规模的海运船只。这其中涉及大量文献记载中的不同的说法，文献记载中和这一问题相关的内容较多，且历代的研究者多有不同的说法，关于郑和下西洋所用船只到底有多大？是否如文献记载中的那样？这与讨论船厂性质的问题没有直接关联，本报告暂不加测算和考证。

产生这些分歧的最根本的原因是对现存这一船厂的规模、范围、内部布局、结构等问题没有进行过系统的调查和发掘，由于长期以来的历史原因，不可能也没有机会从事这一工作。此次考古发掘，从发掘的范围而言，虽然只是其中的一条"作塘"，还无法全面的了解该船厂的范围和布局，但从中也能给我们透露出一些重要的信息，为我们了解该船厂的性质提供了非常重要的依据。

要确定该船厂的性质，同样也需要文献记载和考古工作两方面的材料进行讨论。

首先，从文献记载来分析。遗址所在地，自古相传这里是明朝三宝太监郑和下西洋建造"宝船"的地点。"宝船厂"作为地名至今仍在当地老百姓当中使用。

除了历代相沿的口头传承外，有关船厂遗址的历史记载也十分丰富。这为我们确定遗址的名称、时代、地点和性质提供了非常重要的依据。比较重要的有以下一些：

1．明万历顾起元撰写的《客座赘语》卷一中有"宝船厂"条，其中记载道："今城之西北有宝船厂。永乐三年三月，命太监郑和等行赏赐古里、满刺诸国……宝船共六十三号……"

2．成书于明天启年间，由茅元仪撰写的《武备志》中附有著名的《郑和航海图》，其全称原为"自宝船厂开船从龙江关出水直抵外国诸番图"。[①]该图将宝船厂的位置明确标注于秦淮河南岸、太子州（今江心洲）旁边，与遗址今天的所在地完全一致（图一一二）。

3．罗懋登写成于明万历年间的《三宝太监西洋记通俗演义》（简称《西洋记》）虽然是一部小说，但书中保留了不少重要史料，为历代学者所重视。[②]该书第十六回描述建造宝船厂之事时说道："就于下新河三叉口草鞋夹，地形宽阔，盖造宝船厂一所，工完奏闻。"[③]"三叉口"即下新河与秦淮河的交汇处，位于今天遗址的北面。考虑到该遗址北部原有相当大的面积遭到填埋，因此《西洋记》中记载的宝船厂位置与遗址今天的位置也是相互吻合的。

其次，本次考古发掘中出土的一些重要的遗迹现象和遗物，也许能给我们确定该船厂的性质提供重要的信息。

1．六作塘本身的规模和塘底部发现的密集有序的建筑基础，可以说明在这一作塘内生产较大规模的船只是可能的。六作塘现存长度为421米。作塘东西两端已有相当一段已经遭到填埋，东部已辟成交通干道，西部已被辟成公园和长江防洪大堤。因此，该作塘原有的长度远远不止于此。"作塘"现存表面宽为41米，由于长期的侵蚀，地形地貌的反复变迁，相信原有塘口的宽度应当宽于现存的宽度。同时，在六作塘底部发现的木结构基础，其形式结构不一，牢固程度也有差异，考虑到长期以来浸泡在塘底会引发各种损坏和变异的因素，单从这些遗迹的排列方式和密集的程度来分析，作为支撑船体的木结构基础，将其几个或者十几个作为一个组合体，在其之上建造大规模的船只，它们的承重能力应该是没有问题的。因此，从"作塘"的规模和塘底的建筑遗迹来分析，在六作塘内建造大型船只是可能的。

2．在六作塘内出土的一些文物也能说明当时生产的船只应该是颇具规模的。主要有舵杆、棕绳及一些其他大型的木质构件和船板等。

出土的两根舵杆，均长10米以上，用一根整木加工而成，且制作较为精细；出土的棕绳较多，其中最粗者直径达9厘米，显而易见，这当非一般小型船只所使用。除此之外，出土的一些附有雕花图案的船板及构件也非一般船只所使用。木质文物上发

---

① 茅元仪：《武备志》第240卷，中华书局，1961年。

② 向达：《关于三宝太监下西洋的几种资料》，《郑和研究百年论文选》，北京大学出版社，2004年。

③ 罗懋登：《三宝太监西洋记通俗演义》，上海古籍出版社，1985年，209页。

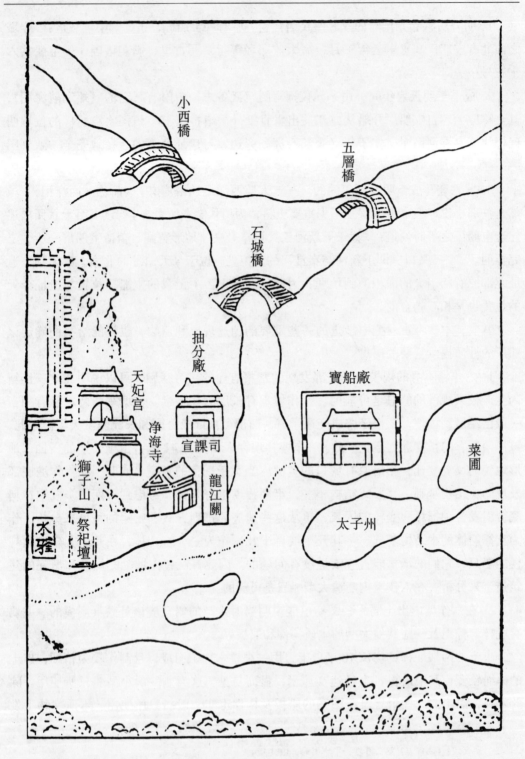

图一一二   "郑和航海图"局部（据明代茅元仪《武备志》）

现的一些文字材料，反映出明显的官方性质。

综合文献和出土遗迹和遗物加以分析，初步可以判断，此次考古发掘的六作塘应为明宝船厂遗址中的一条生产大型船只的船坞，该遗址也应为明代"宝船厂"遗址，这里生产的船只和明代郑和下西洋所用船只有着十分密切的联系。

南京宝船厂遗址出土木材的
树种鉴定和用材分析

潘　彪　徐永吉　　　　　华国荣　祁海宁　骆鹏
　南京林业大学　　　　　　　　南京市博物馆

2003 年 12 月至 2004 年 7 月，南京林业大学与南京市博物馆合作，对出土于南京明代宝船厂遗址六作塘当中的大量与造船相关的木材进行树种鉴定和用材分析。本次鉴定共取样 236 个，通过鉴定，发现其中共有八类树种，现分别编号为 A、B、C、D、E、F、G、H。

具体所取样木的编号和鉴定结果见表 1。

1　材料和鉴定方法

由于取样对象为木质文物，因文物的保护需要，为了最大限度地保持其原样，减少人为影响留下的痕迹。大多数木样截取于出土木构件的边缘小裂片或碎片，长约1~数厘米，宽度和厚度为 1~数毫米。

因受所取样木的尺寸限制，木材的显微鉴定，采用徒手切片，在 OLYMPUS BX－51 研究用显微镜下观察和照相。

2　样木宏观和微观构造特征

2.1　样木 A

2.1.1　宏观构造特征

因木材长期埋存地下，材色发生一定变化，但样木心、边材区别仍可清晰分辨，边材土黄褐色，心材浅栗褐色微紫，如图 1。木材新切面仍具香气。

生长轮明显。无管孔，管胞在放大镜下略可见。晚材带窄，色深，呈紫褐色；早材至晚材渐变至略急变。木射线极细，放大镜下横切面上明显；径切面射线斑纹肉眼下可见。胞间道缺如。

2.1.2　显微构造特征

早材管胞横切面为不规则多边形至方形；径壁具缘纹孔通常1列，少数2列；晚材管胞横切面为长方形。轴向薄壁组织量多；星散状及弦向带状，早晚材带均有分布；薄壁细胞中常含深色树脂。木射线通常单列，稀2列或成对，高1～25细胞，多数4～13细胞；少数含深色树脂。射线细胞全由薄壁细胞组成，少数含深色树脂；薄壁细胞水平壁厚，纹孔不明显；端壁节状加厚未见。射线薄壁细

图1　样木A外观特征，示心边材明显

胞与早材管胞间交叉场纹孔式为杉木型，通常2～4个，纹孔口长轴沿管胞轴向或略倾斜。如图2所示。

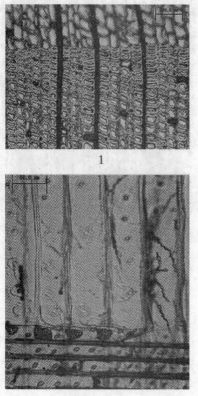

1

2

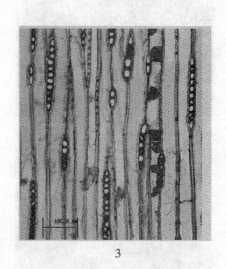

3

图2　样木A显微构造三切面
1. 横切面，示管胞形态和轴向薄壁细胞分布
2. 径切面，示管胞壁纹孔、射线细胞水平壁，交叉场纹孔式杉木型　　3. 弦切面，示木射线宽度和高度，具轴向薄壁细胞

2.2　样木 B

2.2.1　宏观构造特征

生长轮明显。无管孔。晚材甚明显，色深，因长期埋存地下，呈紫褐色；早材至晚材急变。横切面晚材带上轴向树脂道明显，多而大。木射线极细，放大镜下明显；径切面射线斑纹肉眼下可见。

2.2.2　显微构造特征

早材管胞横切面多边形至方形，径壁具缘纹孔 1 列，晚材管胞横切面为长方形。轴向薄壁组织缺如。木射线具单列和纺锤形两类：单列射线高 1～18 细胞，多数 3～14 细胞；树脂含量少；纺锤形射线具径向树脂道；径切面射线管胞存在于射线上下边缘，射线管胞外缘波浪形，内壁深锯齿。射线薄壁细胞与早材管胞间交叉场纹孔式为窗格状，通常 1～2 个。树脂道具轴向和径向两类。如图 3 所示。

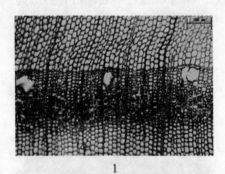

1

3

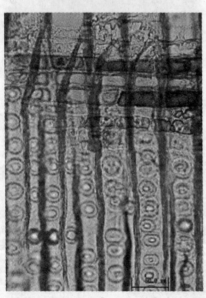

2

图 3　样木 B 显微构造三切面

1. 横切面，示管胞形态和轴向树脂道　2. 径切面，示管胞壁纹孔、射线管胞内壁深锯齿，交叉场纹孔式窗格状　3. 弦切面，示木射线宽度和高度，具径向树脂道

2.3　样木 C

2.3.1　宏观构造特征

木材黄褐至暗褐色；触之有油性感。生长轮明显；环孔材至半环孔材；早材管孔大，肉眼下明显；连续排列呈明显早材带，侵填体常见；有时可见白色沉积物。早材至晚材略急变；晚材管孔略少、略小，放大镜下明显，散生或数个呈斜列。轴向薄壁组织在放大镜下可见；傍管状及轮界状。木射线细至中，肉眼下可见，径切面上射线斑纹明显。波痕及胞间道缺如。

2.3.2　显微构造特征

早、晚材导管在横切面上为卵圆形及圆形；具侵填体。晚材管孔多数单独，少数 2~3 个径列复管孔，散生或数个呈斜列。导管分子单穿孔，穿孔板平行至略倾斜；螺纹加厚缺如；管间纹孔式互列。轴向薄壁组织环管状，及轮始式轮界状；晶体未见。木纤维壁上具缘纹孔明显；分隔木纤维可见。木射线非叠生；单列射线甚少，高 1~6细胞；多列射线宽 2~6 细胞，高 5~50 余（多数 20~35）细胞；射线组织同形及少数异Ⅲ型；射线细胞中含少量树胶，晶体未见。射线与导管间纹孔式类似管间纹孔式。胞间道缺如。如图 4 所示。

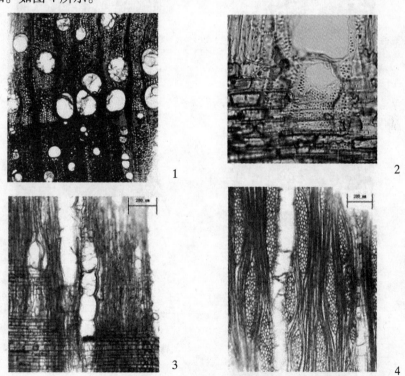

图 4　样木 C 显微构造三切面

1. 横切面，示半环孔材、管孔内含侵填体　2. 径切面，示射线与导管间纹孔式　3. 径切面，示射线组织同形至异Ⅲ型，导管分子单穿孔、内含侵填体　4. 弦切面，示木射线宽度和高度

2.4　样木 D

2.4.1　宏观构造特征

样木因长期埋存地下，呈乌黑至黑褐色，硬重而致密。生长轮不明显；散孔材。管孔略少、略小，肉眼下略可见；大小一致，分布均匀，散生。轴向薄壁组织量多；肉眼下可见；翼状、聚翼，部分弦向相连呈短带状。木射线极细，放大镜下可见。波痕略可见。胞间道缺如。

2.4.2　显微构造特征

导管横切面为圆形及卵圆形；通常单管孔，少数 2～3 短径列复管孔，散生。导管分子单穿孔，穿孔板平行至略倾斜；导管间纹孔式互列，系附物纹孔。导管内树胶常见；螺纹加厚缺如。轴向薄壁组织量多，翼状，聚翼状，及轮界状；轴向薄壁细胞内含少量树胶，分室含晶细胞常见，内含菱形晶体。木纤维壁厚，单纹孔或具狭缘，数少，不明显。木射线局部叠生，单列射线高 3～12 细胞，多列射线宽 2 细胞，高 3～16 细胞；射线组织同形单列及多列。射线细胞内含树胶丰富，晶体未见。射线与导管间纹孔式类似管间纹孔式。胞间道缺如。如图 5 所示。

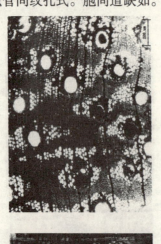

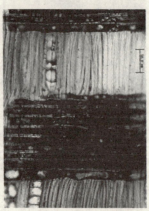

图 5　样木 D 显微构造三切面

1. 横切面，示散孔材、管孔内含树胶和轴向薄壁组织类型　2. 径切面，示射线组织同形、轴向薄壁细胞具分室含晶细胞　3. 弦切面，示木射线宽度和高度

2.5　样木 E

2.5.1　宏观构造特征

样木因长期埋存地下，呈黑褐色，材质致密。生长轮明显；环孔材。早材管孔大，肉眼下明显；沿年轮方向排列不连续，列宽 1～4 管孔；管孔内常具侵填体。晚材管孔小，呈径列火焰状。轴向薄壁组织在放大镜下湿切面上可见，离管带状（细弦线，量多）、环管状。木射线极细，在放大镜下略可见。波痕及胞间道缺如。

2.5.2　显微构造特征

早材导管横切面通常为卵圆形；晚材管孔卵圆形，及具多角形轮廓，径列；导管分子单穿孔；具侵填体；螺纹加厚缺如。管间纹孔式为互列。环管管胞量多，围绕于导管周围，具缘纹孔圆形，纹孔口内呈圆形或透镜形。轴向薄壁组织量多，主为离管带状及星散－聚合状，宽 1～2 细胞，少数混杂于环管管胞区域内，呈环管状；薄壁细胞常含树胶；具分室含晶细胞，内含菱形晶体。木纤维壁略厚；具缘纹孔形小，但明显。木射线非叠生，通常宽 1 细胞，偶成对或 2 列；高 1～20 细胞或以上，多数 6～17 细胞；射线组织同形单列，少数异形单列，直立或方形射线细胞偶见，比横卧射线细胞略高；射线细胞大部分含树胶，晶体未见。射线与导管间纹孔式为大圆形及刻痕状。胞间道缺如。如图 6 所示。

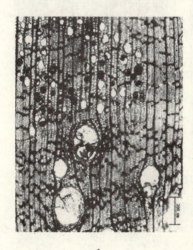  

　　　　1　　　　　　　　　　　　2　　　　　　　　　　　　3

图 6　样木 E 显微构造三切面

1. 横切面，示环孔材晚材管孔径列状，管孔内含侵填体和轴向薄壁组织类型　2. 径切面，示射线组织同形、具环管管胞　3. 弦切面，示木射线宽度和高度

2.6　样木 F

2.6.1　宏观构造特征

木材浅黄褐色。生长轮不明显。散孔材。管孔在肉眼下可见，略少，略大，大小

颇一致，分布均匀。轴向薄壁组织环管状，及围绕于胞间道周围的周边薄壁组织。木射线细至中，肉眼下可见。波痕未见。具正常轴向树胶道，在肉眼下为白色点状，呈同心圆或长弦列。

2.6.2 显微构造特征

导管横切面为圆形或卵圆形；管孔单独；侵填体偶见；导管分子单穿孔，穿孔板近水平。螺纹加厚缺如。管间纹孔式少见，互列，系附物纹孔。环管管胞数少，与轴向薄壁组织相混杂，围于导管四周，具缘纹孔明显。轴向薄壁组织主为傍管型环管状，少数星散状，以及围绕胞间道的周边薄壁组织呈带状。晶体及树胶未见。木纤维壁薄，径壁具缘纹孔稀疏。木射线非叠生，单列射线数少，高 1～10 细胞，多列射线宽 2～5（多数 3～4）细胞，高 15～50 细胞；鞘细胞数少；射线组织异Ⅲ型，少数异Ⅱ型。导管与射线间纹孔式为大圆形。具正常轴向胞间道，埋藏于轴向薄壁细胞中，呈长弦列。如图 7 所示。

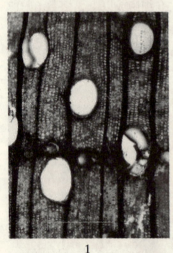

1　　　　　　　　　　2　　　　　　　　　　3

图 7　样木 F 显微构造三切面

1.横切面，示散孔材，具长弦列状正常轴向树胶道　2.径切面，示射线组织异形　3.弦切面，示木射线宽度和高度

2.7 样木 G

2.7.1 宏观构造特征

木材新切面黄褐色；致密而较硬重。生长轮不明显；散孔材。管孔在肉眼下略明显，略少，散生；侵填体丰富。轴向薄壁组织略丰富：离管型，在湿切面上略见，呈细短弦线；傍管型，为环管状和翼状。木射线在肉眼下可见，细至中。波痕缺乏。具正常轴向胞间道，单独散状分布，在放大镜下不易见。

2.7.2 显微构造特征

　　导管横切面圆形或卵圆形；管孔单独；侵填体丰富。导管分子单穿孔，穿孔板近水平。螺纹加厚缺如。管间纹孔式未见，与环管管胞间纹孔式互列，系附物纹孔。环管管胞明显，位于导管周围，与轴向薄壁组织混杂；具缘纹孔数多；明显。轴向薄壁组织略丰富：离管型，星散状，星散－聚合状或带状（宽1个细胞）；傍管型，环管束状及稀疏环管状、翼状；以及围绕在胞间道四周，呈翼状的周边薄壁组织；薄壁细胞通常不含树胶，晶体未见。木纤维壁厚至甚厚，具缘纹孔稀疏，明显。木射线非叠生，单列射线较少，高4～15（多数7～10）细胞；多列射线宽2～6（多数4～5）细胞，高10～60余（多数30～50）细胞，射线组织异Ⅱ型；鞘状细胞明显、数多；部分射线细胞内含树胶，硅石可见，晶体未见。正常轴向胞间道比管孔小，埋藏在薄壁细胞中，通常单独。导管与射线间纹孔式刻痕状及大圆形。如图8所示。

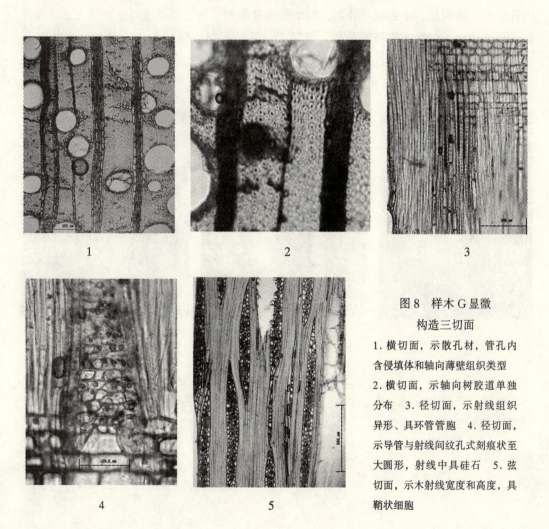

1　　　　　　　　　2　　　　　　　　　3

4　　　　　　　　　5

图8　样木G显微
构造三切面

1. 横切面，示散孔材，管孔内含侵填体和轴向薄壁组织类型
2. 横切面，示轴向树胶道单独分布　3. 径切面，示射线组织异形、具环管管胞　4. 径切面，示导管与射线间纹孔式刻痕状至大圆形，射线中具硅石　5. 弦切面，示木射线宽度和高度，具鞘状细胞

2.8　样木 H

2.8.1　宏观构造特征

木材灰褐色。生长轮不明显。散孔材。管孔少，中等大小，肉眼下可见，略呈径列；侵填体可见。轴向薄壁组织在放大镜下明显；离管弦向排列，呈细带状，兼具环管状。木射线极细，在放大镜下可见。波痕未见。胞间道缺如。

2.8.2　显微构造特征

导管横切面为圆形或卵圆形；单管孔及 2～4 个径列复管孔。导管分子单穿孔，穿孔板平行或略倾斜；侵填体丰富，螺纹加厚缺如。导管间纹孔式互列。轴向薄壁组织主为断续离管带状（宽 1～2 细胞），少数星散 – 聚合状和环管束状；薄壁细胞含少量树胶；具菱形晶体，分室含晶细胞普遍，可连续达 20 个以上。木纤维胞壁略薄，具缘纹孔数少，不明显。木射线非叠生，射线宽通常单列，稀 2 列或成对，高 5～25（多数10～18）细胞；射线组织异形单列，稀异Ⅰ、Ⅱ型；射线细胞内含大量树胶，菱形晶体可见。射线与导管间纹孔式类似管间纹孔式。胞间道缺如。如图 9 所示。

 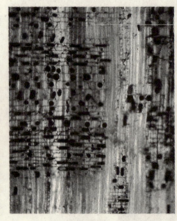 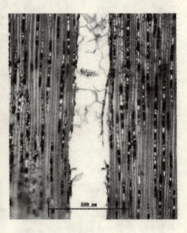

1　　　　　　　　　　　　2　　　　　　　　　　　　3

图 9　样木 H 显微构造三切面

1. 横切面，示散孔材，管孔内含侵填体和轴向薄壁组织类型　2. 径切面，示射线组织异形　3. 弦切面，示木射线宽度和高度

3　样木鉴定结果与分析

3.1　样木 A

依据所观察的木材构造特征及木材所具有的特殊香气,对照相关资料和标准图谱①,确定样木 A 为杉科 *Taxodiaceae* 杉木属 *Cunninghamia* 的杉木 *Cunninghamia lanceolata*。

杉木为我国特产树种,高达 30 米以上,胸径可达 1 米余,树干通直。广泛分布于我国南方地区,南至福建、广东、广西南部,东至沿海山地直达台湾,西至四川西部,北达淮河、秦岭南坡。为我国最重要的用材树种之一。

杉木加工性能好,能耐腐,抗白蚁危害。木材纹理通直,结构中等而均匀。质地轻软;干缩小;强度低;冲击韧性低至中,但品质系数高。

杉木广泛应用于电杆、木桩、房屋房架、屋顶、隔栅、柱子、门、窗、地板及其他室内装修等,板材为优良的船舶(长江流域及以南用的最多,如交通用船、货船及农船)及盆桶用材。在造船方面,杉木的应用有悠久的历史,淮北隋唐大运河古沉船的船底板、独木舟②,南通元代古船的卡脑木、甲板、船舷板和隔舱板等都大量使用杉木③。

利用杉木耐湿、耐腐、体积稳定性好、自重轻等特点,作船舷、甲板、隔舱板等都极为适宜,对减少船体自重、提高承载能力极为有利,尤其对古代桅杆重载、大型船尤为重要。

本次古船遗迹的 236 个样木中,杉木达 188 个,占总数的 79.66%,除大量用作船板外,还用于圆形柱材、修造船只时的支撑柱、修造工具等,表明杉木在明代已是我国最重要的造船用材。

3.2　样木 B

依据所观察的木材构造特征,对照相关资料和标准图谱④,确定样木 B 为松科 *Pinaceae* 松属 *Pinus* 双维管束亚属 *Diploxylon* 的硬木松 *Pinus sp.*,常俗称松木。

松属国产者有 22 种,其中硬木松类约 12 种,分布遍及全国。根据木材构造特征

① a 成俊卿、杨家驹、刘鹏:《中国木材志》,中国林业出版社,1992 年。
　　b 罗良才:《云南经济木材志》,云南人民出版社,1989 年。
② 邵卓平、卫广扬、王建林等:《应用扫描电镜对隋唐大运河古沉船木构件树种的鉴定研究》,《安徽农业大学学报》,2003 年 30 辑 1 期,95～99 页。
③ 徐永吉、吴达期、李大纲等:《南通元代古船的木材鉴定》,《福建林学院学报》,1995 年 15 辑 1 期,87～90 页。
④ 同①a

（交叉场纹孔窗格状），参考其他鉴定样木的树种产地，认为所鉴定的样木与马尾松 *Pinus massoniana* 最为相近。

马尾松树高可达 30 米，胸径可达 1 米余。广泛分布于我国淮河流域、大别山、陕西汉水流域以南地区，南至福建、广东及台湾北部，西至四川中部、贵州贵阳。为我国亚热带地区重要用材树种。

松木木材因易遭菌虫侵害而产生霉变、腐朽，也易受白蚁危害。木材纹理直，结构粗而不均匀。质地软至中；干缩中等；强度低至中；冲击韧性中。松木现在主要作造纸、人造板纤维原料，房屋房架、屋顶、柱子等建筑用材。不适于作室外用材和造船用材，除非进行防腐处理。

本次古船遗迹的 236 个样木中，松木只占 2 个，均为圆柱形构件，估计为修造船只时作支撑柱用，而非船身用材，符合松木的应用特性。

3.3　样木 C

依据所观察的木材构造特征，对照相关资料和标准图谱[①]，考虑树种的分布、蓄积量，确定样木 C 为马鞭草科 *Verbenaceae* 柚木属 *Tectona* 的柚木 *Tectona grandis*。

柚木属全世界共有 3 种：柚木 *Tectona grandis*、菲律宾柚木 *Tectona philippinensis* 和哈密尔顿柚木 *Tectona hamiltoniana*，均原产于东南亚地区。其中哈密尔顿柚木仅产于缅甸西南部的干燥、稀疏灌木林中，在当地也不是重要的用材树种，而主要作燃材；菲律宾柚木仅产于菲律宾，资源稀少，为濒危树种。作为世界著名用材树种的柚木就是指第一种，原产于印度、缅甸和泰国，而印度尼西亚爪哇岛柚木的引种大约有 400～600 年的历史[②]。

柚木是世界上最好和最闻名的阔叶树材，原产地高达 50 米，胸径达 2.5 米。木材纹理直；结构粗，不均匀；重量、硬度、强度及冲击韧性中；干缩甚小。使用时尺寸稳定；耐腐性及抗蚁性强，能耐酸，在海域内能抗海生钻木动物危害。

柚木是船舶工业最著名的用材树种，主要用于甲板、船壳制造，特别是海域用船；同时亦用于桨、橹、桅杆及船舱修建等。房屋建筑上各部分均适用，特别是与大气接触的部分；也适用做桥梁、海港码头、电杆、枕木、车辆、农具、乐器等。总之，一切需要利用木材的地方，可以说柚木都能满足要求，

本次古船遗迹的 236 个样木中，柚木有 26 个，数量仅次于杉木，占 11.02%，而

① a 成俊卿、杨家驹、刘鹏：《中国木材志》，中国林业出版社，1992 年。
　　b 罗良才：《云南经济木材志》，云南人民出版社，1989 年。
　　c 刘鹏、杨家驹、卢鸿俊：《东南亚热带木材》，中国林业出版社，1993 年。
② Kaosa-ard A.，Teak (Tectona grandis), its natural distribution and related factors. Natural History Bulletin of the Siam Society, 1981, 29：55－72.

且大多样木为船板用材，表明当时对柚木的材性和用途已非常了解和掌握，并已大量引入，在明代的造船厂中广为使用。

3.4　样木 D

依据所观察的木材构造特征，对照相关资料和标准图谱①，确定样木 D 为苏木科 *Caesalpininaceae* 格木属 *Erythrophloeum* 的格木 *Erythrophloeum fordii*。

格木属全世界共有 17 种，主要分布于热带地区，少数至亚热带地区。我国产格木 *Erythrophloeum fordii* 一种，主要分布于福建、广东、广西、海南和台湾，还分布至越南。

格木树高达 25 米，胸径达 1 米。木材纹理交错；结构细而均匀；甚重、甚硬；强度大；干缩性甚大，尺寸稳定性差，因此不适于作薄的板材使用；耐久性很强，能抗虫蛀、白蚁及海生钻木动物危害。

格木适用于重型建筑，如房屋方面做隔栅、柱子、承重地板；交通方面作桥梁，枕木；在我国工业用材方面被重点推荐为渔轮龙骨、龙筋、舵杆、肋骨和码头桩材使用②。

本次古船遗迹的 236 个样木中，格木有 13 个，数量仅次于杉木和柚木，占 5.51％，主要用于舵杆、圆轴等承载受力、要求耐腐、耐久的构件，表明当时对格木的材性和用途已非常了解和掌握，甚至已达到现代专业书籍所总结和推荐的水准。

3.5　样木 E

依据所观察的木材构造特征，对照相关资料和标准图谱③，确定样木 E 为壳斗科 *Fagaceae* 锥木属 *Castanopsis* 树种，因木材长期埋存后，材色转黑褐色，且木材中未见宽木射线、导管中侵填体较丰富，鉴定样木最近于红锥类 *Castanopsis sp.* 木材。

锥木属全世界约有 120 种，我国达 60 种左右，是世界上种类最丰富的国家，分布于长江以南广大地区，尤以云南、广东、广西、福建为最多，为我国亚热带常绿阔叶林至热带雨林的主要树种，木材蓄积量大，在工业和农业上均广泛使用。

锥木属除个别树种，绝大多数为大乔木，高达 30 米，胸径达 1 米。木材根据材色、构造、强度和耐久性常分为白锥、黄锥和红锥三类，以白锥类木材质地最差，不耐腐，红锥类最好，耐腐性强。木材结构中等，不均匀；较硬重，强度和冲击韧性中至高。

---

① a 成俊卿、杨家驹、刘鹏：《中国木材志》，中国林业出版社，1992 年。
　　b 罗良才：《云南经济木材志》，云南人民出版社，1989 年。
　　c 刘鹏、杨家驹、卢鸿俊：《东南亚热带木材》，中国林业出版社，1993 年。
② 同①
③ 同①a、b。

红锥木为我国传统的家具、农具和工具用材；并适于作船舶用材，如渔轮船壳、龙骨、龙筋、肋骨等；也作房屋建筑、桥梁、海港桩木、枕木、电杆、车辆用材[1]。

本次古船遗迹的 236 个样木中，锥木仅有 4 个，主要作造船工具、农具用，如板凳凳面等。

3.6　样木 F

依据所观察的木材构造特征，对照相关资料和标准图谱[2]，确定样木 F 为龙脑香科 *Dipterocarpaceae* 婆罗双属 *Shorea* 树种，该属木材依据其颜色，硬重常分白婆罗双（我国常俗称白柳桉）、黄婆罗双（俗称黄柳桉）、红婆罗双（俗称红柳桉）、重婆罗双（俗称巴劳 Balau 或巴都 Batu）。根据木材质地和材色，鉴定样木应为黄婆罗双类 *Shorea sp.*。

婆罗双属广泛分布于东南亚热带地区，自印度、斯里兰卡、印度尼西亚、马来西亚、菲律宾至泰国、缅甸、越南，我国有两种，分别分布于云南和西藏，树种繁多，达 160 余种，树木高大通直，高可达 50～70 米，直径达 1.5 米以上，木材资源丰富，材性差异大，有的很轻软、易腐，有的非常硬重而耐腐。用途广泛。

本次古船遗迹的 236 个样木中，婆罗双树种仅 1 个样，数量虽少，但其木材构造特征明显不同于国产种，进一步表明当年明政府从东南亚地区进口过木材。

3.7　样木 G

依据所观察的木材构造特征，对照相关资料和标准图谱[3]，确定样木 G 为龙脑香科 *Dipterocarpaceae* 杯裂香属 *Cotylelobium* 树种，木材商品名常称为雷萨克 Resak。

杯裂香属约 5 种，分布于东南亚的马来西亚、印度尼西亚、泰国和斯里兰卡等地。该类木材结构细，硬重，强度高，天然耐腐性强，能抗折蚁和海生钻孔动物侵袭。据资料记载[4]，木材常作造船用材。

本次古船遗迹的 236 个样木中，杯裂香树种也仅 1 个样，说明它也是当时明政府进口的贵重木材之一。

3.8　样木 H

依据所观察的木材构造特征，对照相关资料和标准图谱[5]，确定样木 G 为柿树科 *Ebenaceae* 柿树属 *Diospyros* 树种。依据木材的质地和材色，鉴定样木为柿木 *Diospyros*

---

[1]　a 成俊卿、杨家驹、刘鹏：《中国木材志》，中国林业出版社，1992 年。
　　b 罗良才：《云南经济木材志》，云南人民出版社，1989 年。
[2]　a 须藤彰司（日）著，李筱莉、邹树德译：《南洋材》，中国林业出版社，1989 年。
　　b 刘鹏、杨家驹、卢鸿俊：《东南亚热带木材》，中国林业出版社，1993 年。
[3]　同②b。
[4]　见②。
[5]　同②b。

sp．木材。

柿树属全世界约有 200 种，分布于热带和亚热带地区，我国约有 56 种，遍布南北，尤以南方最多，仅海南岛就有约 20 种、云南约 22 种。柿树属材性差异大，分布于热带地区的常形成黑色心材，木材致密、硬重、耐腐性强，商品名称乌木。而分布于亚热带和温带地区的木材，心材不明显，材色灰褐色，材质较乌木差，商品名称柿木。柿木结构细而均匀，重量中等，天然耐腐性较强，常作纺织器材，工、农具用材。

本次古船遗迹的 236 个样木中，柿木树种仅 1 个样。根据所鉴定木材的构造特征，木射线非叠生、射线细胞和轴向薄壁细胞中晶体丰富，样木应该是产于我国南方地区的树种。

4　结论

（1）根据对南京明代宝船厂遗址六作塘出土的与造船相关的 236 个木材样木鉴定，该船厂修、造船只整个工作中所使用的木材至少包括杉木、松木、柚木、格木、锥木、娑罗双、杯裂香和柿木等八类树种。其中使用量最大的是杉木，其次是柚木和格木，这三个树种占总取样数的 96.19%。如表 1 所示。

（2）杉木、柚木、格木三个树种均为我国和世界上重要的造船树种。根据树种在船舶不同部件、构件上的应用（见表 1），发挥了不同树种的材性特点，符合适材适用的原则。表明我国在明朝时期对这三个树种的材性和用途已经非常地了解和掌握，达到了现代人对此所总结和推荐的水平。

（3）八类树种均为亚热带、热带木材，表明南京明代宝船厂修造船只所用木材主要取自我国的南方和东南亚地区。

（4）鉴定样木中包括柚木、娑罗双和杯裂香等生长于东南亚地区的三个树种，表明当时明政府有意识地从东南亚地区进口了一些适用于造船行业的贵重木材。对这些木材的有效选择，还表明当时中国人在进口木材的过程中，主动学习和吸取了东南亚国家在用材、甚至造船方面的宝贵经验。

表 1　南京明代宝船厂遗址六作塘出土部分木质文物树种鉴定表

名称	类型	编号	树种中文名	树种拉丁名
木桩	第一类木桩	363	杉木	*Cunninghamia lanceolata*
		403	杉木	*Cunninghamia lanceolata*
		404	杉木	*Cunninghamia lanceolata*
		421	杉木	*Cunninghamia lanceolata*

名称	类型	编号	树种中文名	树种拉丁名
木桩	第一类木桩	454	杉木	*Cunninghamia lanceolata*
		616	杉木	*Cunninghamia lanceolata*
	第二类 A 型 木桩	362	杉木	*Cunninghamia lanceolata*
		364	杉木	*Cunninghamia lanceolata*
		365	杉木	*Cunninghamia lanceolata*
		372	杉木	*Cunninghamia lanceolata*
		509	杉木	*Cunninghamia lanceolata*
		611	杉木	*Cunninghamia lanceolata*
	第二类 B 型 木桩	360	杉木	*Cunninghamia lanceolata*
		361	杉木	*Cunninghamia lanceolata*
		377	杉木	*Cunninghamia lanceolata*
		407	杉木	*Cunninghamia lanceolata*
		417	杉木	*Cunninghamia lanceolata*
		594	杉木	*Cunninghamia lanceolata*
	第二类 C 型 木桩	380	杉木	*Cunninghamia lanceolata*
		384	杉木	*Cunninghamia lanceolata*
		425	杉木	*Cunninghamia lanceolata*
		577	杉木	*Cunninghamia lanceolata*
	第三类木桩	366	杉木	*Cunninghamia lanceolata*
		367	杉木	*Cunninghamia lanceolata*
		369	杉木	*Cunninghamia lanceolata*
		370	杉木	*Cunninghamia lanceolata*
		373	杉木	*Cunninghamia lanceolata*
		374	杉木	*Cunninghamia lanceolata*
		375	杉木	*Cunninghamia lanceolata*
		376	杉木	*Cunninghamia lanceolata*
		389	杉木	*Cunninghamia lanceolata*
		405	杉木	*Cunninghamia lanceolata*
		410	杉木	*Cunninghamia lanceolata*
		411	杉木	*Cunninghamia lanceolata*
		413	杉木	*Cunninghamia lanceolata*
		416	杉木	*Cunninghamia lanceolata*

名称	类型	编号	树种中文名	树种拉丁名
木桩	第三类木桩	423	柚木	*Tectona grandis*
		427	杉木	*Cunninghamia lanceolata*
		428	杉木	*Cunninghamia lanceolata*
		429	杉木	*Cunninghamia lanceolata*
		432	杉木	*Cunninghamia lanceolata*
		433	杉木	*Cunninghamia lanceolata*
		436	杉木	*Cunninghamia lanceolata*
		437	杉木	*Cunninghamia lanceolata*
		438	杉木	*Cunninghamia lanceolata*
		439	杉木	*Cunninghamia lanceolata*
		441	杉木	*Cunninghamia lanceolata*
		442	杉木	*Cunninghamia lanceolata*
		443	杉木	*Cunninghamia lanceolata*
		444	杉木	*Cunninghamia lanceolata*
		446	杉木	*Cunninghamia lanceolata*
		447	杉木	*Cunninghamia lanceolata*
		448	杉木	*Cunninghamia lanceolata*
		449	杉木	*Cunninghamia lanceolata*
		451	杉木	*Cunninghamia lanceolata*
		458	杉木	*Cunninghamia lanceolata*
		459	杉木	*Cunninghamia lanceolata*
		460	柚木	*Tectona grandis*
		507	杉木	*Cunninghamia lanceolata*
		566	杉木	*Cunninghamia lanceolata*
		567	杉木	*Cunninghamia lanceolata*
		568	杉木	*Cunninghamia lanceolata*
		569	杉木	*Cunninghamia lanceolata*
		570	杉木	*Cunninghamia lanceolata*
		571	杉木	*Cunninghamia lanceolata*
		572	杉木	*Cunninghamia lanceolata*
		573	杉木	*Cunninghamia lanceolata*
		574	杉木	*Cunninghamia lanceolata*
		575	杉木	*Cunninghamia lanceolata*

名称	类型	编号	树种中文名	树种拉丁名
圆木	带榫孔的圆木	307	格木	*Erythrophleum fordii*
	带榫头的圆木	318	杉木	*Cunninghamia lanceolata*
		323	杉木	*Cunninghamia lanceolata*
		542	杉木	*Cunninghamia lanceolata*
	带绳孔的圆木	103	杉木	*Cunninghamia lanceolata*
		104	杉木	*Cunninghamia lanceolata*
		301	杉木	*Cunninghamia lanceolata*
		313	杉木	*Cunninghamia lanceolata*
		319	杉木	*Cunninghamia lanceolata*
		536	硬松木	*Pinus sp.*
		537	硬松木	*Pinus sp.*
	原木	347	杉木	*Cunninghamia lanceolata*
		351	杉木	*Cunninghamia lanceolata*
		512	杉木	*Cunninghamia lanceolata*
		550	杉木	*Cunninghamia lanceolata*
		563	杉木	*Cunninghamia lanceolata*
板材	粗加工板材	107	杉木	*Cunninghamia lanceolata*
		188	杉木	*Cunninghamia lanceolata*
		206	杉木	*Cunninghamia lanceolata*
		218	杉木	*Cunninghamia lanceolata*
		235	杉木	*Cunninghamia lanceolata*
		236	杉木	*Cunninghamia lanceolata*
		243	杉木	*Cunninghamia lanceolata*
		248	杉木	*Cunninghamia lanceolata*
		256	杉木	*Cunninghamia lanceolata*
		257	杉木	*Cunninghamia lanceolata*
		259	杉木	*Cunninghamia lanceolata*
		261	杉木	*Cunninghamia lanceolata*
		284	杉木	*Cunninghamia lanceolata*
		285	杉木	*Cunninghamia lanceolata*
		291	杉木	*Cunninghamia lanceolata*
		293	锥木	*Castanopsis sp.*

名称	类型	编号	树种中文名	树种拉丁名
板材	粗加工板材	300	杉木	*Cunninghamia lanceolata*
		311	杉木	*Cunninghamia lanceolata*
		322	杉木	*Cunninghamia lanceolata*
		329	杉木	*Cunninghamia lanceolata*
		330	杉木	*Cunninghamia lanceolata*
		331	杉木	*Cunninghamia lanceolata*
		338	杉木	*Cunninghamia lanceolata*
		352	杉木	*Cunninghamia lanceolata*
		353	杉木	*Cunninghamia lanceolata*
		355	杉木	*Cunninghamia lanceolata*
		465	杉木	*Cunninghamia lanceolata*
		477	杉木	*Cunninghamia lanceolata*
		491	柿木	*Diospyrus sp.*
		515	杉木	*Cunninghamia lanceolata*
	A 型细加工板材	155	杉木	*Cunninghamia lanceolata*
		156	杉木	*Cunninghamia lanceolata*
		159	杉木	*Cunninghamia lanceolata*
		189	杉木	*Cunninghamia lanceolata*
		192	杉木	*Cunninghamia lanceolata*
		200	杉木	*Cunninghamia lanceolata*
		217	柚木	*Tectona grandis*
		223	婆罗双	*Shorea sp.*
		225	杉木	*Cunninghamia lanceolata*
		232	柚木	*Tectona grandis*
		240	杉木	*Cunninghamia lanceolata*
		249	杉木	*Cunninghamia lanceolata*
		255	杉木	*Cunninghamia lanceolata*
		287	杉木	*Cunninghamia lanceolata*
		469	杉木	*Cunninghamia lanceolata*
		498	锥木	*Castanopsis sp.*
	B 型细加工板材	171	杉木	*Cunninghamia lanceolata*
		183	杉木	*Cunninghamia lanceolata*

名称	类型	编号	树种中文名	树种拉丁名
板材	B型细加工板材	216	杉木	*Cunninghamia lanceolata*
		219	杉木	*Cunninghamia lanceolata*
		262	杉木	*Cunninghamia lanceolata*
		263	杉木	*Cunninghamia lanceolata*
		280	杉木	*Cunninghamia lanceolata*
		281	杉木	*Cunninghamia lanceolata*
		292	柚木	*Tectona grandis*
		480	杉木	*Cunninghamia lanceolata*
		481	杉木	*Cunninghamia lanceolata*
		486	杉木	*Cunninghamia lanceolata*
		489	杉木	*Cunninghamia lanceolata*
	C型细加工板材	137	格木	*Erythrophleum fordii*
		138	格木	*Erythrophleum fordii*
		149	杉木	*Cunninghamia lanceolata*
		170	杉木	*Cunninghamia lanceolata*
		222	杉木	*Cunninghamia lanceolata*
		233	杉木	*Cunninghamia lanceolata*
		252	杉木	*Cunninghamia lanceolata*
	残损的细加工板材	145	杉木	*Cunninghamia lanceolata*
		165	杉木	*Cunninghamia lanceolata*
		185	杉木	*Cunninghamia lanceolata*
		213	杉木	*Cunninghamia lanceolata*
		226	杉木	*Cunninghamia lanceolata*
		234	杉木	*Cunninghamia lanceolata*
		264	杉木	*Cunninghamia lanceolata*
		266	杉木	*Cunninghamia lanceolata*
		276	杉木	*Cunninghamia lanceolata*
		277	杉木	*Cunninghamia lanceolata*
		279	杉木	*Cunninghamia lanceolata*
		282	杉木	*Cunninghamia lanceolata*
		286	杉木	*Cunninghamia lanceolata*
		295	格木	*Erythrophleum fordii*

名称	类型	编号	树种中文名	树种拉丁名
板材	残损的细加工板材	296	杯裂香	*Cotylelobium sp.*
		334	杉木	*Cunninghamia lanceolata*
		335	杉木	*Cunninghamia lanceolata*
		468	杉木	*Cunninghamia lanceolata*
		470	杉木	*Cunninghamia lanceolata*
		471	杉木	*Cunninghamia lanceolata*
		473	杉木	*Cunninghamia lanceolata*
		476	杉木	*Cunninghamia lanceolata*
		483	杉木	*Cunninghamia lanceolata*
船板	单件船板	125	杉木	*Cunninghamia lanceolata*
		140	杉木	*Cunninghamia lanceolata*
		143	柚木	*Tectona grandis*
		153	柚木	*Tectona grandis*
		163	柚木	*Tectona grandis*
		164	杉木	*Cunninghamia lanceolata*
		166	杉木	*Cunninghamia lanceolata*
		167	杉木	*Cunninghamia lanceolata*
		172	柚木	*Tectona grandis*
		173	柚木	*Tectona grandis*
		174	杉木	*Cunninghamia lanceolata*
		176	柚木	*Tectona grandis*
		177	柚木	*Tectona grandis*
		178	柚木	*Tectona grandis*
		179	杉木	*Cunninghamia lanceolata*
		181	杉木	*Cunninghamia lanceolata*
		193	杉木	*Cunninghamia lanceolata*
		194	杉木	*Cunninghamia lanceolata*
		195	杉木	*Cunninghamia lanceolata*
		198	柚木	*Tectona grandis*
		199	柚木	*Tectona grandis*
		203	柚木	*Tectona grandis*
		204	柚木	*Tectona grandis*

名称	类型	编号	树种中文名	树种拉丁名
船板	单件船板	205	柚木	*Tectona grandis*
		250	杉木	*Cunninghamia lanceolata*
		260	柚木	*Tectona grandis*
		265	柚木	*Tectona grandis*
		269	格木	*Erythrophleum fordii*
		274	格木	*Erythrophleum fordii*
		337	杉木	*Cunninghamia lanceolata*
		387	杉木	*Cunninghamia lanceolata*
		440	杉木	*Cunninghamia lanceolata*
		460	柚木	*Tectona grandis*
		461	杉木	*Cunninghamia lanceolata*
		466	柚木	*Tectona grandis*
		474	柚木	*Tectona grandis*
		475	柚木	*Tectona grandis*
		479	柚木	*Tectona grandis*
		482	柚木	*Tectona grandis*
		485	杉木	*Cunninghamia lanceolata*
		487	格木	*Erythrophleum fordii*
	拼合船板	182	杉木	*Cunninghamia lanceolata*
方材	粗加工方材	303	锥木	*Castanopsis sp.*
		326	杉木	*Cunninghamia lanceolata*
		327	杉木	*Cunninghamia lanceolata*
	细加工方材	127	杉木	*Cunninghamia lanceolata*
		201	杉木	*Cunninghamia lanceolata*
		215	杉木	*Cunninghamia lanceolata*
		305	杉木	*Cunninghamia lanceolata*
		321	杉木	*Cunninghamia lanceolata*
		356	格木	*Erythrophleum fordii*
		357	杉木	*Cunninghamia lanceolata*
木工凳面		121	锥木	*Castanopsis sp.*

名称	类型	编号	树种中文名	树种拉丁名
舵杆		135	格木	*Erythrophleum fordii*
		701	格木	*Erythrophleum fordii*
		702	格木	*Erythrophleum fordii*
"卜"字形构件		133	格木	*Erythrophleum fordii*
圆轴		70	格木	*Erythrophleum fordii*
边角料		289	杉木	*Cunninghamia lanceolata*
		306	杉木	*Cunninghamia lanceolata*
		316	杉木	*Cunninghamia lanceolata*
		494	杉木	*Cunninghamia lanceolata*

附录二

南京宝船厂遗址出土木质文物的碳－14测年

北京大学

加速器质谱实验室　第四纪年代测定实验室

检测报告

样品名称：木质文物	委托单位：南京市博物馆
送样日期：2005 年 4 月 29 日	检测项目：碳－14 测年
检测依据：加速器质谱（AMS）分析方法	检测设备：加速器

分析检测结果

实验室编号	样品	样品原编号	碳十四年代（BP）	树轮校正后年代（AD）1σ（68.2%）	树轮校正后年代（AD）2σ（95.4%）
BA05089	木头	标本 1	500±40	1405(68.2%)1445	1310(9.4%)1350 1390(86.0%)1460
BA05091	木头	标本 3	475±40	1415(68.2%)1450	1320(1.6%)1350 1390(93.8%)1490
BA05092	木头	标本 4	495±40	1405(68.2%)1445	1320AD(7.3%)1350 1390(88.1%)1470
BA05093	木头	标本 5	535±40	1320(15.1%)1350 1390(53.1%)1440	1300(32.7%)1360 1380(62.7%)1450
BA05094	木头	标本 6	430±40	1420(68.2%)1490	1410(83.9%)1530 1570(11.5%)1630

注：所用碳十四半衰期为 5568 年，BP 为距 1950 年的年代。

树轮校正所用曲线为 IntCal04（1），所用程序为 OxCal v3.10（2）。

（1）　Reimer PJ, MGL Baillie, E Bard, A Bayliss, JW Beck, C Bertrand, PG Blackwell, CE Buck, G Burr, KB Cutler, PE Damon, RL Edwards, RG Fairbanks, M Friedrich, TP Guilderson, KA Hughen, B Kromer, FG McCormac, S Manning, C Bronk Ramsey, RW Reimer, S Remmele, JR Southon, M Stuiver, S Talamo, FW Taylor, J van der Plicht, and CE Weyhenmeyer. 2004 *Radiocarbon* 46:1029-1058.

（2）　Christopher Bronk Ramsey 2005，www.rlaha.ox.ac.uk/orau/oxcal.html

附录三

南京宝船厂遗址出土油泥鉴定（一）

国家教育部
STATE EDUCATION COMMISSION
南京大学现代分析中心
CENTER OF MATERIALS ANALYSIS, NANJING UNIVERSITY

检测报告
REPORT FOR DETECTING AND ANALYZING

样品名称：油泥状物质 (NAME OF SAMPLE)	委托单位：南京市博物馆 (ENTRUSTING UNIT)
送样日期：2005 年 1 月 12 日 (DATE OF SAMPLE SUPPLIYING)	检测项目：定性分析 (ITEMS FOR DETECTING AND ANALYZING)
检测依据：现代仪器分析方法通则 (BASIS FOR DETECTING)	检测设备：NEXUS 870 FT 红外光谱仪 (INSTRUMENT)

分析检测结果
RESULTS OF DETECTING AND ANALYZING

测试送测油泥状物质样品及有机提取物的红外光谱等。

根据红外光谱等分析，送测样品的主要成分为：

　　1. 碳酸盐等无机物；　　（大量）

　　2. 矿物油　（少量）

　　3. 二甲基硅油　（少量）

　　4. 酯类有机物　（少量）

（以下空白）

报告日期：2005年1月13日
(DATE　FOT REPORTING)

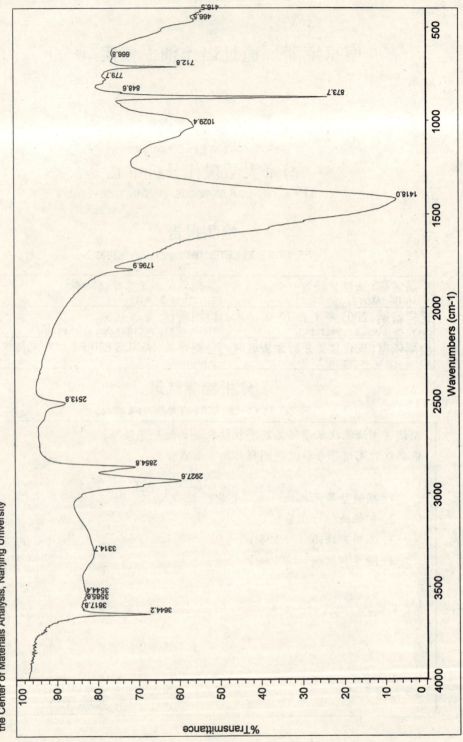

Sample Name: 油泥状物质

Date and Time: Wed Jan 12 16:52:59 2005

Instrument: Nexus 870 FT-IR

the Center of Materials Analysis, Nanjing University

Sample Name: 油泥状物质提取物

Date and Time: Thu Jan 13 08:54:58 2005

Instrument: Nexus 870 FT-IR

the Center of Materials Analysis, Nanjing University

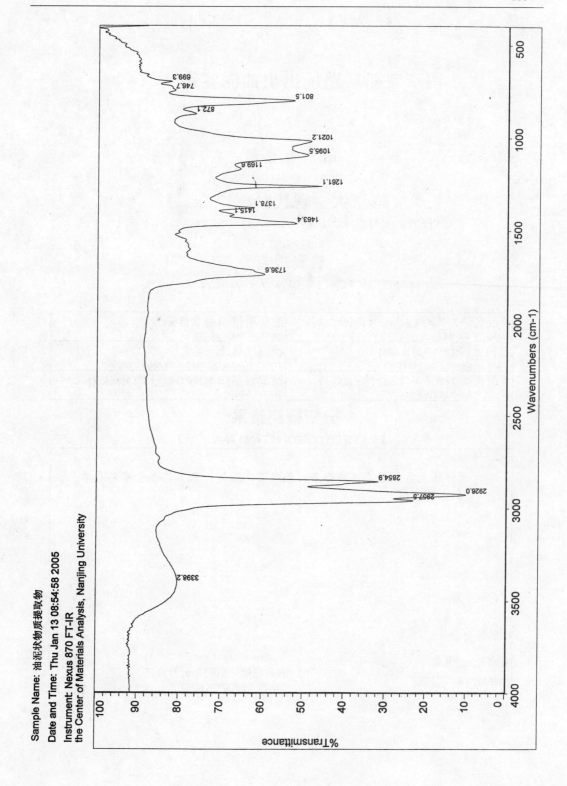

附录三

南京宝船厂遗址出土油泥鉴定（二）

国家教育部
STATE EDUCATION COMMISSION
南京大学现代分析中心
CENTER OF MATERIALS ANALYSIS, NANJING UNIVERSITY

检测报告
REPORT FOR DETECTING AND ANALYZING

样品名称：油泥状未知物质，1份 (NAME OF SAMPLE)	委托单位：南京市博物馆 (ENTRUSTING UNIT)
送样日期：2005年01月10日 (DATE OF SAMPLE SUPPLIYING)	检测项目：物相鉴定 (ITEMS FOR DETECTING AND ANALYZING)
检测依据：现代分析仪器分析方法通则 (BASIS FOR DETECTING	检测设备：日本产D/max-r型X射线衍射仪 (INSTRUMENT)

分析检测结果
RESULTS OF DETECTING AND ANALYZING

　　本样品主要成分为：方解石，蒙脱石，石英，长石，并含有非晶体。
　　（以下空白）

检测者：俞慧强

(OPERATOR)

报告日期：2005年01月12日

(DATE OF REPORTING)

X射线衍射测试报告

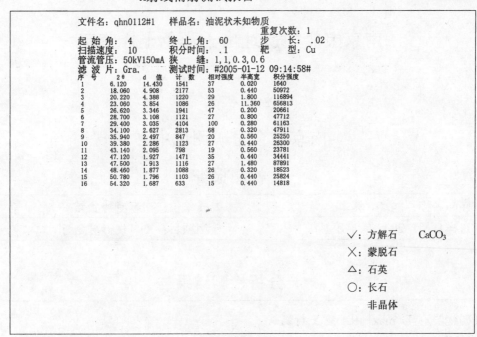

文件名：qhn0112#1　　样品名：油泥状未知物质

重复次数：1

起 始 角：4　　　终 止 角：60　　　步　长：.02
扫描速度：10　　　积分时间：.1　　　靶　型：Cu
管流管压：50kV150mA　　狭　缝：1,1,0.3,0.6
滤 波 片：Gra.　　测试时间：#2005-01-12 09:14:58#

序 号	2θ	d 值	计 数	相对强度	半高宽	积分强度
1	6.120	14.430	1541	37	0.020	1640
2	18.060	4.908	2177	53	0.440	50972
3	20.220	4.388	1220	29	1.800	116894
4	23.060	3.854	1086	26	11.360	656813
5	26.620	3.346	1941	47	0.200	20661
6	28.700	3.108	1121	27	0.800	47712
7	29.400	3.035	4104	100	0.280	61163
8	34.100	2.627	2813	68	0.320	47911
9	35.940	2.497	847	20	0.560	25250
10	39.380	2.286	1123	27	0.440	26300
11	43.140	2.095	798	19	0.560	23781
12	47.120	1.927	1471	35	0.440	34441
13	47.500	1.913	1116	27	1.480	87891
14	48.460	1.877	1088	26	0.320	18523
15	50.780	1.796	1103	26	0.440	25824
16	54.320	1.687	633	15	0.440	14818

✓：方解石　　　$CaCO_3$

✕：蒙脱石

△：石英

○：长石

非晶体

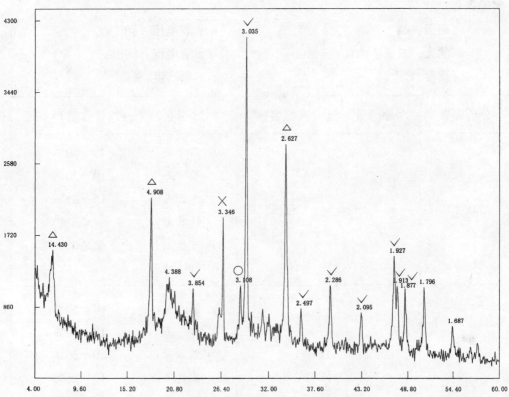

附录四

南京宝船厂遗址出土彩色土样鉴定

地质矿产部

南京综合岩矿测试中心

检测报告

样品名称：红土、绿土	委托单位：南京市博物馆
送样日期：2005 年 4 月 1 日	检测项目：X 射线衍射分析

分析检测结果

仪器型号：D/max－RA 型 X 射线仪

实验条件：

阳极：铜	管电压：40KV
滤光：石墨单色器	管电流：80mA
温度:℃	湿　度:%

分析编号	原编号	来样名称	分析结果（约计含量）
051		红土	石　英　　40－50％ 长　石　　10－20％ 水云母　　15－25％ 铁物质　　　＜5％ 可能尚含有少量蒙皂石、绿钾铁矾等
052		绿土	石　英　　40－50％ 长　石　　10－20％ 水云母　　20－30％ 蒙皂石　　10－15％

Peak Search

Sample	: xxx	File	: 05-051.ASC	Date	: Mar-23-05 15:24:00	Operator	:
Comment	: Qualitative	Memo	:				
method	: 2nd differential	Typical width	: 0.300 deg.	Min. height	: 130.00 cps		

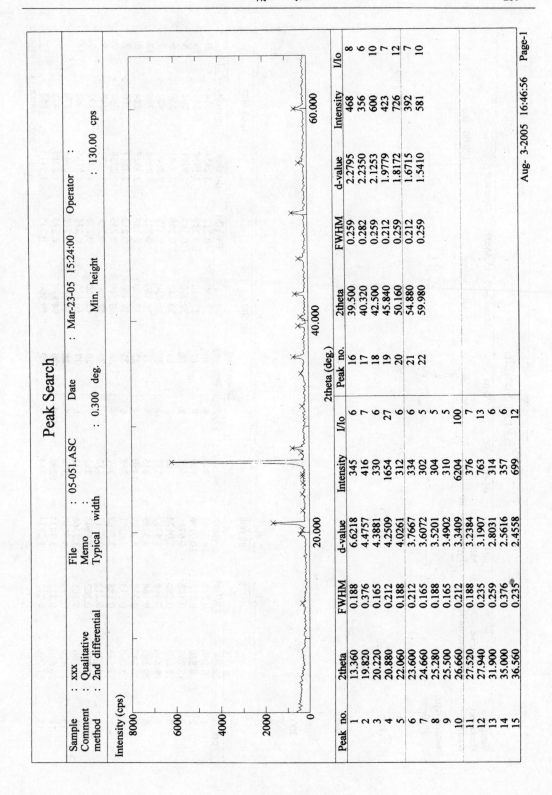

Peak no.	2theta	FWHM	d-value	Intensity	I/Io
1	13.360	0.188	6.6218	345	6
2	19.820	0.376	4.4757	416	7
3	20.220	0.165	4.3881	330	6
4	20.880	0.212	4.2509	1654	27
5	22.060	0.188	4.0261	312	6
6	23.600	0.212	3.7667	334	6
7	24.660	0.165	3.6072	302	5
8	25.280	0.188	3.5201	304	5
9	25.500	0.165	3.4902	310	5
10	26.660	0.212	3.3409	6204	100
11	27.520	0.188	3.2384	376	7
12	27.940	0.235	3.1907	763	13
13	31.900	0.259	2.8031	314	6
14	35.000	0.376	2.5616	357	6
15	36.560	0.235	2.4558	699	12

Peak no.	2theta	FWHM	d-value	Intensity	I/Io
16	39.500	0.259	2.2795	468	8
17	40.320	0.282	2.2350	356	6
18	42.500	0.259	2.1253	600	10
19	45.840	0.212	1.9779	423	7
20	50.160	0.259	1.8172	726	12
21	54.880	0.212	1.6715	392	7
22	59.980	0.259	1.5410	581	10

Aug- 3-2005 16:46:56   Page-1

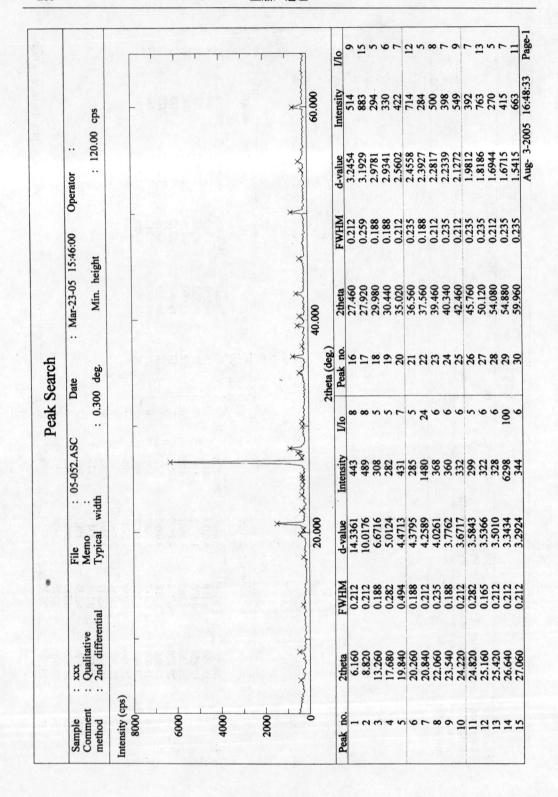

Peak Search

Sample	: xxx	File	: 05-052.ASC	Date	: Mar-23-05 15:46:00	Operator	:
Comment	: Qualitative	Memo	:				
method	: 2nd differential	Typical	width	: 0.300 deg.	Min. height	: 120.00 cps	

Intensity (cps)

Peak no.	2theta	FWHM	d-value	Intensity	I/Io
1	6.160	0.212	14.3361	443	8
2	8.820	0.212	10.0176	489	8
3	13.260	0.188	6.6716	308	5
4	17.680	0.282	5.0124	282	5
5	19.840	0.494	4.4713	431	7
6	20.260	0.188	4.3795	285	5
7	20.840	0.212	4.2589	1480	24
8	22.060	0.235	4.0261	368	6
9	23.540	0.188	3.7762	360	6
10	24.220	0.212	3.6717	332	6
11	24.820	0.282	3.5843	299	5
12	25.160	0.165	3.5366	322	6
13	25.420	0.212	3.5010	328	6
14	26.640	0.212	3.3434	6298	100
15	27.060	0.212	3.2924	344	6

Peak no.	2theta	FWHM	d-value	Intensity	I/Io
16	27.460	0.212	3.2454	514	9
17	27.920	0.259	3.1929	883	15
18	29.980	0.188	2.9781	294	5
19	30.440	0.188	2.9341	330	6
20	35.020	0.212	2.5602	422	7
21	36.560	0.235	2.4558	714	12
22	37.560	0.188	2.3927	284	5
23	39.460	0.212	2.2817	500	8
24	40.340	0.235	2.2339	398	7
25	42.460	0.212	2.1272	549	9
26	45.760	0.235	1.9812	392	7
27	50.120	0.235	1.8186	763	13
28	54.080	0.212	1.6944	270	5
29	54.880	0.235	1.6715	415	7
30	59.960	0.235	1.5415	663	11

2theta (deg.)

Aug- 3-2005 16:48:33　　Page-1

Peak Search

Sample : xxx	File : 050323Q.ASC	
Comment : Qualitative	Memo :	Date : Mar-23-05 15:06:00　Operator :
method : 2nd differential	Typical width : 0.300 deg.	Min. height : 180.00 cps

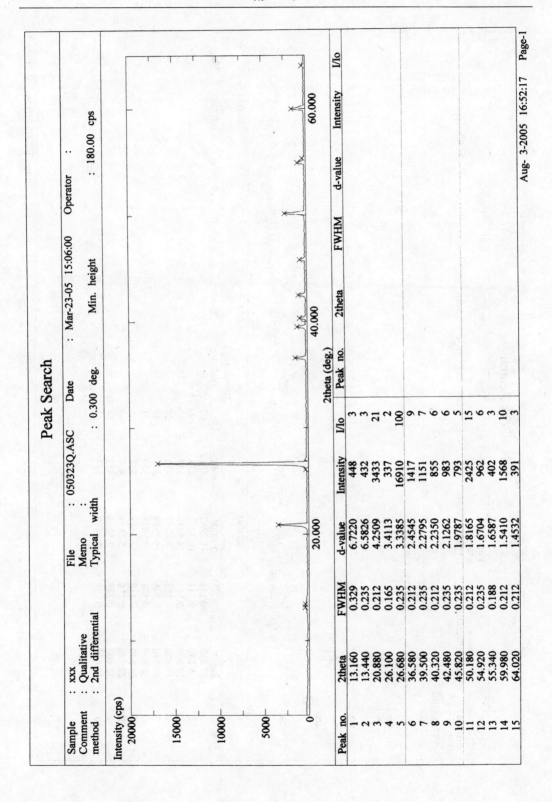

Peak no.	2theta	FWHM	d-value	Intensity	I/Io	Peak no.	2theta	FWHM	d-value	Intensity	I/Io
1	13.160	0.329	6.7220	448	3						
2	13.440	0.235	6.5826	432	3						
3	20.880	0.212	4.2509	3433	21						
4	26.100	0.165	3.4113	337	2						
5	26.680	0.235	3.3385	16910	100						
6	36.580	0.212	2.4545	1417	9						
7	39.500	0.235	2.2795	1151	7						
8	40.320	0.212	2.2350	855	6						
9	42.480	0.235	2.1262	983	6						
10	45.820	0.235	1.9787	793	5						
11	50.180	0.212	1.8165	2425	15						
12	54.920	0.235	1.6704	962	6						
13	55.340	0.188	1.6587	402	3						
14	59.980	0.212	1.5410	1568	10						
15	64.020	0.212	1.4532	391	3						

Aug- 3-2005　16:52:17　Page-1

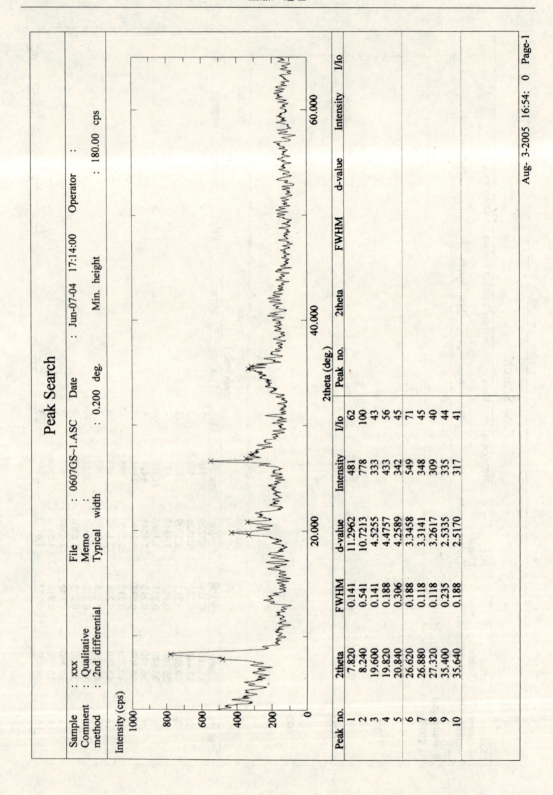

Peak Search

Sample	: xxx	File	: 0607GS-1.ASC	Date	: Jun-07-04 17:14:00	Operator	:
Comment	: Qualitative	Memo	:				
method	: 2nd differential	Typical width	: 0.200 deg.	Min. height	: 180.00 cps		

Peak no.	2theta	FWHM	d-value	Intensity	I/Io	Peak no.	2theta	FWHM	d-value	Intensity	I/Io
1	7.820	0.141	11.2962	481	62						
2	8.240	0.541	10.7213	778	100						
3	19.600	0.141	4.5255	333	43						
4	19.820	0.188	4.4757	433	56						
5	20.840	0.306	4.2589	342	45						
6	26.620	0.188	3.3458	549	71						
7	26.880	0.118	3.3141	348	45						
8	27.320	0.118	3.2617	309	40						
9	35.400	0.235	2.5335	335	44						
10	35.640	0.188	2.5170	317	41						

Aug- 3-2005 16:54:　0　Page-1

后 记

自 2003 年 8 月至 2004 年 9 月，经国家文物局批准，南京市博物馆对南京明代宝船厂遗址中的第六号船坞遗迹——六作塘进行了抢救性的考古发掘，之后又经过了一年时间的室内整理和报告编写，现在《宝船厂遗址——南京明宝船厂六作塘考古报告》终于付印出版了。

对古代大规模造船遗址的发掘，特别是大型船坞遗迹的发掘，在国内尚不多见，无论从野外考古发掘到发掘报告的整理和编写，在国内亦无先例可循。特别是明宝船厂遗址，是全国目前唯一现存的古代造船遗址，由于该遗址又和明代大航海家郑和下西洋这一壮举有着极为密切的联系，南京市文物部门对此项工作极为重视。本着从实际出发的原则，南京市博物馆明宝船厂遗址考古队在经历了艰苦的考古发掘工作后，抓紧时间对大量的野外资料和近 2000 件出土文物进行了整理，按考古报告的一般体例进行编写，意在全面如实地将本次考古工作的全部情况，特别是发掘所得的资料客观地加以公布。

在此基础上，我们又邀请了南京林业大学木材研究所对部分木质文物进行了树种的分析，邀请了南京大学现代分析中心对出土的油泥状物质进行了物相鉴定和定性分析，邀请了地质矿产部南京综合岩矿测试中心对作塘底部遗迹内出土的红、绿土样进行了分析。邀请了北京大学考古文博学院科技考古与文物保护实验室对出土木桩进行了加速器质谱（AMS）碳 - 14 测试。意在多方面了解遗迹、遗物的信息。

本报告由白宁任主编，杨孝华、华国荣为副主编。具体章节撰写为：第一章、第三章、第四章、第五章、第六章：祁海宁；第二章：骆鹏；第七章：华国荣。最后由华国荣统一修改定稿。

绘图：张建国、骆鹏；摄影：祁海宁、吴荣发。

在本次考古发掘和报告编写中，国家文物局、江苏省文物局、南京市文化（文物）局给予了极大的关心和支持。南京市文物局魏正瑾研究员对本报告的书名和体例提出了宝贵的意见。文物出版社一编部蔡敏、杨冠华两位同志为此书的出版付出了辛勤劳动，在此一并致以由衷的感谢。

由于我们初次编写这方面内容的考古报告，难免有一些不妥之处，敬请方方面面的专家学者指正。

编者

2005 年 12 月

ABSTRACT

The Baochuanchang（宝船厂）shipyard site of the Ming Dynasty（1368－1644）is located at the Zhongbao（中保）village to the northWest of the Nanjing（南京）urban district. It originally has more than ten remaining boatyards（zuotang 作塘）within a lowland beside the Yangtze River. Yet now only the No.4, No.5 and No.6 boatyards are well preserved. An archaeological team of the Nanjing Municipal Museum had conducted a large-scale excavation at the south-most No.6 from August of 2003 to September of 2004. The boatyard was almost completely exposed in the 19,600 square meter excavated area.

Thirty-four independent north-south-oriented damaged wooden structures pertaining to shipbuilding were found along the central east-west axis of the boatyard No.6. They are quite different on plan, material, stucture and solidity. Structures with more complex form, denser supporting posts and hence stronger bearing ability, are concentrated in the western part where heavy ships might have been made. Simple and thin structures for the manufacture of light ships are concentrated in the eastern part.

Some 1500 artifacts, including wooden, iron, porcelain, stone, brick, palm and shell obects, were discovered by the archaeological team. They can be divided into three categories according to their functions. The first category includes tools. A wooden roller with clear decimal scale on the face and inscriptions weijiaqin ji（魏家琴记）on the back is especially valuable for understanding of the real ship-size in the Ming Dynasty. The second category embraces different（parts, logs, wooden components with tenons, the keel of a waterwheel et al.）of the structures for shipbuilding. The third category consists of various parts of ships such as boards and rudders. Thc two rudders, 10.06 m and 10.95 m long respectively, are made of two complete trunks. They are the largest artifacts found in the excavation and strong evidence for the manufacture of huge ships in the No.6 boatyard.

Carved, cauterized and inked inscriptions were found on a number of posts, logs, boards and wooden tools. Contents of the inscriptions fall into three categories. The first category records the basic information, such as the number, the length and the perimeter of timbers. The second category records the ownership of tools. Names of the owners were carved on some tools. Tools with the inscription *guan*（官）might belong to the official organization, Inscriptions of the third category were usually found on boards. They might mark the position of a board for correctly installation. Besides, ink surnames probably written by users were found on the bottoms of some celadon vessels.

The revealed 34 shipbuilding structures are firsthand data for the study of ship manufacture in the Ming Dynasty. They, together with the more than 1500 unearthed artifacts, form the largest archaeological assemblage by present pertaining to shipbuilding in the Ming Dynasty. Thanks for these discoveries, we now have a better understanding of the size and the structure of ships, as well as the techniques and organizations of shipbuilding at that time.

By colligating archaeological discoveries and records in ancient texts, it is safe to infer that the No.6 boatyard is an important part of the famous Baochuanchang shipyard established in Nanjing by the Ming government. According to ancient texts, the shipyard was constructed in the third year of the Yongle（永乐）reign（1405 AD）for the manufacture of huge ships for the well-known expeditions to the Western Oceans（*xiyang* 西洋）direcied by Zheng He（郑和）. It was gradually abandoned in the middle and late Ming period. The fruitful excavation will improve the studies on history of shipbuiiding in China, history of navigation in China and Zheng He's expeditions to the Western Oceans.

1. 1944年南京特别市地政局调查绘制的《南京市市街图》上反映的宝船厂遗址

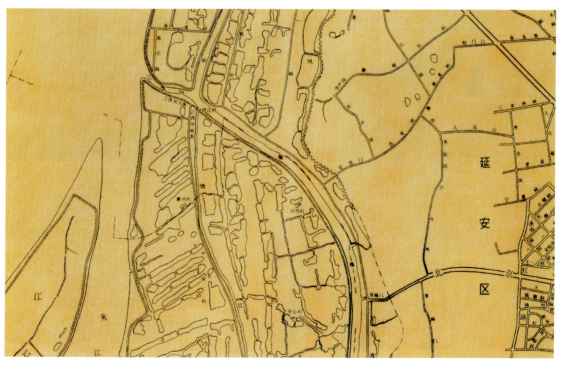

2. 1967年南京市城市建设局勘察测量大队调查绘制的《南京市街道图》上反映的宝船厂遗址

老地图反映的宝船厂遗址

六作塘发掘完成后全景（自东向西）

1.三号遗迹（自南向北）

2.三号遗迹（俯视）

三号遗迹

1.七号遗迹（自南向北）

2.八号遗迹（自西向东）

七号、八号遗迹

1.九号遗迹（自西向东）

2.十一号遗迹（自北向南）

九号、十一号遗迹

1.遗迹南部发现的绿色土（自东向西）

2.包垫绿色土的芦席

十一号遗迹南部发现的绿色土和芦席

1.二十一号与二十二号遗迹（自北向南）

2.二十二号遗迹北半部——绿、红色土层，土层中埋设的棕绳和龙骨（自南向北）

二十一号、二十二号遗迹

1.二十四号遗迹（自北向南）

2.二十四号遗迹中部底层发现的地钉与龙骨（自南向北）

二十四号遗迹

1.二十七号遗迹（自东向西）

2.三十一号遗迹南端结构（俯视）

二十七号、三十一号遗迹

C 型 "T" 形撑（BZ6：46、42、41、44、43、39）

1.C型"T"形锤（BZ6：9）

2.木锤(BZ6：9)上的"官"字烙刻铭文

3.杵形锤（BZ6：33）

"T"形木锤、杵形锤

2.木夯(BZ6：30)上的"官"字烙刻铭文

1.木夯（BZ6：30）

3.A型木刀（BZ6：47、51、48、54）

木夯、木刀

1.木尺（BZ6：704）正面

2.木尺（BZ6：704）背面

3.木尺（BZ6：91）正面

4.木尺（BZ6：91）正面局部刻度

木尺

1.木拍（BZ6：87、90）

2.木托（BZ6：56、111）

木拍、木托

1.A 型木桨（BZ6：24、28）

2.B 型木桨（BZ6：17、20）

木桨

第一类木桩（BZ6：618、404、403、379、453）

带整齐钉孔的第三类木桩（BZ6：411、375、366、437）

1.带榫头圆木（BZ6：328、315）

2.带绳孔圆木（BZ6：770）

圆木

1.带绳孔圆木(BZ6：770)上的烙刻铭文

2.原木（BZ6：101）上的刀刻铭文

圆木、原木上的铭文

1.舵杆 (BZ6：701)

2.舵杆 (BZ6：702)

舵杆

1.带圆形穿孔的单件船板（BZ6：160、152）

2.单件船板（BZ6：271）

3.单件船板（BZ6：272）

4.拼合船板（BZ6：202）

船板

1.圆盘（BZ6：65、67、66）

2.圆轴（BZ6：71）

圆盘、圆轴

1.雕花构件（BZ6：93）

1.杆状构件（BZ6：98）

雕花构件、杆状构件

2.枷形构件（BZ6：99）

2.带榫头构件（BZ6：117）

枷形构件、带榫头构件

1.粗加工板材（BZ6：259、256、239）

2.A 型细加工板材中截锯痕迹明显的板材（BZ6：200、159、156）

板材

1.铁斧（BZ6：902、901、900）

2.铁凿（BZ6：904）

铁斧、铁凿

1.铁冲 （BZ6：919、918、917）

2.整捆铁钉 （BZ6：948）

铁冲、整捆铁钉

1.带链铁条（BZ6：938）

2."U"形器（BZ6：946、947）

带链铁条、"U"形器

1.第二类B型青瓷碗(BZ6：1204)底部"吴"字墨书

2.残留油泥的第二类B型青瓷碗(BZ6：1221)

3.绿釉碗（BZ6：849）

4.第二类B型青花瓷碗(BZ6：1236)内底"乳虎图"

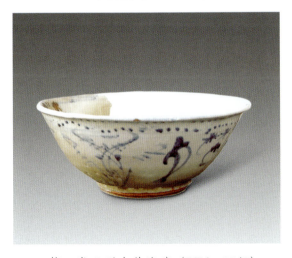

5.第二类C型青花瓷碗（BZ6：1240）

6.青瓷高足碗（BZ6：821）

瓷碗、绿釉碗、高足碗

1.出土的部分石球

2.如意云纹瓦当（BZ6：1389）

3.兽面纹瓦当（BZ6：1391）

石球、瓦当

1.粗细不同的第二类棕绳
　（BZ6∶1458、1408、1398）

2.棕垫（BZ6∶1438）

3.棕鞋（BZ6∶1462）

棕质器物

1.明瓦（BZ6：1463～1470）

2.油泥坨（BZ6：1471、1472）

明瓦、油泥坨

六作塘中段遗迹分布情况（自西向东，最近处为二十一号遗迹）

遗址布方情况（自东向西）

1. T15 ②层下发现的木片

2. T13 ③层表面发现的木屑

探方地层中发现的木片、木屑

1.二号遗迹（自南向北）

2.二号遗迹近中部平铺的各种木料（自东向西）

二号遗迹

1.二号遗迹北部地面残留的芦席痕迹

2.六号遗迹（自南向北）

二号、六号遗迹

1.七号遗迹东半部（自东向西）

2.七号遗迹西半部（自西向东）

七号遗迹

1.八号遗迹（自北向南）

2.八号遗迹中部"巴掌搭"式榫卯结构（自西向东）

八号遗迹

1.十一号遗迹中部底层发现的地钉（自北向南）

2.十七号遗迹（自南向北）

十一号、十七号遗迹

1.二十号遗迹（自北向南）

2.二十二号遗迹南部底层发现的地钉与龙骨（自西向东）

二十号、二十二号遗迹

1.二十四号遗迹中部榫卯结构（自东向西）

2.二十四号遗迹西北角榫卯结构（自北向南）

二十四号遗迹

1.二十六号遗迹（自南向北）

2.二十七号遗迹（自南向北）

二十六号、二十七号遗迹

1.三十一号遗迹（自南向北）

2.三十二号遗迹（自西向东）

三十一号、三十二号遗迹

1.A 型 "T" 形撑（BZ6：38、40）

2.C 型 "T" 形撑（BZ6：35、36）

"T" 形撑

1.A 型 "T" 形锤（BZ6∶2）

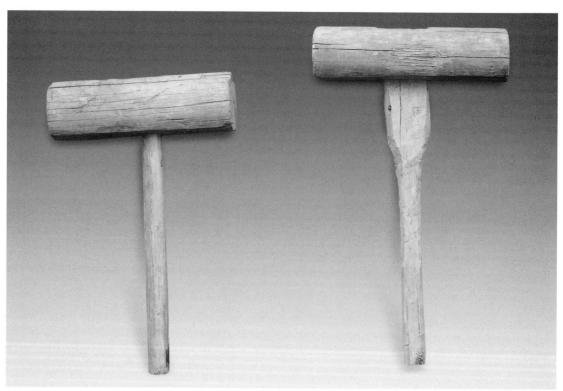

2.B 型 "T" 形锤（BZ6∶3、7）

A 型、B 型 "T" 形锤

1.C 型 "T" 形锤（BZ6：10、518）

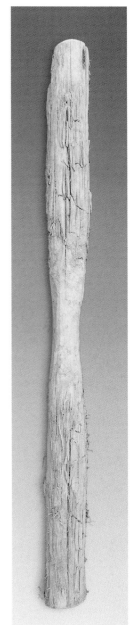

2.木杵（BZ6：109）

C 型 "T" 形锤、木杵

1.A 型木刀（BZ6：55、49）

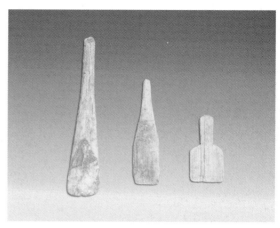

2.B 型木刀（BZ6：50、53、52）

3.踏板（BZ6：151）

4.B 型木桨（BZ6：27）

木刀、踏板、木桨

1.第二类 A 型木桩
（BZ6：383、400、456、611）

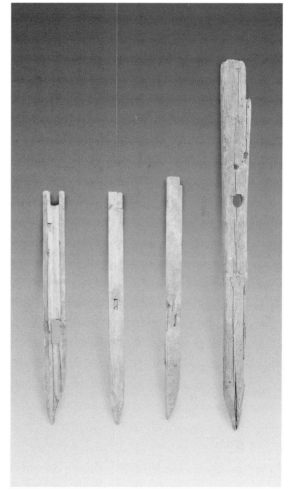

2.带圆形或方形穿孔的第三类木桩
（BZ6：459、413、440、370）

木桩

1.带槽圆木（BZ6：31）

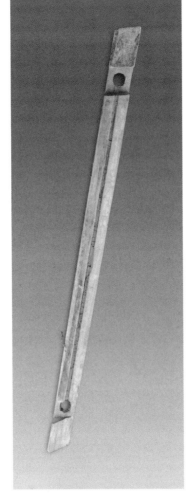

2.带槽构件（BZ6：118）

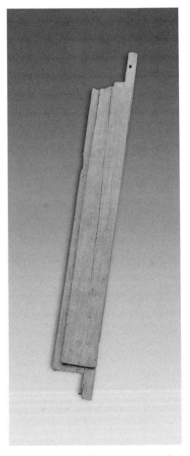

3.带榫头构件（BZ6：120）

带槽圆木、带槽构件、带榫头构件

1.水车龙骨（BZ6∶84）

2.水车龙骨组合（BZ6∶84）

水车龙骨

舵杆（BZ6∶701）与三角形构件（BZ6∶332）水平埋藏于淤泥层中间，这是上层淤泥清除后的情况

舵杆出土情况一

1.舵杆（BZ6：701）头部用以插入舵牙的方形穿孔

2.舵杆（BZ6：701）中部插入的木构件和铁钉

舵杆细部一

图版二二（XXII）

舵杆（BZ6：702）出土时情况，它斜插于淤泥层之中

舵杆出土情况二

1.舵杆（BZ6：702）尾部安装舵叶留下的钉孔

2.舵杆（BZ6：702）侧面的穿孔

舵杆细部二

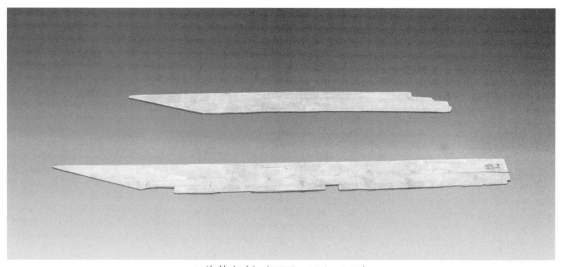

1.单件船板（BZ6：186、207）

2.船板（BZ6：207）尾部刀刻铭文

3.单件船板（BZ6：269）

单件船板

1.拼合船板（BZ6：148）

2.拼合船板（BZ6：179）

拼合船板

1.门窝（BZ6：94）

2.础形器（BZ6：60）

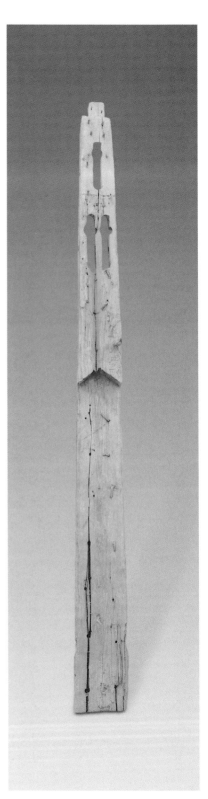

3.桅杆构件（BZ6：128）

门窝、础形器、桅杆构件

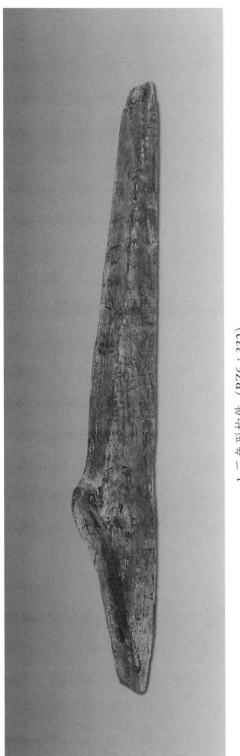

1. 三角形构件（BZ6：332）

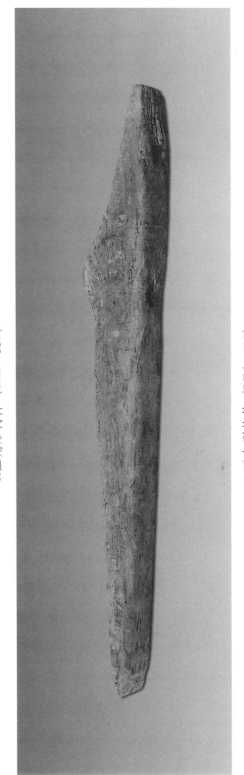

2. 三角形构件（BZ6：332）

三角形构件

1.C 型细加工板材（BZ6：137）

2.带铁箍的细加工板材（BZ6：85）

板材

粗加工方材（BZ6：326、327、325）

1.木牌（BZ6：703）

2.木墩（BZ6：69）

3.块状器（BZ6：72）

4.A型浮子（BZ6：58、59、57）

木牌、木墩、块状器、浮子

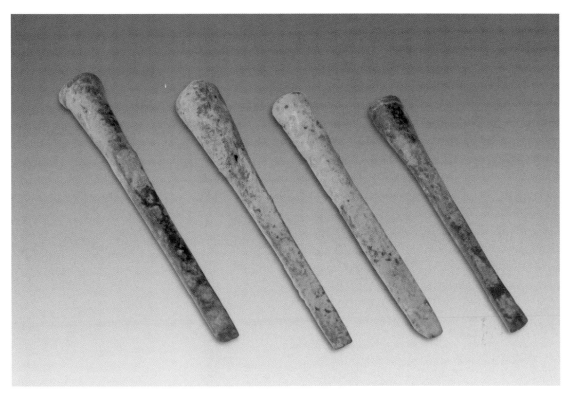

1.A 型铁凿（BZ6：905、907、908、906）

2.B 型铁凿（BZ6：911、912）

铁凿

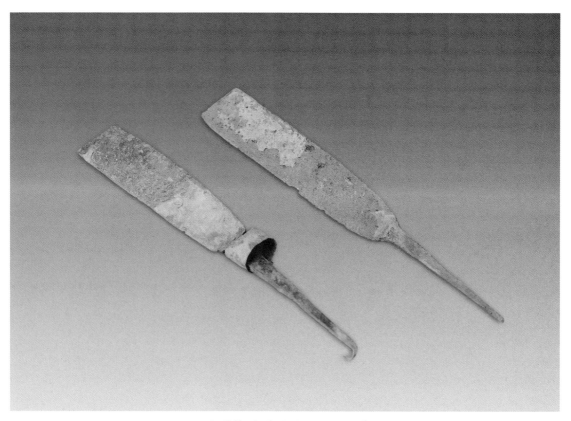

1.A 型铁刀（BZ6：913、914）

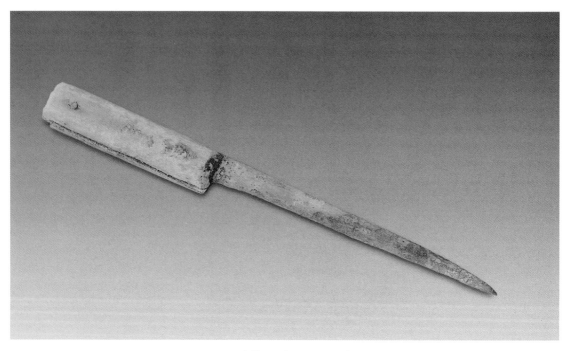

2.B 型铁刀（BZ6：916）

铁刀

1.C型铁刀（BZ6：1013、921、922）

2.铁錾（BZ6：925）

3.铁尖木杆笔形器（BZ6：926）

铁刀、铁錾、铁尖木杆笔形器

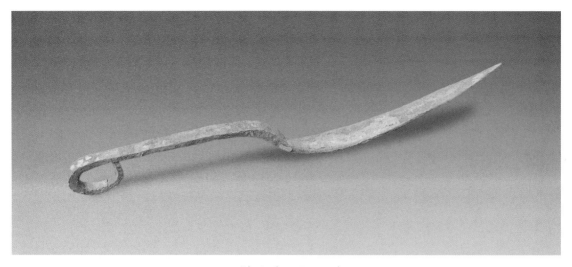

1.剔刀（BZ6：927）

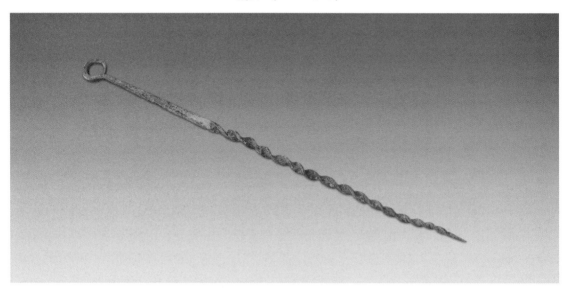

2.铁钻（BZ6：931）

3.铁锯（BZ6：934）

剔刀、铁钻、铁锯

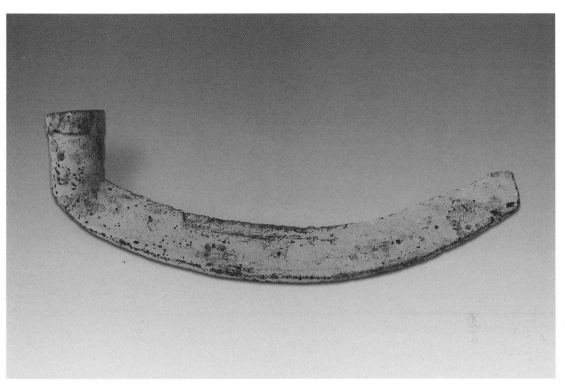

1.镰刀（BZ6：936）

2.镰刀（BZ6：937）

镰刀

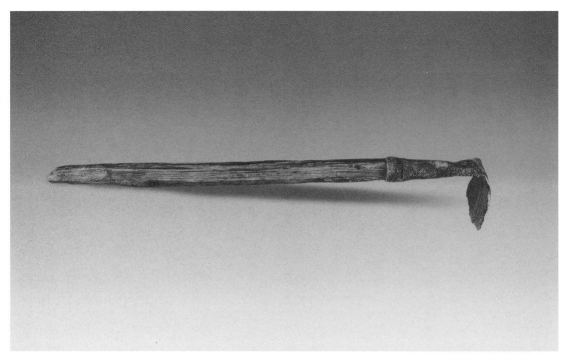

1.铁耙（BZ6：945）

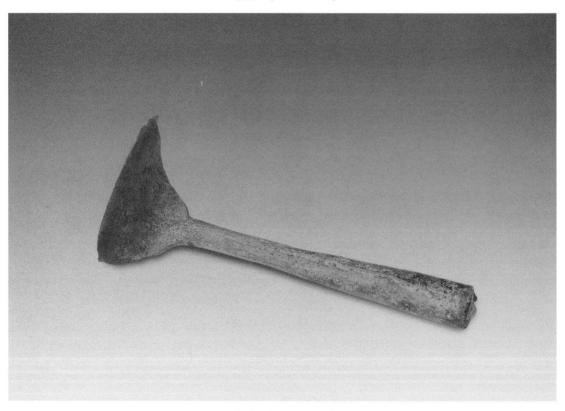

2.铁耙（BZ6：944）

铁耙

1.铁环（BZ6：957、958、959、955、956、962）

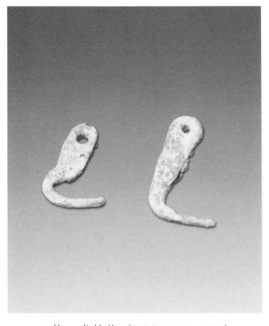

2.第一类铁钩（BZ6：951、950）

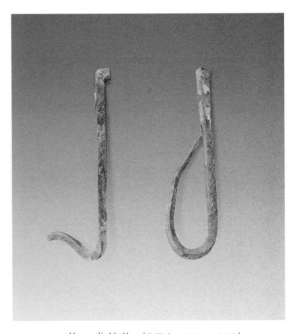

3.第二类铁钩（BZ6：928、929）

铁环、铁钩、铁箍

1.铁箍（BZ6∶933）

2.铁镈(BZ6∶963)

铁箍、铁镈

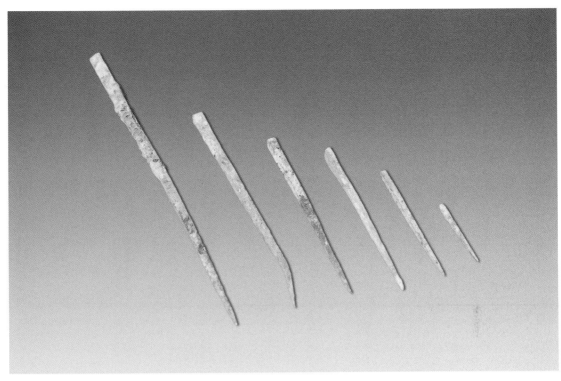

1.不同规格的直头钉（BZ6：968～973）

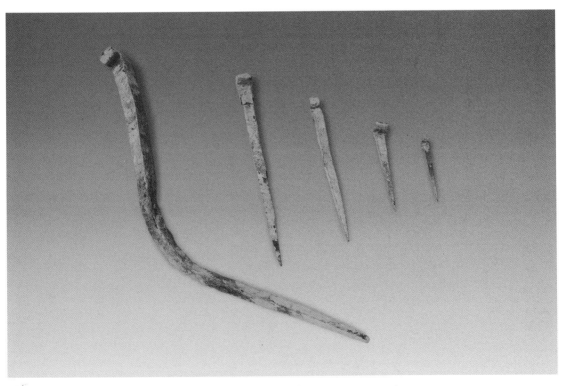

2.不同规格的弯头钉（BZ6：976～980）

直头钉、弯头钉

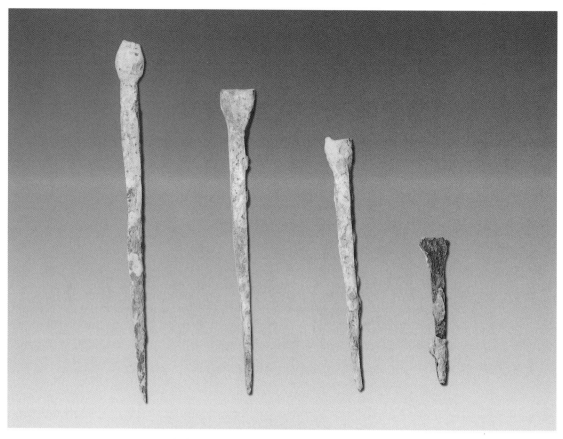

1.不同规格的扁头钉（BZ6∶981、983、986、989）

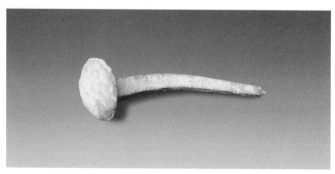

2.圆头钉（BZ6∶993）

3.锤头钉（BZ6∶991）

扁头钉、圆头钉、锤头钉

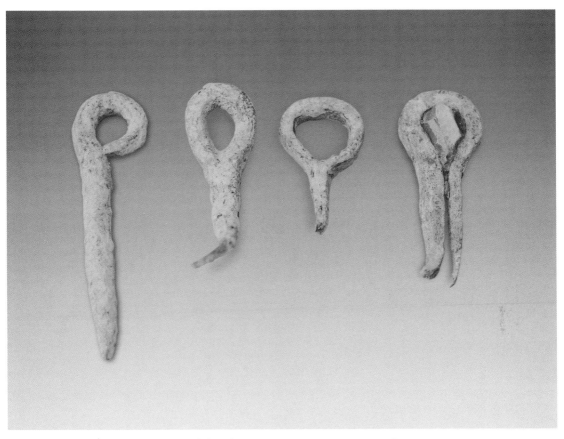

1.环头钉（BZ6：996、999、997、998）

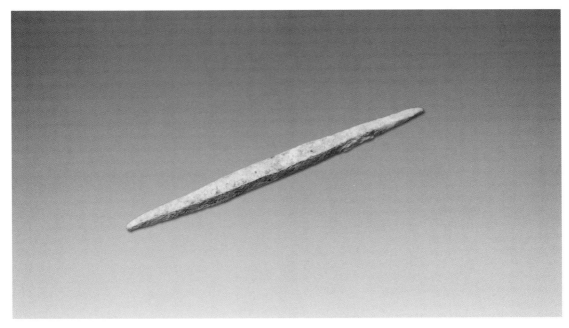

2.枣核形钉（BZ6：1003）

环头钉、枣核形钉

1.出土的部分钯钉

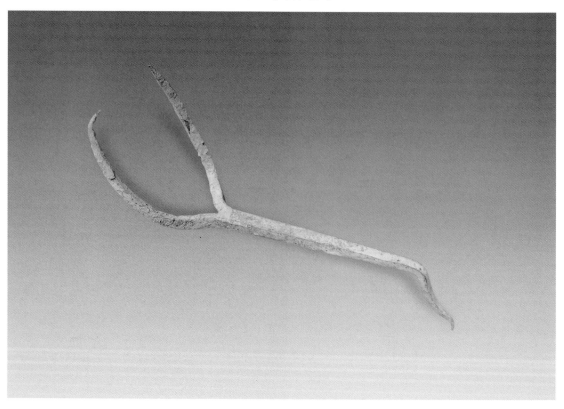

2.叉形器（BZ6：941）

钯钉、叉形器

1.韩瓶（BZ6：842）

2.韩瓶（BZ6：846）

3.陶罐（BZ6：1203）

4.陶罐（BZ6：1201）

韩瓶、陶罐

1.陶盆（BZ6：899）

2.陶壶（BZ6：824）

3.陶三足炉（BZ6：848）

4.陶范（BZ6：1394、1393）

陶盆、陶壶、陶三足炉、陶范

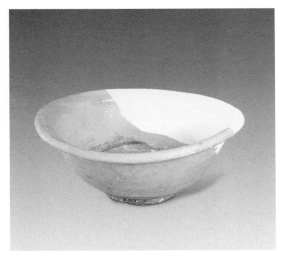

1.第一类青瓷碗（BZ6：806）

2.第二类 A 型青瓷碗（BZ6：803）

3.第二类 A 型青瓷碗（BZ6：855）

4.第二类 B 型青瓷碗（BZ6：815）

5.第二类 B 型青瓷碗（BZ6：815）底部墨书

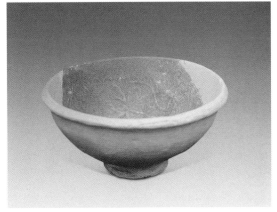

6.第二类 B 型青瓷碗（BZ6：884）

青瓷碗

1.第二类 B 型青瓷碗（BZ6：1206）底部墨书

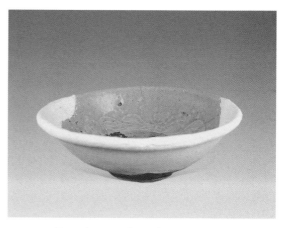

2.第二类 C 型青瓷碗（BZ6：888）

3.第二类 C 型青瓷碗（BZ6：894）

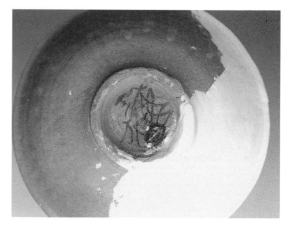

4.第二类 C 型青瓷碗（BZ6：1205）底部墨书

5.青瓷碗（BZ6：1210）底部墨书

6.青瓷碗（BZ6：1211）底部墨书

青瓷碗

1.青瓷碗（BZ6：1212）底部墨书

2.黄釉碗（BZ6：805）

3.黄釉碗（BZ6：898）

4.米色釉碗（BZ6：800）

5.酱釉碗（BZ6：822）底部墨书

6.酱釉碗（BZ6：823）

青瓷碗、黄釉碗、米色釉碗、酱釉碗

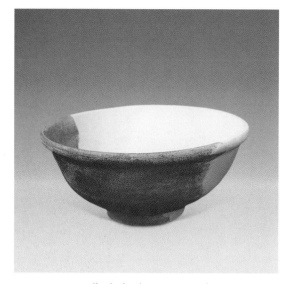

1.酱釉碗（BZ6：1200）

2.青白釉碗（BZ6：856）

3.青白釉碗（BZ6：897）

4.青白釉碗（BZ6：1208）

5.第一类青花瓷碗（BZ6：1239）外侧

6.第一类青花瓷碗（BZ6：1239）内底

酱釉碗、青白釉碗、青花瓷碗

1.第一类青花瓷碗（BZ6：1244）外侧

2.第一类青花瓷碗（BZ6：1244）内底

3.第二类 A 型青花瓷碗（BZ6：1225）外侧

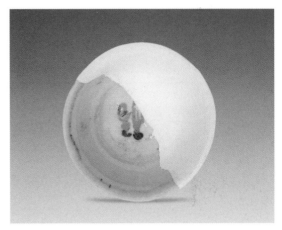

4.第二类 A 型青花瓷碗（BZ6：1225）内底

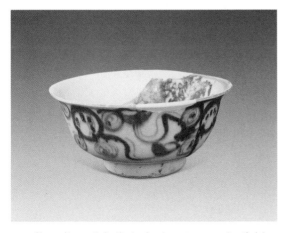

5.第二类 A 型青花瓷碗（BZ6：1230）外侧

6.第二类 A 型青花瓷碗（BZ6：1230）内底

青花瓷碗

1.第二类 A 型青花瓷碗（BZ6：1231）外侧

2.第二类 A 型青花瓷碗（BZ6：1231）内底

3.第二类 A 型青花瓷碗（BZ6：1232）外侧

4.第二类 A 型青花瓷碗（BZ6：1232）内底

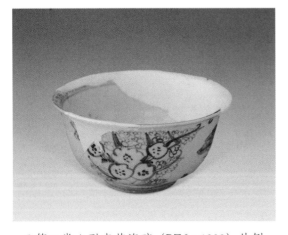

5.第二类 A 型青花瓷碗（BZ6：1233）外侧

6.第二类 A 型青花瓷碗（BZ6：1233）内底

青花瓷碗

1.第二类 A 型青花瓷碗（BZ6：1234）外侧

2.第二类 A 型青花瓷碗（BZ6：1234）内底

3.第二类 A 型青花瓷碗（BZ6：1235）外侧

4.第二类 A 型青花瓷碗（BZ6：1235）内底

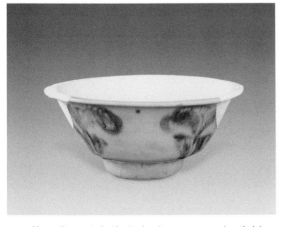

5.第二类 B 型青花瓷碗（BZ6：1237）外侧

6.第二类 B 型青花瓷碗（BZ6：1237）内底

青花瓷碗

1.第二类 B 型青花瓷碗（BZ6：1241）外侧

2.第二类 B 型青花瓷碗（BZ6：1241）内底

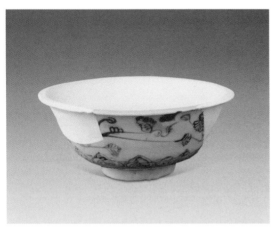

3.第二类 B 型青花瓷碗（BZ6：1242）外侧

4.第二类 B 型青花瓷碗（BZ6：1242）内底

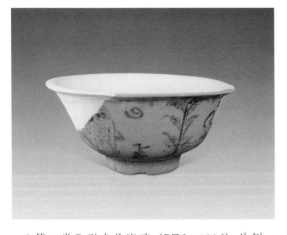

5.第二类 B 型青花瓷碗（BZ6：1236）外侧

6.第二类 C 型青花瓷碗（BZ6：1240）内底

青花瓷碗

1.青瓷盘（BZ6：820）

2.青花瓷盘（BZ6：1228）

3.青花瓷盘（BZ6：1229）

4.酱釉研钵（BZ6：1202）

青瓷盘、青花瓷盘、酱釉研钵

1.青花瓷杯（BZ6：1223）外侧

2.青花瓷杯（BZ6：1223）内底

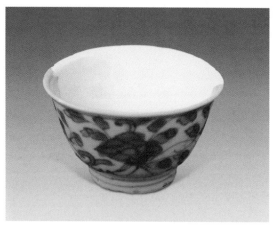

3.青花瓷杯（BZ6：1224）外侧

4.青花瓷杯（BZ6：1224）内底

5.青花瓷碟（BZ6：1226）

6.青花瓷碟（BZ6：1227）

青花瓷杯、青花瓷碟

1.石夯头（BZ6：1372）

2.带孔带槽石块（BZ6：1373）

3.磨刀砖（BZ6：1380、1385、1387）

4.棕笔（BZ6：92）

石夯头、带孔带槽石块、磨刀砖、棕笔

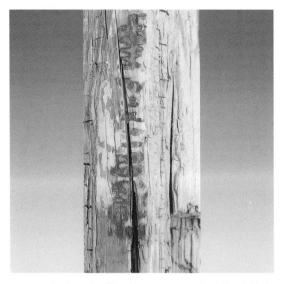

1.D 型 "T" 形锤(撑)头(BZ6：627)上的烙刻铭文

2.第二类 B 型木桩(BZ6：506)上的烙刻铭文

3.带绳孔圆木(BZ6：104)上的烙刻铭文

4.带绳孔圆木(BZ6：106)上的烙刻铭文

5.原木(BZ6：314)上的烙刻铭文

6.原木(BZ6：317)上的烙刻铭文

烙刻铭文